西南政法大学教育部涉外法律人才教育培养基地实务教材

涉外法律实务系列

总主编 张晓君

涉外工程承包法律实务

The Law and Practice of Overseas Engineering Contract

张晓君 / 主编

撰稿人（按章节先后）：
张晓君　董静然　张　梦
段辉艳　梅　傲

图书在版编目(CIP)数据

涉外工程承包法律实务/张晓君主编. —厦门:厦门大学出版社,2017.9
(涉外法律实务系列)
ISBN 978-7-5615-6424-0

Ⅰ.①涉⋯　Ⅱ.①张⋯　Ⅲ.①涉外工程-建筑工程-承包工程-法律-中国-教材　Ⅳ.①D922.297

中国版本图书馆 CIP 数据核字(2017)第 038129 号

出 版 人	蒋东明
责任编辑	甘世恒
封面设计	李嘉彬
技术编辑	许克华

出版发行　**厦门大学出版社**
社　　址　厦门市软件园二期望海路 39 号
邮政编码　361008
总 编 办　0592-2182177　0592-2181406(传真)
营销中心　0592-2184458　0592-2181365
网　　址　http://www.xmupress.com
邮　　箱　xmup@xmupress.com
印　　刷　厦门市万美兴印刷设计有限公司

开本　720mm×1000mm　1/16
印张　16.25
插页　2
字数　256 千字
版次　2017 年 9 月第 1 版
印次　2017 年 9 月第 1 次印刷
定价　49.00 元

本书如有印装质量问题请直接寄承印厂调换

厦门大学出版社
微信二维码

厦门大学出版社
微博二维码

西南政法大学涉外法律实务系列编委会

主　任　张晓君
副主任　石经海　宋渝玲
委　员　王玫黎　陈咏梅　丁丽柏　岳树梅
　　　　　张春良　裴　普　王媛媛

总　序

2013年,西南政法大学获批为教育部涉外法律人才教育培养基地,由国际法学院具体牵头建设。近些年,国际法学院积极探索创新涉外法律人才培养机制,努力培养一批具有国际视野、通晓国际规则,能够参与国际法律事务和维护国家利益的涉外法律人才;依托各种政策和发展契机,协同海内外高校和实务部门,以开设涉外法律人才实验班为重要抓手和创新载体,进一步探索实践涉外法律人才培养新模式新方式。涉外法律人才培养目标的实现需要与之相适应的教材系列。为此,在学校支持下,国际法学院精心组织策划涉外法律实务教材的系列编写,邀请来自高校和实务部门的专家学者参与本系列各教材的编写。这种"五湖四海"式组建编写团队,目的是保证本系列的实务性和高水准。

本系列围绕涉外法律实务能力和专业素质,着力突出专业和实务特色。一方面,本系列各教材主题的选定,以涉外法律人才要接触到的最广泛和经常性的国际法律实务为依据,涵盖了涉外法律实务的实体性和程序性问题,包括世界贸易组织法律实务、涉外工程法律实务、涉外民事诉讼法律实务、海商法律实务、涉外知识产权法律实务、涉外货物买卖法律实务、涉外金融法律实务、涉外民事关系法律适用实务、涉外投资法律实务等,着重阐述主要国际法律实务问题,基本涵盖了高端国际法律人才从事涉外法律实务工作必须学习和掌握的实务性专业知识。另一方面,本系列在内容结构和体例设计上,体现注重涉外法律实务知识和实务能力提高的总体要求。各教材编写,力求配合案例

总　序

教学讨论式授课模式。严格统一编写体例，每章各节在内容结构上分成知识背景或知识点、案例裁决或法律文书摘录、延伸阅读三个板块，对涉外法律实务知识进行讲解。先系统性阐释专业知识内容，之后以真实案例为素材进行案例教学，精选的经典和富有代表性案例，都摘编节选自案例原文，这样既保持案例的本来面貌，又能深化读者对基础知识和案例内容的理解和掌握。专业知识衔接案例分析或法律文书摘录学习，配以延伸知识阅读，通过这样的体例设计，帮助学生切实有效地将知识转化为运用法律解决实际问题的能力，培养学生运用法律逻辑分析问题和独立思考的习惯。

西南政法大学涉外法律实务系列，是从以灌输知识为主，向培养能力为主的教学理念和教学方法转变的有益尝试，是涉外法律人才教育培养的经验总结和创新成果，也是深化涉外法律人才教育培养的重要内容和教学载体。期望这套丛书能够不断得到完善，在推进中国涉外法律人才教育培养事业中发挥作用。

西南政法大学校长　　　**付子堂**
教授、博士生导师

西南政法大学国际法学院院长　　**张晓君**
教授、博士生导师

2017 年 5 月

作者简介
（按章节顺序）

张晓君，西南政法大学国际法学院院长，教授、博士生导师，中国法学会中国—东盟法律研究中心秘书长，最高人民法院涉外商事海事审判专家库专家，最高人民法院"一带一路"司法研究中心研究员，中国法学会国际经济贸易法研究会常务理事、中国法学会WTO法研究会常务理事、中国国际法学会理事，昆明市南亚东南亚司法研究中心执行主任、中国国际经济贸易仲裁委员会仲裁员、上海国际仲裁中心仲裁员。主持省部级以上课题10余项，承担多项外交部、商务部委托课题，出版专（编）著20余部，公开发表论文40余篇，提交咨政内参10余篇。

董静然，上海对外经贸大学讲师，法学博士，律师，曾在法国马赛三大法学院研习欧盟商法。主要研究方向为国际贸易法（含WTO法）。主研5项省部以上课题，在《上海对外经贸大学学报》《国际经贸探索》等核心期刊上发表了《〈TBT协定〉中的国际标准规则法律解释研究》《〈海峡两岸投资保护促进协议〉法律问题初探》《〈TBT协定〉中标准与技术法规区分的法律问题研究》等文章。

张梦，西南政法大学国际经济法硕士，法国图卢兹大学国际法与比较法硕士，曾在律所从事贸易救济与WTO业务，2014年进入重庆长安股份有限公司担任法律顾问，主要从事涉外投资、贸易、知识产权等法律政策咨询、诉讼、公司合规性评估及合同商务谈判工作。

段辉艳,法学博士,律师,研究方向为国际经济法。主持省部级课题3项,参与教育部等各级课题10余项,在核心期刊上发表论文10余篇。

梅傲,法学博士,西南政法大学国际私法教研室主任。主要研究方向为国际私法。在《现代法学》等核心刊物上发表20余篇学术论文,主持及参与多项国家级、省部级课题。

编写说明

涉外工程承包相关的法律问题是国际经济法的重要组成部分。涉外工程承包是以工程建设为对象,在国际范围内,由业主通过招标投标或议标洽商的方式,委托具有法人地位和工程实施能力的承包商,完成建设任务的经济活动。随着国际工程承包模式的不断发展,涉外工程承包关系结构日益复杂多样化,涵盖承包商资格、承包合同、建筑规范、劳务用工、税收、融资、信用担保、保险、环境保护等诸多的法律问题,法律适用广泛,也更易产生法律适用方面的冲突等问题。

中国已从资本输入大国到资本输出大国,特别是"一带一路"建设的实施,已经或将要建设大量基础设施建设项目,必然涉及大量的涉外工程承包活动,产生大量涉外工程承包法律问题。本书围绕涉外工程承包合同的法律问题,从合同签订、履行、法律适用到争端解决进行梳理和解读。本书由主编设计框架、统稿并参与撰写,具体分工如下:

第一章:张晓君

第二章:董静然

第三章:张梦

第四章:段辉艳

第五章:梅傲

第六章:梅傲

本书属于涉外法律实务系列,亦是国际经济法教学团队的教改成果。尽管本书的编写者做出了很大努力,但不完善之处在所难免,敬祈读者批评指正。

编 者
2017 年 7 月

目 录

第一章 涉外工程承包的法律环境 ... 1
第一节 涉外工程承包 ... 1
一、涉外工程的概念 ... 1
二、涉外工程承包的特点 ... 2
三、涉外工程承包与国内工程承包的比较 ... 4
第二节 涉外工程承包的发展 ... 7
一、涉外工程承包的早期市场 ... 7
二、第二次世界大战后的涉外工程承包市场 ... 7
三、20世纪70年代中东地区的涉外工程承包市场 ... 8
四、20世纪80年代后的涉外工程承包市场 ... 8
五、涉外工程承包市场未来形势分析 ... 9
第三节 涉外工程承包的相关法律问题 ... 13
一、涉外工程承包运作过程的法律原理 ... 13
二、国际工程承包常用的国际公约与国际惯例 ... 14
三、涉外工程承包合同的法律适用 ... 16

第二章 涉外工程承包合同(以 FIDIC 合同为例) ... 18
引言 ... 18

第一节 涉外工程承包合同一般规定 ………………………………… 20
- 一、涉外工程承包合同的基本概念 ………………………………… 20
- 二、涉外工程承包合同的功能 ……………………………………… 22
- 三、涉外工程承包合同的类型 ……………………………………… 24
- 四、涉外工程承包的主体 …………………………………………… 29
- 【案例分析】 ………………………………………………………… 32
- 【延伸阅读】 ………………………………………………………… 33

第二节 FIDIC 合同概述 ……………………………………………… 36
- 一、FIDIC 合同简介 ………………………………………………… 36
- 二、FIDIC 合同的主要类型 ………………………………………… 38
- 三、FIDIC 不同合同类型之间的主要区别 ………………………… 40
- 四、FIDIC 合同的特点 ……………………………………………… 43
- 【案例分析】 ………………………………………………………… 45
- 【延伸阅读】 ………………………………………………………… 45

第三节 FIDIC 合同条件 ……………………………………………… 48
- 一、FIDIC 合同条件的前提与特点 ………………………………… 48
- 二、雇主的权利义务 ………………………………………………… 49
- 三、承包商的权利义务 ……………………………………………… 53
- 【案例分析】 ………………………………………………………… 62
- 【延伸阅读】 ………………………………………………………… 64

第四节 FIDIC 合同的履行 …………………………………………… 67
- 一、FIDIC 合同的各方关系 ………………………………………… 68
- 二、FIDIC 合同的工期延误 ………………………………………… 71
- 三、FIDIC 合同的工程变更 ………………………………………… 74
- 【延伸阅读】 ………………………………………………………… 76
- 【案例分析】 ………………………………………………………… 81

第三章　涉外工程承包支付 …… 84

引言 …… 84

第一节　合同价款与支付货币规定 …… 85
一、合同价款 …… 85
二、支付的货币 …… 89
三、FIDIC 合同条文比较 …… 90
【延伸阅读】 …… 92

第二节　支付规定 …… 94
一、付款安排 …… 94
二、预付款的支付 …… 96
三、工程进度款支付 …… 97
四、设备材料款支付 …… 98
五、保留金支付 …… 99
六、FIDIC 合同条文比较 …… 100
【案例裁决】 …… 106
【延伸阅读】 …… 107

第三节　工程结算规定 …… 109
一、竣工结算 …… 109
二、最终结算 …… 110
三、FIDIC 合同条文比较 …… 112
【延伸阅读】 …… 113

第四章　涉外工程承包保险 …… 115

引言 …… 115

第一节　涉外工程承包保险的一般规定 …… 116
一、国际工程承包保险的含义 …… 116
二、FIDIC 关于保险一般要求规定的适用 …… 124
三、FIDIC 的适用建议 …… 127

【案例分析】……………………………………………………… 129
　　【延伸阅读】……………………………………………………… 129
　第二节　涉外工程承包保险的险别 ………………………………… 133
　　一、建筑工程一切险 ……………………………………………… 134
　　二、安装工程一切险 ……………………………………………… 138
　　三、第三者责任险 ………………………………………………… 144
　　四、人身意外伤害险 ……………………………………………… 145
　　五、十年责任险 …………………………………………………… 148
　　六、其他险别 ……………………………………………………… 151
　　【案例裁决】……………………………………………………… 158
　　【延伸阅读】……………………………………………………… 165
　第三节　FIDIC 红皮书关于保险各类的不同规定 ………………… 167
　　一、关于工程和承包商设备保险规定的适用 …………………… 167
　　二、关于人身伤害和财产损害保险规定的适用 ………………… 170
　　三、关于承包商人员保险规定的适用 …………………………… 172
　　【延伸阅读】……………………………………………………… 174
　第四节　涉外工程承包保险的索赔与理赔 ………………………… 175
　　一、工程索赔的定义及法律基础 ………………………………… 175
　　二、工程索赔发生的原因 ………………………………………… 177
　　三、工程索赔的一般程序 ………………………………………… 179
　　四、工程索赔成败的关键 ………………………………………… 183
　　五、索赔的技巧和需要注意的问题 ……………………………… 186
　　六、反索赔的防范 ………………………………………………… 189
　　七、保险方理赔程序 ……………………………………………… 191
　　【案例裁决】……………………………………………………… 192

第五章　涉外工程承包法律适用 ………………………………………… 196
　第一节　涉外工程承包的法律原理与法律适用问题 ……………… 196

一、涉外工程承包的法律原理 …………………………………………… 196
　二、涉外工程承包法律适用问题 ………………………………………… 199
第二节　涉外工程承包法律适用的案例分析 …………………………………… 204
　一、中铁建与沙特地铁项目：海外工程承包合同适用法规的复杂性 …… 204
　二、涉外承包合同条款变更纠纷案：明确合同适用法律的重要性 …… 207
　三、香港某公司承包合同纠纷案：选择适用不同的法律，效果影响不同 … 208
　四、中国建筑公司在美承包工程案：适用项目所在地法需注意的问题 …… 210
　五、某海外工程公司分包合同争议案：分包合同的法律适用问题 ……… 212
　六、新德里国际机场航厦大楼项目：劳务用工方面的法律适用 ………… 214
　七、某非洲项目承包合同未明事项的争议：国际惯例的适用问题 ……… 216
　八、中机建设沙特分公司注册案：承包商主体资格的法律适用 ………… 218
　九、中机建设国际工程项目适用标准与法律的冲突 …………………… 221
　【延伸阅读】 ……………………………………………………………… 222

第六章　争端解决 ……………………………………………………………… 223

第一节　涉外工程承包索赔概述 ………………………………………………… 223
　一、涉外工程承包常见的索赔问题 ……………………………………… 223
　二、涉外工程索赔的主要依据 …………………………………………… 226
　三、涉外工程索赔的意义 ………………………………………………… 229
第二节　关于DAB规定的适用 …………………………………………………… 229
　一、规定详解 ……………………………………………………………… 231
　二、FIDIC合同条文比较 ………………………………………………… 236
　三、适用建议 ……………………………………………………………… 237
第三节　关于涉外工程承包合同争议的解决适用 ……………………………… 240
　一、友好解决规定的适用 ………………………………………………… 241
　二、关于仲裁条款规定的适用 …………………………………………… 242
　【案例分析】 ……………………………………………………………… 244

第一章
涉外工程承包的法律环境

第一节 涉外工程承包

【本节要点】掌握涉外工程承包的概念;理解涉外工程承包的特点;比较涉外工程承包与国内工程承包的区别。

一、涉外工程的概念

工程,按照其字面意义理解,即工作的程序,或者工作的计划;从名词的角度理解,即按照一定计划进行的工作。从广义来看,工程是将自然科学的原理应用到工农业生产部门中去而形成的各学科的总称。这些学科是运用数学、物理学、化学等基础学科的原理,与生产实践中所积累的技术经验相结合而发展起来的,其目的在于利用和改造自然来为人类服务。例如,土木建筑工程、机电工程、冶金工程、化学工程等。[①] 从狭义来看,工程是指某一项具体的建设工作,如建筑工程、道路工程、安装工程、园林工程等;工程是指某一项特定用途的项目,如工业建设项目、民用建设项目、军用建设项目等;工程是指某一项单体建设对象,如三峡工程、机场建设工程等;工程是指根据需要对建设项目的具体划分,如单项工程、单位工程、分部工程、分项工程等。

涉外工程是指一个建设项目从咨询、融资、采购、承包、管理及培训等各个阶段,由国际上若干个国家参与的,并按照国际上通用的工程项目管理模式进行管理的工程。涉外工程合同根据工程承包范围的不同,可分为设备采购合同、项目管理合同、设计建造合同、设计建造运营合同、施工合同、交钥匙合同、BOT合同等。在不同的合同形式下,当事人所承担的工作范围和具体的权利义务不同。即使是工作范围相同的涉外工程合同,当事人所承担的权利义务和风险也会因为合同约定不同和适用法律不同而并不相同。

二、涉外工程承包的特点

涉外工程承包是以工程建设为对象,在国际范围内,由业主通过招标、投标或议标洽商的方式,委托具有法人地位和工程实施能力的承包商完成建设任务的经济活动。涉外工程承包是一种国际经济交易活动,是国际经济合作的一个重要组成部分。

涉外工程承包主要具有以下特点:

1. 跨国的经济活动。涉外工程承包涉及不同地区、不同国家、不同民族、不同组织、不同的政治背景、不同的经济背景、不同的参与单位、不同的经济利益、不同的经济关系、不同的经济纠纷,是一项复杂的跨国经济活动。

2. 严格的合同管理。涉外工程承包涉及面广,参与对象众多,不可能依靠行政管理的模式进行管理,必须采用国际上多年来业已形成惯例的、行之有效的一整套科学管理方法。

3. 高风险和高利润。涉外工程承包一般来说都是投资巨大、规模巨大的项目,

---

① 许焕兴、赵莹华:《国际工程承包》,东北财经大学出版社2009年版,第1页。

业主要求高,竞争激烈,充满了风险,稍有不慎,就可能发生巨额亏损,这也就是国际上每年都有不少的工程公司倒闭的原因。但高风险又相伴着高利润,如果决策争取,报价合理,订好合同,科学管理,不仅能获得声誉,还能获得高额利润,这也就是国际上每年都有一批新的工程公司成长发达起来的原因。

4. 进入和占领市场的艰巨性。涉外工程承包市场的形成和发展,均是与西方发达国家多年前的国外大量投资、咨询和承包分不开的。他们凭借雄厚的资本、先进的技术、高水平的管理和多年的经验,占据了涉外工程市场的大部分份额。因此,我们要进入这个市场并占据一定份额,必须认清其艰巨性,做好充分的准备,付出艰辛的努力。

5. 业务范围广泛。涉外工程承包的业务范围非常广泛,几乎涉及国民经济的各个领域,既有工业项目,又有农业项目;既有基础项目,又有高科技项目;既有民用项目,又有军事项目等。

6. 资金筹措渠道多。一般由国际银行、国际财团、国际金融机构与工程所在国政府一道安排项目开发资金或为承包者提供贷款,支持其承揽或实施项目。

7. 咨询设计先进。项目主办单位通常聘请掌握世界同类项目最先进技术的咨询公司来规划设计,保证项目的先进性和合理性。

8. 竞争激烈。涉外工程承包的竞争机制能充分发挥作用,按照优胜劣汰的原则,尽可能地利用国际承包商的技术和人才优势,保证工程建设的顺利进行。

9. 有充分挑选的余地。涉外承包工程的物资采购具有国际化特征,业主或承包商可在全球范围内寻求物美价廉的材料设备。

10. 劳动力资源充足。由于劳动力资源丰富,承包商既可以在当地挑选劳务,在许多情况下,又可以由本国或其他国家选派素质较高的劳务。

11. 选用法律公平合理。承包工程的合同条款大多以国际法律、惯例为基础,项目实施过程中出现的问题一般都能得到比较合理的解决或处理。

12. 受国际政治、经济因素影响大。除了工程本身的合同义务和权利外,涉外工程承包可能受到国际政治和经济形势变化的影响。例如工程所在国的政策变化,项目资金来源的制约,政治上的制裁、禁运、内乱、战争、政治派别的斗争等,都对涉外工程承包起着重大的影响。

13. 费用支付的多样性。涉外工程承包与国内工程承包有明显的差别,进行工程费用结算时,肯定要使用多种货币。承包商要用国内货币支付其国内应缴纳的各种费用及内部开支;要用工程所在国的货币支付当地的费用;要用多种货币支付不同来源地的设备、材料采购费用等。涉外工程承包的支付方式,除了现金和支票支付手段外,还有银行信用证、国际托收、银行汇付等不同方式。因此,涉外工程承包必须熟悉和研究国内的各种汇率和利率的变化,必须随时审度和分析国际金融形势,否则,就可能出现严重的不良后果。

14. 涉外工程承包市场的相对稳定性。国际工程市场分布于世界各地,虽然各地区的政治与经济形势不一定十分稳定,但是就全球来讲,只要不是发生世界大战,即使国际资金流向可能有所变动,用于建设的投资也还是巨大的。所以说,国际工程市场总体来说是稳定的。因此,我们应加强调查研究,善于分析市场形势,不断适应市场的变化,才能立于不败之地。

三、涉外工程承包与国内工程承包的比较

涉外工程承包与国内工程承包相比,具有很多不同的特点,如工程所处的地理环境不同,适用法律不同,项目资金来源渠道也不完全相同,支付手段更为复杂,在适用的工程规范、劳动用工、工作时间、工程材料采购等方面都有很大的不同,受国际政治经济风险的影响更大。一般来说,虽然涉外工程承包和国内工程承包的标的物相同,都是建设工程,但是由于其所处的地理位置不同,导致涉外工程承包商面临的环境更为复杂,风险也更大,当然也更有可能获得更多的利润回报。具体来说,与国内工程承包相比,主要区别如下:

1. 工程所处的地理位置不同。国内工程位于承包商本国国内,而涉外工程则位于其他国家。即我国承包商要到国外去承接当地工程的建设。工程所处的地理位置不同,所处的地理和其他周边环境也不同,这就从根本上决定了工程的跨国性和复杂性。对当地的地理、地质、气候环境不熟悉,对当地分包商、供应商与劳动力市场、社会治安状况等不熟悉,都会给企业带来风险。

2. 适用的建筑规范不同。建筑规范是由政府授权机构所提出的有关建设工程的安全、质量、功能和施工工艺等方面的标准和要求,一般以成文的方式由主管的

政府机构制定和发布。如我国的《住宅设计规范》《建筑设计防火规范》《地下工程防水技术规范》《公路设计规范》《公路交通安全设施施工规范》等。其中,有些规范或规定是强制性的,必须遵守。即使对于同样的建设工程,不同国家的建筑设计与施工的标准规范也不一定完全相同。在从事国际工程承包业务时,对于所在国的强制性的建筑设计与施工标准规范必须了解并予以遵守。

3.适用的法律不同。每个国家甚至不同地区都有自己不同的法律规定。根据各国法律制度的表现形式和历史渊源的不同特点,整个世界不同国家的法律可以分成不同的法系。德国法学家茨威格特与克茨在其《比较法总论》中将世界各国的法律体系分为8个不同的法系。目前,对各国法律制度影响最大的是大陆法系和英美法系。大陆法系以成文法为主要的立法形式,英美法系以判例法为主要的表现形式。但是,由于法律的特殊性,即使是属于同一法系的国家,其法律的具体规定也可能完全不同。因此,世界上没有法律完全相同的国家。作为从事国际工程的承包商,承接国内工程适用其国内法,但是从事国际工程建设时,则适用双方选定的法律,一般是工程所在国的法律。这与承包商所在国法律规定不同甚至存在冲突。

4.文化、风俗习惯与宗教习俗不同。"十里不同音,百里不同俗。"不同国家的文化、风俗与宗教信仰等各不相同。世界各国历史悠久,民族众多,地域文化丰富,各自为风,各自为俗。欣赏不同国家的文化风俗可能是一种享受,但是,对于工程建设则往往会因不熟悉其他国家的文化、风俗习惯与宗教习俗而给工程建设带来许多困难和风险。

5.语言不同。世界各国语言众多,许多国家的语言并不相同。也许日常的沟通交流没问题,但是对于堆积如山的工程文件的理解和制作,如果语言不过关,其困难可想而知。并且有些国家是较为偏僻的国家,其语言也是小语种,如果工程与合同文件需要以这些语言制作,则存在更大的困难。因此,语言不通也是涉外工程的主要困难与风险之一。

6.竞争激烈程度不同。在国内建筑市场主要是国内的工程企业竞争,企业在天时、地利、人和方面没有劣势。如果在涉外工程承包市场竞争,则往往竞争更加激烈。在涉外工程市场,不仅要和国内"走出去"的公司竞争,还要和当地企业以及其他国家的企业特别是跨国公司竞争。雇主也通常会利用自己所处的卖方市场的优势地位,将招标文件和合同条款制定得非常苛刻,往往造成我国从事国际工程的企业在履约过程中非常被动甚至产生巨额亏损。近年来,随着海外经营业务规模的迅速拓展,中国公司承包海外工程所面临的市场竞争环境的复杂性和风险的不可预见性大大增加,与此相应的海外经营面临的法律风险也日益增加。

7. 工程项目管理不同。因为涉外工程项目不仅是国内输出的管理人员和劳务要面临国外陌生的环境,而且还可能要聘用国外的管理人员和劳务参与项目的建设,同时,在管理与沟通协调方面,雇主也要面对国际工程师、当地政府机构和相关单位。这和与本国人员和单位的沟通、协调与管理完全不同。对于工程的分包商和供应商的管理也不同,可能既有国内的分包商和供应商,也有当地和第三国的分包商和供应商。因为涉外工程项目应当是在全球范围内整合资源,而不能仅仅依靠国内母公司的支持与输出。涉外工程项目资金的管理与使用也与国内项目不同。涉外项目收取的往往是美元、欧元等国际流通货币,或者部分国际流通货币、部分当地货币,或者完全是当地货币。这些项目资金,如果需要在国内或者第三国采购或者汇回国内,必须考虑外汇管制、外汇兑换等方面的问题,同时,对于款项的支付也会涉及诸如 TT、L/C、DP、DA 等不同的支付方式;对于工程履约等担保还会涉及履约保函、预付款保函、保留金保函等不同工程担保方式的使用。因此,与国内工程项目相比,涉外工程的资金管理也有很大的不同。

当然,涉外工程项目与国内工程项目相比还有其他许多不同,这些不同因素,导致涉外工程项目的管理更为复杂,项目也面临更多的市场风险。因此,承包商必须提高对涉外工程经营过程中风险的认识,了解海外工程适用的国际惯例和当地法律环境,特别是在签订和履行涉外工程承包合同时应更加注重风险的防范。在签约前的投标与合同评审阶段,加强投标与合同风险的审查,尽量争取把合同条款制定得更为公平、合理、严密,及早识别并控制、规避与防范合同风险,防患于未然。在合同履行阶段,注意按照合同执行,注意分包商和供应商的风险,以及工程实施过程中出现的工程与合同变更的管理、突发事件的管理和日常的工程管理、合同管理、资金管理、授权管理等,将矛盾消灭在萌芽阶段。对于已经发生的矛盾和问题,要勇于面对,冷静处理,妥善化解风险,减少和挽回其对工程项目造成的损失。

第二节 涉外工程承包的发展

【本节要点】掌握涉外工程承包的发展脉络；理解涉外工程承包的发展趋势。

一、涉外工程承包的早期市场

资本主义发达国家的资本输出是涉外工程承包市场的根本原因。远在19世纪中叶，欧美工业发达国家，凭借炮舰外交攫取的特权，纷纷在国外开辟市场、承包工程，为本国垄断资本的扩张开道。

我国及一些殖民地、半殖民地国家主要铁道、桥涵与早期工商工程的营造兴建，就是这段历史的最好见证。

随着科学技术与生产力的迅速发展，一般商品输出已经不能满足发展经济的需要，客观上要求发展科技工程贸易，与此同时，资本主义发达国家为了争夺生产原料和牟取最大利润，向不发达国家输出大量资本。一方面，资本输出通过获得廉价原材料与劳动力赚取大量的利润；另一方面，投资国的建筑师、营造商、现代施工技术和工程承包管理体制也随之进入接受投资国。众多的工业发达国家竞相染指一些国家和地区，这样就使这些国家和地区形成了激烈竞争的早期的海外承包市场。我国上海从19世纪中叶到抗日战争爆发期间的建筑业发展状况，就是涉外承包市场孕育、形成和发展的典型表现。

二、第二次世界大战后的涉外工程承包市场

第二次世界大战期间，国际建筑市场受到战争影响而衰落。战后，许多国家集中精力于医治本国国内的战争创伤，建设规模巨大，建筑业得到蓬勃和迅猛发展。但到了20世纪50年代的中后期，一些发达国家在战后恢复时膨胀发展起来的建筑工程公司和专业工程公司，因其国内任务相对减少而不得不转向国际市场。这时的国际资本也开始向不发达国家寻求原料资源，加上联合国开发机构和国际金

融组织纷纷给第三世界的发展中国家提供贷款和援助,涉外工程承包市场又开始活跃起来。

三、20世纪70年代中东地区的涉外工程承包市场

中东地区虽然在历史上曾经有过其辉煌的一页,但是由于大片土地是人烟稀少的沙漠腹地和海滩,气候炎热,水资源匮乏,土地贫瘠,人民生活极为贫困;加上宗教派别矛盾严重,部落酋长割据统治,在近代较长时期内被视为世界上落后和偏僻的地方。20世纪中期,中东地区被发现蕴藏的石油为全球之冠。特别是在70年代,许多资本主义发达国家的石油公司争相投资开采,使中东国家成了全世界瞩目的焦点。1973年,世界石油价格大幅度上涨,中东的产油国家外汇收入剧增,石油美元的积累使中东国家有了雄厚的资金来改变其长期落后的面貌。除了大力兴建油田、炼油厂和相应的石油化工厂外,还大规模修建输油管道、港口、码头、公路、铁路、机场,以及与石油有关的各类工业和能源、水源项目。另外,还在过去人烟稀少的海滩和沙漠腹地建造起一座座现代化的新城市。70年代的中东和北非地区,特别是海湾地区的产油国,每年的工程承包合同金额达到数百亿美元。这些国家既缺乏生产、设计和施工的技术,又缺乏熟练的劳务,因此,各国的咨询设计、建筑施工和专业安装公司以及各类设备和材料的供应商随之云集,数百万名外籍劳务人员也涌入中东,使得这一地区成为国际工程承包商竞相角逐的中心场所,出现了国际工程承包史上的黄金时代。

四、20世纪80年代后的涉外工程承包市场

中东建筑市场繁荣在1981年达到了顶峰,这一年中东地区涉外工程承包合同总金额达到800多亿美元,比1980年猛增76.5%。但是,从1982年以后,国际市场石油滞销,石油价格回落,加上伊拉克和伊朗战争持续多年的影响,中东各国石油生产和出口大幅度下降,石油收入锐减,给中东各国经济发展带来了严重的困难。随后的伊拉克和科威特的战争,不仅导致油田被破坏,而且战争开支庞大,在收入锐减和连年赤字的压力下,再加上地区局势不稳定,中东各国不得不大力压缩发展项目,削减建设投资,放缓建设速度,这就使繁荣了十多年的中东国际工程承

包市场逐渐低落下来。

建筑业的兴旺与低落,总是同经济发展形势紧密联系的,在中东经济回落的20世纪80年代后期和90年代前期,东亚和东南亚地区利用外资的步伐加快,这一地区的许多国家,例如新加坡、马来西亚、泰国、印度尼西亚、韩国等国,以及中国香港和中国台湾地区的经济增长率远远高于世界其他地区。日本等发达国家积极将劳务密集型工业、可利用当地资源的项目以及可以在当地占领销售市场的产品转移到这些国家和地区,这不但进一步促进了这些国家和地区的经济繁荣,而且还带来了基础设施如能源、电力、水源、通信、交通及其他配套服务设施的相应发展,如城市住房、商业和办公建筑,使这一地区每年的涉外工程承包合同金额增长率、在全世界的合同金额增长率及在全世界的合同总金额中所占比例均高于中东及其他地区。

从当前世界政治和经济发展的总趋势来看,尽管在苏联解体和东欧剧变之后,过去数十年来的两极尖锐对抗的形势业已改变,但地区性的民族、国家之间和国家内部的斗争仍然激烈,局部性战争此起彼伏,政治形势并非完全稳定;世界经济在相当长的时间内可能是处于低速增长和调整改变之中。因此,国际建筑市场不可能指望出现20世纪70年代中东地区那种集中和急剧增长的态势。由于不同国家和地区出现经济不平衡发展的格局,涉外工程承包市场肯定会出现分散化和起伏变动的局面。

五、涉外工程承包市场未来形势分析

(一)涉外工程承包市场的发展趋势

随着全球经济的持续增长,国际投资呈现持续增长的趋势,涉外工程承包市场仍然充满活力。欧洲、亚太、中东和北美地区涉外工程发包量占全球的86%,是全球涉外工程承包最活跃的地区,交通运输、普通房建、石油化工、电力、环保等领域保持较快增长的态势,所占份额将超过3/4。受国际经济和政治环境变化的影响,涉外工程承包市场呈现出新的发展趋势:

1. 工程规模大型化。随着国际直接投资的不断增加、投资主体结构的变化、承包商经营管理大型项目能力的不断提高,涉外工程承包市场发包的单项工程正在朝着大型化、复杂化的方向发展,业主越来越希望由一家大型承包商或承包商联合体来承担设计、采购和施工的全部责任。设计采购施工(EPC)、项目管理总承包(PMC)等一揽子式的交钥匙工程,建设—经营—转让(BOT)、公共部门与私人企业合作模式(PPP)等带资承包方式,成为国际工程大型项目广为采用的模式。

2. 科技革命与标准化。建筑业及其相关产业的科技开发投入加大,科技含量成为国际竞争的新的杠杆;同时,信息技术的广泛应用使得工程管理技术日益提高。预期未来几年,国际服务贸易的标准化对工程承包商的资质要求和对服务的质量标准要求,将成为市场准入的新的技术壁垒。

3. 产业分工体系深化。涉外工程承包市场在半个多世纪的发展中已经初步形成其独特的产业分工体系。以美国为首的欧美国家基本上控制了高科技含量的制高点;日本由于工业制造技术的发达和相对低廉的成本,基本控制了建筑工程相关的设备供应的主动权;韩国、南斯拉夫和土耳其等早期进入国际工程承包市场的国家,在大型项目的实施总承包市场已经占据优势的基础上,正在向技术含量高的项目设计和咨询方面发展。

4. 承包和承包方式发生变革。由于世界经济总量不断增加,对建筑服务的需求扩大,因而,全球建筑市场的投资者主体结构正在发生变化。国际金融机构的投资增长缓慢,各国政府项目在亚洲金融危机以后有所减少,而伴随着国际直接投资的增加,私人资本对基础设施的投资明显增加。业主结构的变化,也使得承包方式发生了重大的变革,带资承包成为普遍现象,项目融资在 21 世纪将呈现出不可阻挡的发展势头。这将大大提高业主对承包商的素质和能力的要求。

5. 国际承包商之间的兼并与重组愈演愈烈。国际承发包方式的变化,使得承包商的角色和作用都在发生变化,承包商不仅要成为服务的提供者,而且要成为资本的运营者和投资者。尤其在大型和超大型项目的运作方面,一般企业很难独立承担。近年来,国际工程承包业的兼并和重组不断发生,最大的国际工程承包商在兼并中获得了新的金融和技术支持,竞争力不断提高。

6. 大型承包商管理日益科学化、信息化、规范化。为降低成本、提高效益和走向规范化,一些大型承包商都制定了一套集团特有的运营体系,规范整个集团的管理模式。通过资金控制,直接将管理延伸到各机构以及各执行项目上。依托信息技术建立管理系统,对各分部、机构以及项目进行管理和成本控制,利用这个庞大而强有力的管理系统,不但可以方便地掌握和控制整个集团的运营情况,还可以根据此系统的数据对集团财务状况进行分析,从而找出盈利或亏损的原因,为集团的决策提供依据。

7. 融资能力逐渐成为承揽工程承包业务的关键因素。随着国际直接投资的增加、业主结构的变化,工程发包方式也发生了重大的变革,带资承包成为普遍现象,项目融资呈现出不可阻挡的发展势头。据估算,当前带资承包项目占国际工程承包市场的65%,这意味着承包商如果没有强有力的金融支持将很难有所作为,项目融资能力逐渐成为承揽工程承包业务的关键因素。

8. 工程安全和绿色工程逐渐为各国所重视。可持续发展是当前全球关注的问题,如何在发展国民经济的同时注重"以人为本"和保护环境,将绿色工程的原则融入项目的规划、设计和施工,已经成为建设工程领域的新兴潮流。同时,全球最主要的业主和承包商都认为工程现场零事故是可以实现的,并在安全保护方面投入巨资,使得事故率大大下降。

(二)中国对外承包工程的市场展望

随着经济全球化的迅速发展和国家"走出去"战略的实施,我国对外承包工程规模日益扩大,市场多元化体系已经形成,合作领域不断拓宽,国际竞争力明显增强。随着促进政策体系的不断完善和外部环境的优化,我国的对外承包工程面临着广阔的发展前景,也是我国大力发展对外承包工程的重要战略机遇期。

1. 世界经济总体复苏,带动国际建筑市场蓬勃发展。近年来,国际工程的整体情况要比全球经济的整体情况好,主要是非洲、拉丁美洲、中国市场的增长。中东市场也值得期待。这些市场的增长,一方面是由于发展的进度慢于发达国家,有大量的基础设施建设需求;另一方面,在金融危机之后,各国出台一系列的经济刺激方案,主要集中在政府支出的基础设施建设。根据英国国际商业检测机构BMI的调查,全球建筑市场2010年稳定回升,亚太、中东、非洲是2010—2013年建筑市场增速最快的地区。在亚太地区,中国增速最快,其次是印度、澳大利亚。我国工程承包企业的市场集中在亚洲、非洲、中东,从IMF预测的GDP增速来看,这几个地区都处于高速增长阶段,其后若干年仍将维持相对高速的增长,市场整体情况乐观。这些发展客观上为中国的工程建筑企业实施"走出去"战略,参与国际大竞争提供了广阔的舞台。

2. 市场多元化深入发展,市场格局得到优化。亚洲和非洲一直是我国对外承包工程的主要市场,占我国对外承包工程总营业额的70%左右。从"十五"期间各地区新签合同额的对比情况来看,亚、非地区市场的增长趋势更为明显。由于近年来接连在非洲签订超大型项目,特别是中非合作的进一步加强,可以相信,未来几年非洲市场所占比例将会大幅度升高。而随着中国与拉美国家双边或多边经贸关系及政治关系的发展,拉美地区将成为我国对外承包工程新的增长点。

3. 合作模式日趋多样化。未来几年,以EPC为代表的总承包模式、BOT融资模式将越来越多,实物支付模式亦将会增多。随着国家对经济外交日益重视,中国政府将同更多的国家签订双边合作协定,中国开展对外承包工程的宏观环境将得到改善,对于以往多年难以开拓的市场将会在政府合作框架下得以集群式、成批量开发。中国政府承诺今后将向发展中国家提供更多的优惠贷款和对外援助,并主要用于发展中国家的基础设施建设和工业项目,为对外承包工程的发展提供了更多的机遇。

4. 以资源开发合作为导向的工程承包增长迅速。由于人口众多,目前又处于经济高速发展时期,我国资源需求量大,资源供应相对不足,国内经济发展对国外市场和资源的依赖度不断增加,未来一段时期内,以资源开发合作为导向的工程项目将会迅速增加。需要特别指出的是,中国与其他发展中国家开展资源、贷款、经贸一揽子合作,该模式得到了亚、非、拉众多发展中国家的欢迎,将会得到迅速的推广。除了政府合作框架下的"工程换资源""贷款换资源"等模式外,以企业为主导的资源开发合作也将迈出新步伐。

5. 产业结构调整与境外投资的拉动作用将越来越大。随着我国工业化水平的提高,中国企业在大型机电设备、成套设备制造等方面的竞争力增强,这势必推动中国公司对国际工程承包市场的开拓。未来几年内,我国对外投资速度将持续增长,其对工程承包的拉动作用将愈加明显。无论是以资源开发合作为导向的投资,还是以出口贸易为导向的加工制造领域的投资,都将大力推动我国对外承包工程的发展。

6. 在国际承包工程领域,我国基本上形成了由多行业组成、能与外国大承包商竞争的队伍,并得到了世界范围内同行的普遍认可,竞争环境向着有利于中国企业的方向发展。当前,中国企业已经能够设计、建造世界上最长的桥、最高的楼、最大的水电站、海拔最高的铁路等。由于中国公司实力的增强,许多国家专程到中国进行项目推介,希望中国公司参与其国家建设。

第三节 涉外工程承包的相关法律问题

【本节要点】掌握涉外工程承包运作过程的法律原理;理解涉外工程承包合同的法律适用;熟悉涉外工程承包合同的国际公约与国际惯例。

一、涉外工程承包运作过程的法律原理

从承包商的角度来讲,一个国际工程项目的运作过程大致如下:承包商首先要进行项目跟踪,项目立项之后,通过招标或者议标的方式选择合适的承包商。公开招标的项目承包商要投标,评标委员会评标,然后开标,最后决定谁中标;议标的项目则不通过国际招标,而是由承包商根据雇主要求提交工程报价,然后由雇主与承包商直接谈判即议标确定承包商。有的工程项目在招标之前,还要进行资格预审。通过评标或者议标确定中标的承包商之后进行合同谈判,确定合同条款之后双方签署合同。然后,承包商根据合同要求实施合同建设工程,雇主根据合同支付相应的合同价款,项目竣工之后进行验收合格,承包商将工程交付雇主,雇主接收工程,这个过程就是履行合同。但是,合同到此并没有结束,一般还有一个保修期。保修期结束,项目才算结束。这就是整个国际工程项目的一般操作流程。从运作过程可以看出,涉外工程承包合同是指在国外承包房建、基础设施、工业设施等工程项目而签订的工程建设合同。国际工程的运作过程即是一个为了国际工程项目建设而缔结合同与履行合同的过程。虽然国际工程具有与国内建筑工程不同的特点,但是它仍然属于工程建设的范畴,雇主与承包商之间的关系也仍然是在平等基础上订立的合同关系。

根据我国合同法的规定,当事人订立合同,采取要约承诺方式。要约是希望和他人订立合同的意思表示,该意思表示应当符合下列规定:一是内容具体确定;二是表明经受要约人承诺,要约人即受该意思表示约束。要约自到达受要约人时生效。承诺是受要约人同意要约的意思表示。承诺应当以通知的方式作出,但根据交易习惯或者要约表明可以通过行为作出承诺的除外。承诺应当在要约确定的期限内到达要约人。承诺生效时合同成立。自承诺通知到达要约人时承诺生效。承诺不需要通知的,根据交易习惯或者要约的要求作出承诺的行为时生效。承诺的内容应当与要约的内容一致。受要约人对要约的内容作出实质性变更的,为新要约。承诺对要约的内容作出非实质性变更的,除要约人及时表示反对或者要约表明承诺不得对要约的内容作出任何变更的以外,该承诺有效,合同的内容以承诺的内容为准。在正式发出要约之前,当事人可以先发出要约邀请。要约邀请就是希望他人向自己发出要约的意思表示,招标公告等为要约邀请。其他国家有关合同的订立规定大致相同。根据以上规定可以看出,雇主与承包商进行招标投标或议标的过程就是合同法规定的合同的缔结过程,也就是要约与承诺的过程。招标人发出招标公告或者招标邀请属于要约邀请,投标人的投标报价属于要约,招标人发出中标函属于承诺。自招标人发出中标函时起,合同成立,无论是否签署工程合同。如果当事人一方拒不签署工程合同,则属于违反合同即违约。

二、国际工程承包常用的国际公约与国际惯例

(一)国际工程与 WTO 规则

世界贸易组织即 WTO 的前身是 1947 年成立的关贸总协定(GATT)。1994 年 4 月 15 日,关贸总协定乌拉圭回合部长会议通过了《建立世界贸易组织的协定》,决定 1995 年 1 月 1 日正式建立更具全球性的世界贸易组织,取代关贸总协定。国际工程承包实质上是对外贸易的一种形式即国际服务贸易。1994 年 7 月 1 日起实施的《对外贸易法》第 2 条规定:"本法所称对外贸易,是指货物进出口、技术进出口和国际服务贸易。"在我国立法和司法实践中国际服务贸易包括对外工程承包,这与国际通行规定相一致。《建立世界贸易组织的协定》第 16 条第 4 款规定:"每一成员应保证其法律、法规和行政程序与所附各协定对其规定的义务相一致。"

因此，WTO 成员通过自动并入、转化或混合等直接适用或间接适用的方式保证 WTO 规则得到适用，其法律、法规、制度与 WTO 规则不一致的，应当根据其入世承诺，必须进行修改。

世界贸易组织的法律框架由《建立世界贸易组织的马拉喀什协议》及其四个附件组成。附件一包括《货物贸易多边协定》(附件 1A)、《服务贸易总协定》(附件 1B)和《与贸易有关的知识产权协定》(附件 1C)，附件二为《关于争端解决规则与程序的谅解》；附件三为《贸易政策审议机制》；附件四是诸边协议。与国际工程相关的国际贸易组织的规则是《服务贸易总协定》。但一般来说，如果 WTO 规则没有成为其成员的本地法，则不会直接适用 WTO 规则的具体规定，而应当适用其本地法。如果 WTO 规则直接并入其成员而成为本地法，则可以直接予以适用。

(二)其他国际公约与双边条约

除了 WTO 规则以外，还有一些与工程相关的国际公约，对于公约缔约方具有约束力，如涉及环保的《联合国气候变化框架公约》、涉及劳工的《国际劳工公约》、保护工业产权的《巴黎公约》等。再者，如果有我国与其他国家签署的相关的其他双边或多边条约，也应当予以遵守。

(三)关于工程的国际惯例

国际惯例是国际习惯和国际惯例的总称，也就是国际上通行的做法，是在国际政治与经济交往中逐渐形成的约定俗成的规范。国际惯例根据内容可以分为国际外交惯例和国际商业惯例。在法律上来讲，国际惯例是指狭义上的国际惯例，即具有法律上的约束力的国际惯例。国际惯例是许多国家的法律渊源之一。我国《民法通则》第 142 条规定："中华人民共和国法律和中华人民共和国缔结或者参加的国际条约没有规定的，可以适用国际惯例。"一个国际习惯的做法和规定是否能够构成法律渊源的国际惯例，主要取决于两个方面：一个是该惯例被许多国家广泛地遵守；二是该惯例被作为一种具有法律约束力的规范遵守。目前，适用于工程的构成法律渊源的国际惯例还不多，主要是与支付和担保相关的国际惯例。在很多情况下，为了确定采纳某一国际惯例的规定，可以在合同中直接规定适用该国际惯例。目前，FIDIC 系列合同不是具有法律约束力的国际惯例，只是国际工程市场使用较多的国际工程合同文本，英国的 NEC 合同、美国的 AIA 合同等就更谈不上是国际惯例。与工程有关的国际惯例主要是涉及支付与担保的规定，如涉及支付的国际商会制订的有关信用证的 UCP600、有关工程担保的 URDG758、有关工程设备材料采购的 Incoterms2010 等。

三、涉外工程承包合同的法律适用

关于涉外工程承包合同的法律适用确定较为复杂。首先，合同应当适用合同双方当事人选择的实体法。一般国家的国际私法都尊重当事人选择合同适用法律的意思自治权，规定当事人可以选择合同适用的法律。如果当事人选择了合同适用法律，在解释合同和解决合同纠纷时，则应当适用当事人在合同中选择的法律，在解释合同和解决合同纠纷时，则应当适用当事人在合同中选择的法律。我国自 2011 年 4 月 1 日起施行的《涉外民事关系法律适用法》第 41 条规定，当事人可以协议选择合同适用的法律。因此，合同应当适用当事人在合同中选用的实体法。

其次，如果合同当事人没有选择合同的适用法律，则应当适用与合同有最密切联系的法律。在当事人没有选择合同适用法律时，适用与合同有最密切联系的法律，这是一个公认的选择合同适用法律的国际私法准则，我国国际私法对此也作了相应的规定。我国《涉外民事关系法律适用法》第 2 条、第 3 条与第 41 条规定，当事人依照法律规定可以协议选择合同适用的法律，如果当事人没有选择合同适用的法律，则适用与合同有最密切联系的法律，除非法律另有规定。但是，对于如何认定与合同有最密切联系的方法则存在不同的学说。我国《涉外民事关系法律适用法》采用了"特征性履行说"，特征性履行是指代表合同本质特征的一方当事人履行合同的行为。该理论由瑞士学者施尼泽创立，主张按照合同的特征性给付确定合同的适用法律。我国《涉外民事关系法律适用法》第 41 条规定，当事人没有选择的，适用履行义务最能体现该合同特征的一方当事人经常居所地法或者其他与该合同有最密切联系的法律。但是，对于涉外工程合同则不能根据特征性给付的标准来确定法律与合同的最密切联系。如果按照特征性给付标准确定与合同有最密切联系的法律，就会导致在当事人对于合同适用法律没有规定的情况下，应适用承包商所在国法律的情况。但是，这显然是不合理的。英国法已经考虑到这个问题，并认为不应采用特征性给付的标准来确定涉外工程合同的适用法律，因为涉外工程合同涉及的标的物是不能移动的不动产。在这种情况下,一般认为不动产即工程所在地法律为与合同有最密切联系的法律。

最后,合同还应当适用工程所在地与公共建设有关的行政管理法。工程所在地国家和有关政府机构都会制定法律法规约束管理工程建设及其相关行为,如招标投标法、建筑法、建筑安全法、劳动法、环境保护法等,这些法律是工程所在国政府行使其行政管理权的法律,是强制性的规定,同时,也涉及工程所在国的公共政策的实施,国际工程承包商应当遵守。我国《涉外民事关系法律适用法》也有相关的规定。该法第 4 条与第 5 条规定,中华人民共和国对涉外民事关系有强制性规定的,直接适用该强制性规定。外国法律的适用将损害中华人民共和国社会公共利益的,适用中华人民共和国法律。

第二章
涉外工程承包合同(以 FIDIC 合同为例)

引 言

FIDIC 是国际咨询工程师联合会的法文缩写。FIDIC 的本义是指国际咨询工程师联合会这一独立的国际组织。

1957 年,FIDIC 与国际房屋建筑和公共工程联合会[如今的欧洲国际建筑联合会(FIEC)]在英国咨询工程师联合会(ACE)颁布的《土木工程合同文件格式》的基础上出版了《土木工程施工合同条件(国际)》(第 1 版)(俗称"红皮书"),常称为 FIDIC 条件。该条件分为两部分:第一部分是通用合同条件,第二部分为专用合同条件。

1963 年,首次出版了适用于业主和承包商的机械与设备供应和安装的《电气与机械工程标准合同条件格式》即黄皮书。

1969 年,红皮书出版了第二版。这版增加了第三部分"疏浚和填筑工程专用条件"。

1977 年,FIDIC 和欧洲国际建筑联合会联合编写 *Federation Internationale*

Europeenne de la Construction(巴黎),这是红皮书的第三版。

1980年,黄皮书出了第二版。

同时出版的还有黄皮书第三版《电气与机械工程合同条件》,分为三个独立的部分:序言、通用条件和专用条件。

1995年,出版了橘皮书《设计—建造和交钥匙合同条件》。

以上的红皮书(1987)、黄皮书(1987)、橘皮书(1995)和《土木工程施工合同——分合同条件》、蓝皮书(《招标程序》)、白皮书(《顾客/咨询工程师模式服务协议》)、《联合承包协议》、《咨询服务分包协议》共同构成FIDIC彩虹族系列合同文件。

1999年9月,FIDIC出版了一套全新的标准合同条件:《施工合同条件》(新红皮书)的名称是"由业主设计的房屋和工程施工合同条件"(*Conditions of Contract for Construction for Building and Engineering Works Designed by the Employer*);《设备与设计—建造合同》(新黄皮书)的名称是"由承包商设计的电气和机械设备安装与民用和工程合同条件"(*Conditions of Contract for Plant and Designed-Build for Electrical and Mechanical Plant and Building and Engineering Works Designed by the Contractor*);《EPC/交钥匙项目合同条件》(*Conditions of Contract for EPC/Turnkey*)银皮书(Silver Book)。

FIDIC还编写了适合于小规模FIDIC组织的工作宗旨为公正性和独立性,并在此基础上以公正性、独立性为准则建立了一系列的条文规定。现今,FIDIC组织已经成为被世界银行、亚洲开发银行与各国政府认可的咨询工程师机构,并在国际建筑业确立了其权威性与影响力。FIDIC组织自成立以来,在秉持自身的公正性和权威性的前提下,充分利用其自身的影响力,编制并出版了一系列的合同文本及合同管理文件,这些文件对规范合同和推进合同管理的标准化进程产生了重要影响。因此,在习惯上,FIDIC通常被用来指代FIDIC合同条件或FIDIC方法。可以说,FIDIC合同条件是集西方工业发达国家土木工程行业上百年的经验,把工程技术、管理科学及法律等方面有机结合起来的一个合同条件。甚而被奉为建筑业的"圣经",而其在中国的应用也越来越广泛。

第一节 涉外工程承包合同一般规定

【本节要点】掌握涉外工程承包合同的主要类型、常用条款；理解涉外工程承包合同的概念；熟悉涉外工程承包合同的常用术语、订立程序和基本原则。

一、涉外工程承包合同的基本概念

（一）涉外工程承包合同的概念及特征

涉外工程承包是指一个国家的政府部门、公司、企业或项目所有人（一般称工程业主或发包人）委托国外的工程承包人负责按规定的条件承担完成某项工程任务。涉外工程承包是一种综合性的国际经济合作方式，是国际技术贸易的一种方式，也是国际劳务合作的一种方式。之所以将这种方式作为国际技术贸易的一种方式，是因为在国际承包工程项目建设过程中，包含着大量的技术转让内容，特别是项目建设的后期，承包人要培训业主的技术人员，提供所需的技术知识（专利技术、专有技术），以保证项目的正常运行。

涉外工程承包合同是涉外经济合同之一，是一种超越一国领域的经济合同。涉外工程承包合同是一国承包商与工程项目所在国的发包人之间在招标或谈判后所达成的确定双方当事人法律关系的书面协议。

涉外工程承包合同是一种涉外经济合同，它除了具有一般合同的法律特征之外，还具有下列几个方面的特征：

1. 多元性。涉外工程签约人虽然只有业主和承包人两方，但是在合同执行过程中，会涉及多方关系人。如业主方面有咨询公司、咨询工程师；承包商方面有合伙人、分包商、材料供应商等。业主和承包商双方之间还有银行、保险公司一类的担保人。此外，由于有的工程规模很大，技术要求复杂，需要多家承包商联合承包，有时甚至涉及几十家公司，需要签几十项合同。除主合同外，其他还有如融资贷款合同、各类货物采购合同、分包合同、劳务合同、联营体合同、技术转让合同、设备租赁合同等。不管哪类合同，只要合同签约方与该项工程的实施有关，承包商就对其承担一定的义务。在合同中详细规定了承包商对各种关系的处理和应承担的义务。要使一份涉外工程承包合同圆满实施,承包商不但要处理好和业主的关系,而且还要认真地处理好与工程实施有关的其他各方的关系。

2. 涉外性。(1)涉外工程承包合同签约各方分属于不同的国家。涉外工程承包合同都是在不同国家的法人之间签订的,是由一个国家的承包商为承担在另一个国家的工程项目建设与该项目的业主所签订的合同。(2)涉外工程承包合同一般要受到多国法律的制约。在合同签约时,合同的各项条款内容均不能违反签约各方本国的法律,必要时合同双方还会选择第三国的法律作为合同的适用法律。(3)涉外工程承包合同的付款条件,绝大多数都规定支付两种或两种以上货币。一种是当地货币,一种是国际货币。(4)仲裁地常选择第三国。涉外工程承包发生纠纷、争端是常见的事。为保证公正,提交仲裁时常选择第三国作为仲裁地。

3. 连续性。国际贸易合同的标的一般是指货物,这种合同的履约方式,当事人通常是以交货和付款的方式,结清双方的权利义务关系的。交货可以一次或分数次进行,就是说贸易合同的履行,双方当时人可以集中一次或数次完成各方的义务。涉外工程承包合同的履约方式不同于国际贸易合同之处在于其具有连续性和渐进性。因为它的标的是工程项目,标的的实现,就是要建成这个工程项目。这就需要连续、循序渐进地进行,这是其固有的特征。它决定了涉外工程承包合同履约方式的连续性和渐进性。另外,货物的质量只需买方一次性确认即可。而工程项目质量的确认,却贯穿于整个施工过程的始终。承包商对工程质量所承担的义务,要受到业主无数次的检查和确认,且质量所含内容十分繁杂,包括施工材料和永久性设备、施工程序和规范、施工方式以及设计要求等。所有这些方面的质量都必须满足了合同一方(业主)的要求,合同另一方(承包商)的履约义务才算完成。

4. 特殊性。涉外工程承包合同的标的是工程项目。每个工程项目都有各自的特点,国际工程项目由于处于不同的国家和地区,有不同的工程类型、不同的资金条件、不同的合同模式、不同的业主和咨询工程师、不同的承包商,因而可以说每个项目都是不相同的。任何一个工程项目,都是一个不可分割的独立整体,具有不可移动性。合同需要反映各个项目的不同特征。

5. 风险性。涉外工程承包的项目一般周期都比较长,少则几年,多则数年。由于周期长，各种因素随时可能变化，涉外工程承包作为一项综合性的输出受多种因素的制约和影响，有政治、经济、自然条件、建设环境、法律及经营管理水平等因素，这些因素的变化决定着承包商的盈亏，增加了承包商的风险。这就要求承包商在签订合同前，对可能发生的风险的因素做认真的调查、预测、分析和研究，并在合同谈判中尽量避免风险性条款。

（二）涉外工程承包合同的形式

涉外工程承包合同的形式主要有两种：

1. 综合形式。这种形式主要发生在业主以招标投标方式与承包商成交时，由一系列法律文件组成的综合的合同文件，其中除了双方当事人签订的正式协议书外，还包括招投标文件、技术规范、工程量及价格表、图纸等有关文件和资料。

2. 单一形式。这种形式主要发生在业主以委托协商方式与承包商成交时，由发包人与承包人签订的单一承包合同书。

二、涉外工程承包合同的功能

（一）合同是涉外工程承包工作的基础

在国际上开展工程承包和劳务合作，整个工作过程概括起来只有两大环节：一是签订合同，二是执行合同。签订合同是承包商经投标报价，正式取得了承包这个工程项目的合法资格；执行合同是承包商完成这个工程项目的施工建设过程。显然，这两个环节是紧密联系、不可分割的，前一个环节是后一个环节的基础，后一个环节是前一个环节的继续，缺一不可。对承包商来说，其事业的核心就是订立合同和执行合同。因此，承包商的各项工作和一切活动，都围绕这两个环节进行，都是以合同内容为基础的。

从近几年我国对外承包工程的大量实践来看，可以说一个工程项目的盈亏主要取决于这两个环节。合同条款订得是否合理，直接影响到项目实施的成败，影响项目的经济效益，有时甚至起决定性作用。签订一个亏本的合同，或签订一项权利和义务有失公平的合同，承包商是很难在实施合同的过程中盈利的。反之，合同条款订得再好，假如承包商在实施合同的过程中经常失误，不能正确而有效地执行合同，也不会取得成果。

合同条款订得是否正确,能否完美实施并从中获得利益,这要受到很多因素的影响。其中的重要因素是两个关键人物的作用。一个关键人物是参加合同谈判的主谈人;另一个是具体实施合同的项目经理,即合同的执行人。一个工程项目的效益好坏,在其他条件正常的情况下,可以说很大程度上是由这两个人的基本素质决定的。其中一个重要的素质条件,就是他们都要掌握和熟悉工程承包合同的内容。一位不了解和不熟悉工程承包合同内容的人,很难在谈判中取胜,也很难在执行合同过程中,能正确地维护自己一方的利益,避免不必要的损失。

对从事涉外工程承包的人员来说,无论其工作性质是侧重于经营、谈判和订立合同,还是侧重于项目管理和实施合同,都需要对合同的基本知识及合同的主要内容有一个全面的了解。这样才可以在订立合同和执行合同的过程中,减少失误,免受损失,从而获得较好的效益。

(二)合同是涉外工程承包当事人的行为准则

合同是业主和承包商的行为准则。在涉外工程承包过程中,无论是业主还是承包商,其一切行为和工作都是以合同为根据的。因为合同的订立,是双方的法律行为,因而双方都要受法律的约束,双方都必须按合同的规定办事。

(三)合同是当事人履行涉外工程承包的依据

合同一经签字,不经双方同意,任何一方都无权变动合同,任何一方均不准擅自修改合同的内容。合同签订之后,双方都必须按照合同所规定的条款履行合同,任何一方如不履行合同,或不完全按合同规定的义务和条件履行合同,都要受到惩罚。违约一方就要承担由此而造成的损失,合同的惩罚作用,是为保证双方都能正确地履行合同。

(四)合同是涉外工程承包当事人解决纠纷的依据

在双方执行合同的过程中,难免要出现争执和纠纷。有些争执和纠纷通过双方友好协商,可以得到合理的解决。而有些争执和纠纷靠双方自行协商得不到解决,这时就要请第三者出面调解或提交仲裁,只有合同才是解决双方纠纷的唯一依据。协商、调解或仲裁裁决都是根据合同所规定的条款内容来作出的。

(五)合同制约涉外工程承包工作的全过程

无论是在本国还是在国外,对承包商和业主来说,其一切工作都是离不开合同内容的,都要受合同内容的制约。在资格预审阶段,由业主确定的项目资金来源、工程工期和工程范围等,都是承包商制定价格的重要依据,也将是合同条款的主要内容。

在投标报价阶段,承包商的各种报价条件,制定价格的基础,都是承包商和业主之间今后拟定合同的基本条件。在此阶段,对承包商来说,主要是制定价格,算出总价;对业主来说,主要是对承包商所报价格的评议。对此双方经谈判,最后形成书面协议——合同。

在实施合同的过程中,双方都要对合同规定的实质性内容的实现承担责任。就是说双方都要按合同的规定,履行各方的义务,这样合同才能得到完满的履行。在此阶段,对承包商来说,他的主要义务是按质、按量、按期完成合同对其所规定的工作内容。业主的主要义务是按时、按数向承包商支付工程价款。双方之间相互的权利义务关系,是通过承包商的施工和业主的付款而终止的。

(六)合同明确了涉外工程承包当事人的法律关系

由于合同双方都规定了权利和义务,因而订立合同就使双方产生了一定的权利义务关系。但双方这种权利义务关系并不是一种道义上的关系,而是一种法律关系。因为双方签订的合同,要受到有关缔约方国家的法律制约、保护和监督。也就是说,双方的权利和义务均受到法律的保护和监督,双方都必须履行合同。

三、涉外工程承包合同的类型

(一)按承包内容划分

涉外工程承包合同通常分为统包合同、阶段承包合同和专项承包合同。

1. 统包合同

统包合同也称"一揽子承包",即通常所说的"交钥匙"。采取这种方式,建设单位只要提出使用要求或产品要求和竣工期限,承包商即可对项目建议书、可行性研究、勘察设计、设备询价与选购、安装、裁订货、工程施工、职业培训直到竣工投产实行全面的总承包,并负责对各项分包任务进行综合管理、协调和监督工作。这种承包方式主要适用于大中型建设项目。统包合同涉及面广,内容繁多,方方面面均需兼顾,且持续时间长,对于承包商来说风险较大。

2. 阶段承包合同

阶段承包即将一项工程分成若干个阶段,分别进行承发包。凡国际上的大型工程,多数采用分阶段进行,有时分为一期工程、二期工程等。同一家承包商可以同时投标承包全部工程或其中的若干阶段或管理,质量保证系数较大,但如果由不同的公司分别实施的话,则有可能加大投资。

3. 专项承包合同

专项承包指工程项目中的某一专项工程承发包。这种方式常见于专业性强的公司所从事的承包工程,如可行性研究中的辅助研究项目、勘察设计阶段的工程地质勘察、供水水源勘察,基础或结构工程设计、工艺设计,供电系统、空调系统、金属结构制作和安装,通风设备安装和电梯安装等。

(二)按承包方式划分

按承包方式通常分为总包合同、分包合同、独立承包合同、联合承包合同、直接承包合同和转包合同。

1. 总包合同

由一家承包商负责组织实施某项工程或某阶段工程的全部任务,对业主承担全部责任,履行承包商所拥有的全部权利,确保这种经济与法律关系的契约称为总包合同。根据总包合同的原则,业主或工程师仅同总承包商发生直接关系,而不与各专业承包商或分包商发生直接关系。承担总包任务的通常有咨询公司、勘察设计机构、一般土建公司及设计施工一体化的大建筑公司。

总包合同内容复杂,涉及面广,包罗各种任务,总承包商责任重大,工作难度较大,尤其是在多家公司参与同一工程情况下的统一协调工作。

2. 分包合同

分包合同是与总包合同相对而言的。它指的是承包商和业主签订了总包合同后,该承包商再与分包商签订合同。分包合同的标的或者是工程的某一阶段,或者是某一工程项目的某一分部或单位工程。分包合同条件一般应根据总包合同而定。

一般情况下,分包商要负责对其分包的工程提供材料、设备和劳务,为完成该分包工程承担一切责任。但分包商只对总承包商承担义务并从总承包商那里享有一定的权利,不直接同业主发生关系,而是要承担总承包商对业主承担的有关义务。分包合同较总包合同简单,其内容视具体情况而定,责权条款类似于总包合同,其缔约程序也与总包合同相仿,只是无须通过公开的竞争性招标。

3. 独立承包合同

独立承包是指承包商依靠自身的力量完成承包任务,不实行分包。这种形式通常适用于规模较小、技术要求比较简单的工程以及修缮工程。独立承包合同可以是综合性的,包括各个环节。各环节任务虽小,但包括事项却颇为烦琐。也可以是比较单纯的,就某一项任务而规定相应的条款。

4. 联合承包合同

联合承包是相对于独立承包而言的承包方式,即以两个以上承包单位联合起来承包一项工程任务,由参加联合的各单位推定代表统一与业主签订合同,共同对业主负责,并彼此协调关系。但参加联合的各单位仍是各自独立经营的企业,只是在共同承包的工程项目上,根据预先达成的协议,承担各自的义务,分享各自的利益。包括投入资金数额、工人和管理人员的派遣、机械设备和临时设施的费用分摊、利润的分享以及风险的分担等。

5. 直接承包合同

直接承包就是在同一工程项目上,不同的承包单位分别与业主签订承包合同,各自直接对业主负责。承包商之间不存在总分包关系,也不存在联合协作关系,没有连带责任。现场上的协调工作可由业主自己去做,或委托一家承包商牵头去做,也可聘请专门的项目经理来管理。

直接承包合同视承包内容而定,不过多属项目单纯、独立性强的任务。这样的合同好处在于没有节外生枝现象,不用承担连带责任。不过承包这类合同工程的多数是专业性强的公司。

6. 转包合同

转包合同是承包商和业主就某一工程项目的建设、完成和维修签订了工程承包合同之后,由于种种原因,甲方将该工程项目的建设、完成和维修等工作转包给另一个承包商而签订的合同。其特点是由另一个承包商来承担原工程承包合同对甲方所规定的一切义务和权利,就是说由乙方来承担甲方的风险。同时无论乙方是否盈亏,乙方都要付给甲方一定的酬金(佣金)。

值得注意的是,转包合同对乙方来说风险很大。因为在一般情况下,甲方和业主签订工程承包合同之后,如果不是潜伏着较大的风险,他是不会把工程项目转包出去的。同时在转包合同中,总承包商不但要求转包商接受主合同的各项条款,而且要求转包商提供履约保函、维修保函以及保险单等。不论转包商盈亏如何,都要付给总承包商一定的佣金。这样总承包商就可以不承担任何风险,利用工程转包,把风险转嫁给转包商,这是国际承包商惯用的方式,对转包商极为不利。如有一家大的国际性工程承包公司,几年来在国际上签订了几百项工程承包合同、分包合同和劳务合同,其中只签了两项转包合同,而这两项合同执行的结果都是严重亏损的。由于工程项目的转包对乙方具有极大的风险性,所以转包在国际上成交很少,因而这种合同应用的机会也就不多。

(三)国际工程常用承包合同

1. FIDIC 系列合同

FIDIC 系列合同由国际咨询工程师联合会编制,是 1945 年以后国际通用的标准合同,广泛应用于国际工程界。FIDIC 系列合同包括:《FIDIC 土木工程施工合同条件》《FIDIC 业主/咨询工程师标准服务协议书》《FIDIC 电气与机械工程合同条件》《设计—建造和交钥匙工程合同条件》和《土木工程分包合同条件》。其中《土木工程分包合同条件》适用于国际工程项目中的工程分包,与《FIDIC 土木工程施工合同条件》配套使用。

《FIDIC 土木工程施工合同条件》(红皮书)是基本的合同条件,适用于进行国际性公开招标的一切土木建筑工程的施工管理。FIDIC 合同条款适用于单价合同。在项目管理模式方面,适用于传统模式。FIDIC 合同条款确定了业主和承包商之间的合同关系,同时要求业主任命工程师对工程项目施工进行合同管理。在传统模式的项目管理中,业主与设计机构(建筑师/工程师)直接签订设计服务合同。在设计机构的协助下,通过竞争性招标将工程施工交由总承包商来完成。

《设计—建造和交钥匙工程合同条件》(橘皮书)是为了适应国际工程项目管理方法的发展而提出的,适用于设计—建造和交钥匙工程。合同条款明确了业主和承包商的合同关系,承包商一般应在竣工时间内设计、实施和完成工程以及在合同期内修补任何缺陷,同时为工程提供所需的全部工程监督、劳工、工程设备、材料、承包商的设备、临时工程以及所有其他物品。该合同条件适用于总价合同。

2. 国际金融组织的系列合同

国际金融组织拥有巨额贷款,对国际工程事业的发展起着非常重要的作用。国际性的金融组织很多,世界银行对国际性的工程承包事业影响最大,向世界各国提供大量的贷款和技术援助。国际金融组织为保证所有成员国在工程项目上有公平的竞争机会,要求所有接受国际金融组织贷款的工程项目必须采用国际性公开的采购指标竞争,并接受贷款机构的监督。

世界银行对工程项目招标采购发布了比较严格的规定,要求借款人遵照执行。这些规定主要有:《工程采购招标文件样本》《货物采购招标文件样本》《咨询服务合同样本》等。《工程采购招标文件样本》详细规定了国际竞争性招标的做法及条款,在"通用合同条款"部分,建议全文采用 FIDIC 合同(红皮书)的第一部分通用条款。世界银行项目在项目管理模式方面适用于传统模式。世界银行对设计—建造模式在项目上的应用采取非常严格的限制。其他区域性金融组织较多,基本与世界银行政策一致。

3. 英国工程承包合同

英国在工程承包方面,有较长的历史和完善的制度,对涉外工程承包和许多国家的建筑业有较大的影响。在土木工程和房屋建筑领域分别采用英国土木工程师学会编制的《土木工程施工合同条款》(简称 ICE 合同)和英国皇家建筑协会编制的《建筑业标准合同》(简称 JCT 合同或 RIBA/JCT 合同)。ICE 合同已修订出版多次,1991 年已出版第 6 版 ICE6。ICE 合同适用于单价合同,但没有独立的第二部分——专用条款。ICE6 合同在项目管理模式方面适用于传统模式。JCT 合同由一个庞大的合同文件体系组成,针对房屋建筑的不同规模、性质、建造条件等提供不同的标准条款。最基本的 JCT 合同第 4 版 JCT80 于 1980 年修订出版,第 5 版 JCT91 于 1991 年修订出版。JCT80 和 JCT91 合同适用于总价合同。当工程实施过程中某项工作的实际工程量变化较大时,可以相应地调整合同总价。JCT80 和 JCT91 合同在项目管理模式方面适用于传统模式。

四、涉外工程承包的主体

涉外工程承包主要涉及三个方面,即业主、监理工程师或建筑师(工程师)、承包商。另外,还有分包商和供应商等。

(一)业主

业主系指对所实施工程拥有所有权的自然人或法人,业主分为政府部门、地方政府、国有企业、股份公司、私营机构或个人。

业主是工程项目的提出者、组织论证立项者、投资决策者、资金筹集者、项目实施的组织者,也是项目的产权所有者,并负责项目生产、经营和偿还贷款。业主机构可以是政府部门、社会法人、国有企业、股份公司、私人公司及个人。

业主的性质影响到项目实施的各个方面,许多国家制定了专门的规定以约束公共部门业主的行为,尤其是工程采购方面,相对而言,私营业主在决策时有更多的自由。

业主委托实施工程通常有以下几种情况:(1)在不属于自己的场地上委托实施工程;(2)在属于自己的场地上委托实施工程;(3)按交钥匙方式委托实施工程;(4)按包工不包料的办法委托实施工程。但是,委托分包商实施其已经承揽的工程的总承包商不能被视为业主,因为总承包商对其分包的工程没有所有权。

如果业主是政府部门、地方政府、国有公司,则所签的承包合同为共同合同(也称国家合同);若业主是股份公司、私人组织或个人,则该同为私法合同。

业主代表指由业主方正式授权的代表,代表业主行使在合同中明文规定的隐含的权利和职责。业主代表无权修改合同,无权解除承包商的任何责任。

在传统的项目管理模式中,对工程项目的具体管理均由(监理)工程师负责。在某些项目管理模式中(如设计—采购—建造、交钥匙项目),不设工程师,业主代表要担负类似于工程师的各项监督、检查和管理工作。总之,业主代表的具体权利和职责范围均应明确地在合同条件中规定。

(二)监理工程师或建筑师

监理工程师系指受业主聘任或雇佣的充当其首席专业顾问并为业主执行承包工程的监督和管理工作的工程技术人员。

在土木工程中,监理工程师的职责不仅是制订工程开展计划,进行工程设计和技术指导,编制技术明细书、工程量表、其他合同文件以及负责进行材料和施工检查,而且包括各种行政事务工作,例如,对已完工程的检测和估价,确定追加工程费用,以及根据合同条款规定的所有其他属于其职权范围内的事项。工程师必须在不受任何干扰的条件下作出决定。

工程师必须完成以下任务:(1)召开现场会议;(2)保管承包商递交的各种证书;(3)监理或认可承包商提交的关于工程进行的步骤、次序和方法的方案;(4)视察、检查和监督工事;(5)试验施工用材料并检查施工质量;(6)监督各种计划和各种技术措施的执行;(7)审批或认可承包商提出有关工程实施的各种建议;(8)发出工程变更命令并确定由此引起的费用和费率;(9)测量已完成工程并发给工程量证书;(10)审核各种报表及施工日志或备忘录;(11)发出工程暂停命令或其他工作命;(12)按合同规定对承包商作出"失职"事项的证明。

在房屋工程承包中,业主通常聘用建筑设计师为其行使监理职权。因此,房屋工程合同的监理工程师通常是负责工程设计的建筑师。如果项目设计由承包商承担,则工程监理可以是业主聘请的建筑师,也可以是业主雇佣的工程技术人员。

建筑师是自由职业者,受业主雇用,负责工程的设计任务。建筑师任何时候都不得作为业主的法定委托人。建筑师一旦承担业主委托的任务后,不得再与房地产的业主称为发展实施该项目的承包商签订子项工程的设计合同(例如为承包制作钢筋混凝土设计图纸等)。

(三)承包商

承包商一般指从事专门工程项目施工(有时包括设计)的个人、事务所或公司,或者他们的联合体。建筑工程承包商主要有以下几种:

1. 总承包商。业主通过合同将一项工程整体委托于某一承包商,而该承包商将不属于其专业范围的工程部分转包或分包给第三者,但对业主负全面履约责任(包括分包商的任务在内),这样的承包商称为总承包商。

2. 分包商(亦称专业承包商)。分包商通常指活动范围仅限于特定几项工程的承包商。他们一般是从总承包商那儿分包一部分或某一项或几项特定工程,对总承包商负责。

3. 个体承包商。业主将工程施工所必需的辅助工程部分委托给各不同专业的承包商,这样的承包商称为个体承包商,例如,住宅区建筑工程的外围供电供气网、外围供水管及道路工程等的承包商。这些承包商直接同业主发生关系。

4. 牵头或协调的承包商。业主可以委托一家承包公司(一般是负责主体工程的承包公司)负责牵头或协调承担子项工程任务,这样的承包公司称为牵头或协调承包商。该牵头或协调的承包公司可在监理工程师(住房工程为建筑师)的领导下完成协调任务。牵头协调承包商也可以在没有监理工程师领导的条件下行使牵头或协调作用。协调合同的广度、标的及其作用可以是多种多样的。首先涉及委托的协调任务,其次涉及协调任务的委托条件。

负责协调任务的承包公司有时可以是不承担任何工程而专门负责协调工作的,但多数情况下是承担主体工程任务兼管协调工作。

委托协调任务常见于承包公司联合体情况。

5. 加入联合体的承包商或承包公司联合体。所谓加入联合体的承包商,系指根据其各自特长承担同一项工程中的各不同子项工程且各自签有合同的承包商,投标时共同选定一名代表,统一投标,投标书或报价材料中注明各家公司所投标的工程部分,如果中标,则各自按报价完成任务,领取报酬。各家公司对各自的工程部分直接负责,材料各自供应,盈亏自负。

联合承包的各家公司选定的代表作为共同委托人,同时起协调作用,共同委托人对其代表的各缔约公司的履约不力负完全责任。承包公司联合体系指两家以上的公司为承揽并实施某项工程而自愿结成统一的联合体形式。联合体只能由一家公司充当负责人,行使合同赋予的权利,承担履约责任。

6. 连带责任承包公司。一个合同可以同时由多家公司共同持有,对于业主来说,持有合同的各家公司都是其债务人,对其义务共同承担责任。若有某一家或某几家公司履约不力,其他负有连带责任的公司均得受牵连。

连带责任合同的方式多种多样,但绝大多数情况下都必须正式指定一家作为连带责任承包公司的委托人,负责各公司之间及其与业主、与监理工程师(或建筑师)之间的联系。

连带责任承包公司之间的关系应通过一种特殊的协议来解决。这种协议的性质、方式可以是多种多样的:(1)连带责任公司可以共同实施全部工程,根据预先确定的比例共同承担工程亏损或分享利润。(2)连带责任承包公司也可以商定分摊工程和酬金,各自独立实施工程,独自承担费用、风险、亏损和分配的工程任务,领取各自应得的酬金。但这种做法将使连带责任承包公司名存实亡。

连带责任工程承包合同即联合承包工程合同。这种合同在实际工作中或在法律方面有助于克服一些困难,尤其是当连带责任承包公司联合体中的某些成员在财政上遇到困难,无力支付贷款或不能支付与其直接缔约的分包商、工人、供应商工程款时,联合体可以帮助解决。

但是,在履约过程中,这种连带责任工程承包合同给参与实施工程的各家承包商所带来的不便远远超过其有利的一面。

【案例分析】

FIDIC 合同在二滩水电站项目上的应用

二滩水电站于 1987 年第四季度开始前期施工准备,1991 年 9 月 14 日主体工程开工,1999 年 12 月 4 日最后一台机组投入商业运行。在二滩水电站建设过程中,根据世界银行的要求,作出了以下安排:第一,改变了计划经济条件下那种建设单位与经营单位相分离、建设单位只管完成工程建设,不关心工程建成移交给经营单位以后能否产生效益的做法,实行项目业主责任制,由企业法人对资金的筹措、建设项目的策划和实施、企业的生产经营、债务的偿还和资金的保值增值负完全责任。第二,改变了过去我国项目建设实行由上级行政主管机关指定承建单位的办法,全面实行项目招投标制度,在对工程合理分标的基础上,对中外投标者进行国际招标,通过公平竞标,择定最优的建筑承包商、设备供应商,为保证工程质量、控制施工进度和建设成本奠定了基础。第三,改变了过去由上级行政主管单位协调矛盾和裁决纠纷这种费事费力、延误工期、影响效率的办法,实行工程建设监理制度,由业主雇佣独立的监理工程师单位来控制工程进度、工程质量,协调现场施工,同时监理业主对承包商的支付制度。

二滩工程是国内第一个全面实行国际招标、按照 FIDIC 合同条件实施工程建设管理的项目,也是世界银行对单个工程提供贷款最多的项目(9.3亿美元)。二滩工程自1991年9月开工以来,工期从未与合同脱轨。世界银行官员每半年从进度、质量、投资三个方面对二滩工程打分,结果都是"A"。二滩工程项目的成功归功于FIDIC合同条件的成功适用。FIDIC合同条件除适用于工程规模大、技术复杂、建设周期较长的建设工程项目外,还需具备以下三个前提条件:(a)采用无限制招标选择承包商;(b)合同履行中建立以工程师为核心的管理模式;(c)施工承包合同采用单价合同。而二滩水电站的建设在国内第一个推行了以业主负责制为主导的"四制"管理(项目法人责任制、工程招投标制、工程监理制和合同管理制),刚性地满足了FIDIC合同条件应用的前提条件。取得了巨大的成功,得到了世界银行的肯定。世界银行明确表示,今后凡是二滩公司申请的贷款项目,世界银行一律免检。

【延伸阅读】

国际工程合同的谈判策略

对于涉外工程承包,业主通过初步评标并确认投标者的中标资格后,接下来便是艰苦的合同谈判阶段。合同谈判阶段实际上是在有关法律部门的监督下,在尽量遵守招标文件的前提下,业主和承包商为争取各自利益而讨价还价的过程。从性质上讲,是指不同国家的有关法人之间为了实现在某个工程项目中的特定目的而签订的确定相互权利和义务的协议。合同一经签订,即具有法律约束力,任何一方不履行合同或履行不当,都要承担相应的法律责任。为了正确地履行合同,就必须在合同签订之前,熟悉合同条款,并把潜在的可能对一方不利的条款进行约定,分清不可预见事件的责任。

普通商业合同在谈判时,很多合同条款尚未形成,是在谈判过程中逐渐达成一致,并形成正式的条文规定的。甲乙双方签字生效后,一般情况下是不能更改的。而与普通的商业合同不同的是,虽然在国际工程招标的同时,业主(合同甲方)已经明确颁布了合同的大部分条款(即要约),承包商(乙方)只有在认可这些条款的基础和前提下,才会也才能参加投标,投标的同时,已经意味着承包商对业主合同条款的认可,即商业合同的对要约的承诺。在这种思维的影响下,对国际工程合同谈判的第一个误区,是认为承包商如果不遵守这些合同条款,就拿不到合同,因此也就没有必要在这方面多做工作。这是对国际工程合同本身是过程性合同的特点认识不够,不知道国际工程合同本身固有的合同实施过程的不确定性。国际工程合同是一个持续的过程性合同,随着合同外界环境和合同主体本身不可预见的事件的发生可能发生变化。

第二个对国际工程合同谈判的误区,是认为合同谈判是投标的延续,是投标的组成部分,即对甲方要约进行承诺的延续和组成部分。因此,在合同谈判时,只是对业主提出的疑问进行答复;或者只是按照招标时合同条款的要求准备施工方案、现金流量表、设备材料进场计划、施工计划等。

而事实上,国际工程合同谈判阶段正是我们弥补投标时由于时间有限所掌握的资料有限可能出现的差错的最佳时机,是承包商对在投标时不想说清或无法定量的内容和价格与业主进行约定并争取利益的最佳时机,是承包商为合同将来执行时减少困难、创造良好条件的最佳时机,是承包商通过合同取得理想经济效益的关键一环。

如何做好合同谈判?

每个涉外工程承包项目的合同谈判从开始到结束的各个步骤各有不同,即使是相似的项目合同,完成谈判也不一定必须采取同样的步骤,谈判者必须保持最大的灵活性。尽管如此,谈判的过程并不是无章可循的,各个项目的谈判过程都或多或少有些相似之处,有些典型的谈判程序对各种谈判基本都是适用的。

一、谈判准备阶段

开始谈判前,一定要做好谈判的准备工作,只有这样才能在谈判中争取主动。谈判的准备工作可以包括如下几个方面的内容:

1. 谈判的组织准备。包括组成谈判小组并选定谈判组长。一般来说,谈判组成员应该包括有一定的法律知识、熟悉合同条款的商务人员,经验丰富的技术人员,熟悉当地情况的翻译人员和有着较为丰富的谈判经验、能驾驭整个谈判过程的谈判小组组长。另外,在每一次合同谈判前,承包商的财务和法律方面的人员也应参与,但可根据具体情况决定是否实际参加谈判。谈判组的组成要做到充分发挥每一个成员的作用,组长能够协调组内工作。谈判组长应有较强的业务能力和应变能

第二章 涉外工程承包合同（以 FIDIC 合同为例）

力,而且应该具备参加国际工程合同谈判的经验。进行内部分工,派定谈判角色,以便在谈判桌上角色分明,相互配合,各有重点,进退自如。人员的大致分工为:

(1)商务人员。负责一般合同条款、特别行政条款、招标行政资料的研究。

(2)技术人员。阅读和熟悉当地规范和针对本工程的特殊规范。

(3)翻译人员。负责当地有关信息的收集,了解当地市场、项目特殊情况的一些资料。

(4)组长。负责对业主要求资料的响应或反对,并作为谈判发言人。

2. 谈判的方案准备。

(1)开始谈判前,谈判小组需要认真研究所有的招标资料,列出需要解决问题的清单,并根据具体问题要有明确的解决方案以及回复对方方案的办法,写出谈判大纲,确定谈判的目标、任务和要求,作为进行谈判工作的指导文件。

(2)了解对方的谈判人员以及他们的身份、地位、性格、爱好、办事作风,分析各自的优势和劣势。

(3)设计和确定最优方案、次优方案和备选方案。要准备好上、中、下三策,做到临场不乱。

(4)开始谈什么,接着谈什么,最后谈什么,事先都要有一个大致的安排。同时,预计哪些环节可能出现分歧,出现了这些分歧应采取什么对策。

3. 谈判的内容准备。涉外工程承包合同的内容按优先顺序一般包括以下几个方面:合同协议书、中标通知书、投标书和投标书附录、专用合同条件、通用合同条件、特殊技术规范、国家规范、图纸、标价的工程量清单、投标书附录中所列的其他文件等。从谈判的内容准备来说,主要应注意以下几个方面:

(1)招标文件中的投标人须知部分。在投标人须知中,业主会对合同范围、资金来源、对承包商的要求、标书文件的组成、评标办法等进行规定。很多人认为,这些内容只是对投标的指示,由于很少涉及合同具体内容而不被重视。但实际上,有时投标人须知中会隐藏对合同实施很重要的条款。笔者曾经历过这样一个项目:2003 年 11 月,笔者在 M 国参加了一个公路项目的投标,评标过程由于业主原因,投标人须知规定的 6 个月投标有效期结束前,即 2004 年 5 月份,评标没有结束,业主要求投标人延长投标保函有效期至 2004 年 11 月份。2004 年 10 月份,业主通知我方进行合同谈判。投标人须知第 15.3 条款中规定,业主若是推迟授标,每月将补偿承包商合同总价的 5‰。同时由于工期为 15 个月,合同条件规定本项目不使用价格调整。当时没有谁能预料 2005 年油价会大幅度上涨,因而对这项条款没有什么异议。而在随后的施工过程中,由于油价大幅度上涨,各项材料、设备费用上涨的金额远远大于业主延期授标的补偿费用。

(2)合同条件部分。对于使用世界银行、非洲发展银行、亚洲开发银行等国际金融组织资金的合同项目,通常使用 FIDIC 合同条件或其他国际通用的合同条件,这些条款对所有投标人的要求是一样的,是承包商不能改变的。因此,对此类合同谈判的重点是业主为此编制的合同专用条款,如付款方式、付款期间、质保金扣除比例与返还时间、业主风险等都需要认真研究。对于业主自己编制的合同条件,则应仔细审查每一个条款。笔者公司在 Z 国获得了一个大桥项目,项目位于 Z 国和 G 国的交界处,使用的是业主自己编制的合同条件,业主为 Z 国公路局。在业主风险条款中,业主把自己的风险限定在只对发生在 Z 国的各类事件引起的业主风险承担责任。考虑到 G 国的政治不太稳定,合同谈判时我方要求由于 G 国的政局变化、叛军或任何其他政治、军事、抢劫等风险,也属于业主风险,从而做到防患于未然。

第二节 FIDIC 合同概述

【本节要点】了解熟悉 FIDIC 合同标准文本,分清各种 FIDIC 合同标准文本,区分 FIDIC 合同与其他合同条件的区别;掌握 1999 年版 FIDIC 合同标准文本的适用。

一、FIDIC 合同简介

"FIDIC"是国际咨询工程师联合会(英文名称 International Federation of Consulting Engineers)的简称。该联合会是被世界银行和其他国际金融组织认可的国际咨询服务机构,目前已发展到世界各地60多个国家和地区,成为全世界最具权威的工程师组织。我国已于1996年正式加入FIDIC组织。由于由国际咨询工程师联合会编制的FIDIC合同条件具备较强的科学性和公正性而被许多国家的雇主和承包商接受,同时还得到了一些国家政府和国际性金融组织的认可,因此被称作国际通用的合同条件,是国际上公认的标准合同示范文本之一。

FIDIC系列合同包括:《FIDIC土木工程施工合同条件》《FIDIC业主/咨询工程师标准服务协议书》《FIDIC电气与机械工程合同条件》《设计—建造和交钥匙工程合同条件》和《土木工程分包合同条件》。其中《土木工程分包合同条件》适用于国际工程项目中的工程分包,与《FIDIC土木工程施工合同条件》配套使用。目前FIDIC合同使用的是1999年出版的第五版《施工合同条件》。

FIDIC合同条件共计72条,194款,详细地规定了在合同履行过程中遇到诸如场地、材料、设备、开工、停工、延误、变更、索赔、风险、质量、支付、违约、争议、仲裁等各种问题时,合同双方的权利、义务以及工程师处理问题的职责和权限。由于FIDIC合同条件具备较强的科学性和公正性而被许多国家的雇主和承包商接受,同时还得到了一些国家政府和国际性金融组织的认可,因此被称作国际通用的合同条件。

涉外工程承包突出的一点就是一切均要按照FIDIC合同条件办事,执行中的任何走样都会造成重大的经济损失。由于我国承包商对FIDIC合同条件不熟悉,缺乏理解,因此常常在对外工程承包的合同管理中处于被动地位。研究分析FIDIC合同条件是合同风险防范中的一个重要环节,贯穿于整个国际工程建设的全过程,承包人只有在全面掌握FIDIC合同条件的基础上,才能在整个工程承包中掌握一定的主动权,或是将某些被动转化为一定的主动。

国际咨询工程师协会等国际组织、一些国家工程协会和负责工程建设的政府部门编写了大量的工程合同范本,用于一定范围的工程项目建设。在国际工程中,常用的涉外工程承包标准合同范本主要有国际工程师联合会发布的FIDIC系列合同条件、美国建筑师协会编写的AIA系列合同条件、英国土木工程师协会的NEC系列合同条件等,但是应用范围最广的是FIDIC系列合同条件。除了许多国家的涉外工程承包项目使用FIDIC合同条件以外,许多国际性银行如世界银行、非洲开发银行、黑海贸易开发银行、亚洲开发银行、欧洲复兴开发银行、加勒比海开发银行等银行贷款的项目均使用 FIDIC 合同条件。2005 年 5 月,在 1999 年版 FIDIC 红皮书的基础上修改制定了 FIDIC 红皮书多边协调版第一版。2006 年,又修改制定了多边协调版第二版。

FIDIC 系列合同条件由国际咨询工程师联合会即 FIDIC 组织编写。国际工程师联合会成立于 1913 年,首先由欧洲三个国家的咨询工程师协会发起成立,总部设在瑞士洛桑,2002 年迁到瑞士日内瓦。从 1957 年 FIDIC 起草第一部 FIDIC 合同文件(老红皮书)开始,FIDIC 合同距今已经有 55 年的历史。FIDIC 起草的不同的合同条件以不同颜色的出版物印制,根据其出版物的颜色不同,分别称为红皮书、黄皮书、银皮书等不同的名称,并以其代表不同的合同条件。

二、FIDIC 合同的主要类型

(一)红皮书

红皮书是指,FIDIC 与国际房屋建筑和公共工程联合会在英国咨询工程师联合会颁布的《土木工程合同文件格式》的基础上出版的《土木工程施工合同条件》(第一版)。该条件由两个部分构成:专用合同条件、通用合同条件。1996 年 FIDIC 编制了红皮书第四版的补充版。1999 年,FIDIC 出版了《施工合同条件》即新红皮书第一版。

《施工合同条件》(新红皮书)适用范围:

建造合同条件特别适合于传统的设计—招标—建造(Design-Bid-Construction)建设履行方式。该合同条件适用于建设项目规模大、复杂程度高、业主提供设计的项目。新红皮书基本继承了原红皮书的"风险分担"的原则,即业主愿意承担比较大的风险。因此,业主希望做几乎全部设计(可能不包括施工图、结构补强等);雇用工程师作为其代理人管理合同,管理施工以及签证支付;希望在工程施工的全过程中持续得到全部信息,并能作变更等;希望支付根据工程量清单或通过的工作总价。而承包商仅根据业主提供的图纸资料进行施工。(当然,承包商有时要根据要求承担结构、机械和电气部分的设计工作。)那么,《施工合同条件》(新红皮书)正是此种类型业主所需的合同范本。

新红皮书的特点:

1. 框架:新红皮书放弃了原红皮书第四版的框架,而是继承了1995年橘皮书的格式,合同条件分为20个标题,与瓣黄皮书、银皮书合同条件的大部分条款一致,同时加入了一些新的定义,便于使用和理解。

2. 业主方面:新红皮书对业主的职责、权力、义务有了更严格的要求,如对业主的资金安排、支付时间和补偿、业主违约等方面的内容进行了补充和细化。

3. 承包商方面:对承包商的工作提出了更严格的要求,如承包商应将质量保证体系和月进度报告的所有细节都提供给工程师、在何种条件下将没收履约保证金、工程检验维修的期限等。

4. 索赔、仲裁方面:增加了与索赔有关的条款并丰富了细节,加入了争端委员会的工作程序,由3个委员会负责处理那些工程师的裁决不被双方认可的争端。

(二)黄皮书

黄皮书是指,FIDIC出版的适用于雇主和承包商的机械与设备供应和安装的《电气与机械工程标准合同条件格式》。1987年,FIDIC出版了黄皮书第三版。1999年FIDIC出版了《设备与设计—建造合同》即新黄皮书第一版。

《设备和设计—建造合同条件》适用范围:

《设备和设计—建造合同条件》特别适合于"设计—建造"(Design-Construction)建设发行方式。该合同范本适用于建设项目规模大、复杂程度高、承包商提供设计、业主愿意将部分风险转移给承包商的情况。《设备和设计—建造合同条件》与《建造合同条件》相比,最大的区别在于前者业主不再将合同的绝大部分风险由自己承担,而将一定的风险转移至承包商。因此,如果业主希望:(1)如在一些传统的项目里,特别是电气和机械工作,由承包商做大部分的设计,比如业主提供设计要求,承包商提供详细设计;(2)采纳设计—建造履行程序,由业主提交一个工程目的、范围和设计方面技术标准说明的"业主要求",承包商来满足该要求;(3)工程师进行合同管理,督导设备的现场安装以及签证支付;(4)执行总价合同,分阶段支付。那么,《设备合同范本》(新黄皮书)将适合这一需要。

新黄皮书的特点:

1. 框架:借鉴1995年橘皮书的格式,合同结构类似于新红皮书,并与新红皮书、银皮书相统一。

2. 业主方面：对设计管理的要求更加系统、严格，通用条件里就专门有一条共7款关于设计管理工作的规定。同时赋予了工程师较大的权力对设计文件进行审批；限制了业主在更换工程师方面的随意性，如果承包商对业主提出的新工程师人选不满意，则业主无权更换；业主对承包商的支付，采用以总价为基础的合同方式，期中支付和费用变更的方式均有详细的规定。

3. 承包商方面：承包商要根据合同建立一套质量保证体系，在设计和实施开始前，都要将其全部细节送工程师审查；增加可供选择的"竣工后检验"并严格了"竣工检验"环节以确保工程的最终质量；另外，新黄皮书的规定使承包商要承担更多的风险，如将"工程所在国之外发生的叛乱、革命、暴动政变、内战、离子辐射、放射性污染等"在原黄皮书中由业主承担的风险改由承包商来承担，当然因为设计工作是由承包商来提供的，设计方面的风险自然也由承包商承担。

4. 索赔、仲裁方面：与新红皮书一样，采用DAB工作程序来解决争端。

（三）其他类型

白皮书是指，1979年由FIDIC雇主与咨询工程师委员会编制的《设计和施工监督协议书国际范本及通用规则》。1991年，FIDIC出版了《顾客/咨询工程师模式服务协议》即白皮书第二版。2006年，FIDIC出版了白皮书第四版。

1995年，出版了橘皮书即《设计-建造和交钥匙合同条件》第一版；1999年，出版了《EPC/交钥匙项目合同条件》即银皮书第一版；2007年，出版了《设计建造运营合同》即金皮书第一版。另外，FIDIC还组织起草了《FIDIC招标程序》《土木工程施工合同分包合同条件》《联合承包协议》《咨询服务分包协议》等其他系列合同类文件，以及部分合同文件的适用指南。

三、FIDIC不同合同类型之间的主要区别

（一）承包商的工作范围不同

红皮书和银皮书最明显的不同就是工作范围不同。在施工合同即红皮书下，承包商是依据雇主提供的施工图纸进行施工的。工程所需要的混凝土、钢筋等大宗工程材料的采购，以及施工天梯等各种施工设备均由承包商负责。在银皮书下，

承包商不仅要负责工程施工与保修,而且要负责整个工程的勘察设计,并且工程的重要生产设备也由承包商采购。有时候承建施工项目的承包商也要承担一部分设计,该设计往往是工程较小部分的设计。红皮书也规定承包商可以承担设计,但附加了一条"在合同规定的范围内"。在红皮书下,雇主负责项目勘察和施工图纸的设计,承包商在此基础上进行施工详图的设计。

(二)管理模式不同

红皮书与黄皮书项目下,雇主对工程项目的管理通常由雇主聘请独立的工程师实施,雇主在很多情况下会聘用项目原设计方的工程师作为负责项目管理的独立工程师;在银皮书下,不设立独立的工程师对项目进行管理,而是由雇主委派雇主代表根据授权直接进行工程项目的管理,因此雇主一般会在现场设置雇主代表。当然,也可以是雇主聘请工程咨询公司的工程师协助管理,但是,他们的身份不再是独立工程师,而是代理雇主进行管理的雇主代表的助理或者直接作为雇主代表,但是他们不是独立工程师,也没有独立工程师的权利,在项目管理中并不作为独立的一方出现。

(三)工程质量的要求不同

银皮书和黄皮书规定,工程竣工后,应当能满足合同规定的工程预期目的,红皮书则没有这样的规定。因此,在银皮书和黄皮书项下,关于工程质量,承包商至少要承担三个方面的义务:(1)提供按照合同规定完成工程的建设,包括工程设计、施工与保养,包括提供为完成工程设计、施工、竣工和修补缺陷所需要的材料与服务。(2)确保工程建成后其功能达到合同规定的工程的预期目的。在合同条款和雇主要求中对工程的功能会有具体的要求,如果没有此规定,应与雇主商定。红皮书没有此规定。在红皮书项下,承包商的义务是照图施工,工程建成之后是否能够达到设计性能和合同规定的目的,承包商不承担责任,而应由雇主或其聘用的设计方承担责任,除非该问题是由承包商施工原因导致的。(3)承包商应当实施完成工程所需的隐含工作。银皮书和黄皮书规定,工程应包括为满足雇主要求或合同隐含要求的任何工作,以及合同虽未提及但为工程的稳定、完工、安全和有效运行所需的所有工作。也就是说,在银皮书和黄皮书下,承包商的工作范围不仅包括合同规定范围内的工作,也包括为了使工程达到合同规定的工程的预期目的,合同虽然没有规定但是为了建成工程和保证工程达到合同目的所必需的工作,即隐含工作;红皮书没有该规定,也就是说在红皮书项下承包商工作范围不应包括隐含的工作。

(四) 合同价格与支付方式不同

FIDIC 三个合同条件关于合同价格的规定有较大的差别,主要表现在:

1. 合同的价格形式不同。银皮书和黄皮书为固定总价合同、红皮书为单价合同。银皮书规定,合同价格为总价合同价格;黄皮书规定合同价格为总额中标合同总额;红皮书规定合同价格应根据合同单价计量付款。

红皮书工程量清单中所列出的工程量仅为参考的估算量,在工程实施和计量估计中均不能作为最终标准;同时,承包商向工程师提交的价格分解表,仅作为工程师签发支付证书的参考。工程进度款的确认,采用计量估计的形式,即在每个计量周期内对于完成的工程量计算完成工程的价款。最终的合同总价,在最终结算时根据承包商所完成的整个工程的工程价款及调整情况确定。因此,红皮书中的合同价格是单价合同,通过计量估价的形式确定工程总价。

黄皮书与银皮书一样,也是总价合同,按照里程碑或者形象进度节点以及合同规定的付款计划表支付进度款,承包商虽然在投标书中包含资料表,但是该资料表中的工程量也并非实施和计量的标准,主要是作为参考;资料表中列出的数量或价格数据只限于资料表中说明的用途。黄皮书规定,如果工程的任何部分是按照提供的数量或以完成的工作进行支付的,应按专用条件中的规定,通过计量和估价确定应支付的进度款和合同价格。

2. 付款制度规定不同。银皮书规定付款程序为承包商提交付款报表和证明文件申请雇主付款,雇主决定付款并予以支付。红皮书和黄皮书规定的付款程序为承包商提交付款报表和证明文件,工程师计量或检查已完成工程,然后工程师签发付款证书,雇主根据支付证书载明的数额付款。因此,在红皮书项下,需要工程师对于承包商完成的工程量进行计量,然后根据计量结果证明的承包商完成的工程量和工程量清单中标明的单价进行支付。而在银皮书和黄皮书项下,则一般根据付款计划表,根据承包商完成的付款计划表规定的形象进度支付。

（五）承包商承担风险的范围不同

风险是指可能发生的危险，在国际工程中，风险的发生有可能会给工程本身或当事人双方造成损失。因此，合同条款对于风险的分配是合同最重要的内容之一。FIDIC 在起草 FIDIC 红皮书和黄皮书时，根据平衡分配风险的原则在合同中分配雇主和承包商之间应当承担的风险。FIDIC 合同分配风险的原则是在雇主和承包商之间平衡分担风险。平衡分配风险，就是谁最有能力预见风险、控制风险、谁承担风险更合理，这个风险就应该分配给谁。但是，在 FIDIC 合同条件下，FIDIC 抛弃了平衡分配风险的传统原则，对于红皮书和黄皮书的规则作了大幅度的修改，把更多的工程风险转移给承包商承担。在 FIDIC 合同条件下，雇主和承包商承担风险的范围与其在黄皮书特别是红皮书项下大不相同。风险分配给谁，对于合同当事人双方来说非常关键。

因为黄皮书实际上用得较少，并且红皮书与银皮书的区别更加显著，所以我们主要以红皮书和银皮书为例说明，在不同的 FIDIC 合同条件下雇主和承包商承担风险的范围并不相同，从红皮书、黄皮书到银皮书，承包商承担的工作范围越来越大，承包商承担的风险也相应地越来越大，在红皮书项下，承包商只承担合同中列明的应当由承包商承担的风险，对于一个有经验的涉外工程承包商在投标前不能合理预见的风险，由雇主承担。

四、FIDIC 合同的特点

FIDIC 合同条件基本上可以分成"通用条件"和"专用条件"两个部分。通用条件适用于某一类工程，明确规定了执行合同中的技术、经济、法律等各个方面的内容和具体的管理办法，通常可以直接采用。专用条件则针对一个具体的工程项目，是在考虑项目所在国法律法规不同、项目特点和业主要求不同的基础上，是对通用条件进行的具体化的修改和补充。一般情况下，"专用条款"的法律地位比"通用条款"高。对于"通用条款"，凡属采用公开招标的承包项目均可使用，其应用的范围较广。而"专用条款"是结合某个国家的某一项目编制的，它的针对性较强；"专用条款"中的条款可以否定"通用条款"中的条款，但"通用条款"不能否定"专用条款"。

自 FIDIC 合同条件问世以来,其为国际金融组织和各国政府所广泛使用,也获得了业主、咨询工程师、承包商和分包商的认可和好评,成为涉外工程承包领域中一项广为人知的工程项目采购、施工、合同管理、项目管理和索赔的工业标准和准则。究其原因,这应该是与其所具有的典型特征密不可分的,具体来说:

第一,适用的广泛性。一般来说,建筑工程项目都相对比较复杂,除了会涉及施工的专业技术方法及项目组织管理外,还会涉及工程所在国的自然条件及社会条件等。FIDIC 合同条件以条款的详尽性、全面性、科学性著称。并可以通过合同文本中的"专用条件"部分,视需要对原有合同中的通用条款部分作出变通与修改,在最高程度上满足了各种工程项目的要求。因而,在保证满足施工时间与预算的前提下,适用 FIDIC 合同条件可以保证各类大型复杂工程的顺利完工,显示了FIDIC 合同条件适用的广泛性。

第二,规定的合理性。在新版的 FIDIC 合同条件中,在总结前三版的基础上,承继了西方上百年的建筑科学经验,最大限度地集中了国际最先进的招标投标、施工、监理、索赔、争端解决等相关技术与知识,同时把项目管理的有关内容以合同文件的条文形式全面、系统地表现出来。FIDIC 合同条件不仅明确规定了有关各方的责任、权利和相关义务,而且还针对不同国家的法律法规、社会环境变化和市场价格波动大等特点,规定了按实际变化进行调整,并把不可预见费改为按实际发生的损失支付,比较公正地兼顾合同双方的权益,使合同双方的责、权、利达到总体的平衡从而充分体现了其规定的合理性。

第三,执行的严格性。在不同类型的工程项目中,无论是工程前期的招投标,还是后期的施工和工程监理等各个方面在最新版本的 FIDIC 合同条件中都做了严格的规定,任何一方都必须严格执行,不得随意变更。与此同时,FIDIC 合同条款中各项条款也严格制约着合同双方的行为,如合同中的"通用条款"就包括了三大相互制约的部分,即法律与商务方面通过条款制约、经济方面通过工作量清单和计量支付制约、技术方面通过设计图纸和文件规范来制约,从而使合同条款的执行变得更加严格。

第二章 涉外工程承包合同(以 FIDIC 合同为例)

【案例分析】

1. 2009 年某公司取得印度一个发电厂工程的建设。但是,签约后承包商安装发电机组的 300 多名技术人员,迟迟未获得入境签证,当地政府要求使用当地劳工,承包商认为此举将导致工程成本增加,因此予以拒绝,与雇主发生纠纷。一般来说,工程出现工程所在国禁止承包商劳务进入等许多问题对于国际工程来说是正常的。这些问题应当在招投标或合同谈判阶段解决,承包商在该阶段应当首先识别是否存在此类风险,然后采取风险管理方法予以解决,即采取回避、转移、分担、减轻、接受并承担风险等不同的解决方式解决,同时反映在合同规定和投标文件之中,如果雇主在招标文件里没有对此作出明确的规定,承包商应当在招标答疑阶段要求雇主进行澄清。如果雇主不予澄清或认为应当使用当地劳务,承包商应当对当地的劳务分包市场和当地国家有关劳工的法律进行充分调研,然后测算出成本并在投标组价时予以考虑。

2. 2003 年 3 月,某公司通过竞标获得北美某国一个政府办公楼续建工程,招标文件约定了每天的误期违约罚款额度。工程电气部分由雇主直接发包,其合同价格不在承包商合同价格之内。在施工过程中,由于雇主直接签约的电气承包商(雇主独立承包商)的进度延误,导致工期一再拖延,承包商将雇主独立承包商延误导致的工期延误的天数记录在案,并同时通知雇主工程师、雇主现场经理和雇主,同时,分阶段提出索赔,最终,承包商索赔回工期损失近 150 万美元。雇主的独立承包商有配合承包商施工的义务,如果因为雇主独立承包商原因导致工期延误,承包商应有权向雇主索赔。

【延伸阅读】

FIDIC 合同条件的发展与影响

节选自朱晶《FIDIC 合同条件在中国的适用问题》

FIDIC 合同条件伴随着世纪的进程经历了从产生到发展、再到不断完善的过程。纵观 FIDIC 合同条件的历史与发展,不难看出 FIDIC 合同条件正是在工程建筑业分工的高度深化条件下应运而生的。

  16世纪前夕,虽然欧洲各国的建筑业已经初步形成,但那时的建筑师却是集设计、采购、组织施工等事务于一身的总营造师,受雇于业主。随着社会生产力的进一步发展,行业分工的趋势日益显现,而建筑业主们也对建筑师们提出了更高的要求。于是,一部分人从总营造师中分离出来专门搞设计,而一部分人则分离出来专门搞施工。正是这种最初的职能性分离构成了世界建筑业的第一次分工。

  随着科学技术的不断发展,特别是到了18世纪60年代,英国产业革命的兴起极大地促进了欧洲城市化和工业化的发展进程,于是业主对设计和施工监督提出了新的需求,促进了设计、施工的进一步分离,这也就形成了建筑业的第二次分工。

  到19世纪初,工程建设已日趋复杂,为了在工程建设中维护并平衡各方的利益,将业主、设计者、施工方三者的责、权、利加以明确成为一种必然的选择。因而,1830年,英国政府为了规范工程建设,促进招投标工程交易方式的发展,制定了项目总承包合同并以法律的形式加以推广使用。总承包合同制这种建设项目管理方式一直持续到了20世纪的50年代,是欧美发达国家所采用的主要项目管理方式。但是,随着科学技术的发展,总承包制也暴露出了它的不足,比如项目的概预算不准确,投资难以控制;传统的项目管理方式难以适应工程建设发展需要等因素,都要求对总承包制作出相应的改变,于是,FIDIC《施工合同条款》便应运而生。20世纪50年代,FIDIC组织为适应国际的项目建造和管理的客观需要开始编制FIDIC《施工合同条款》,与此同时,FIDIC还根据项目建设的发展,不断在原有FIDIC《施工合同条款》的基础上进行修改,以满足项目管理发展的需要。1957年,FIDIC以当时正在英国使用的土木工程师学会的《土木建筑工程一般条款》为蓝本,首次出版了标准的土木工程施工条款,即FIDIC《施工合同条款》第一版,并且由于其封面为红色,因此很快便以"红皮书"而闻名于世。但是该版以当时正在英国及英联邦国家使用的合同为蓝本,因而其传统和法律制度具有英国特色。

  1963年,FIDIC合同条件第二版出版。但没有改变第一版所包含的条款,只是增加了第三部分——"疏浚和填筑条款",并对通用条款略做了一些修改。

  1977年,FIDIC合同条件第三版出版,这一次不仅对第二版做了全面的修订,

第二章 涉外工程承包合同(以 FIDIC 合同为例)

而且还编写了一本与之配套的"土木工程合同文件注释"的文件并在语言上更加的通俗易懂,便于操作。因此,得到了欧洲建筑业国际联合会、美洲国家建筑业联合会等多数国际建筑业组织的共同认可。后经世界银行推荐,FIDIC 合同条件第三版又被纳入了世界银行与美洲开发银行共同编制的《工程采购招标文件样本》,至此,FIDIC 合同条件第三版已获得了国际上的广泛认同。1987 年 FIDIC 合同条件第四版出版发行,该版根据业主对条款提出的意见进行了一定的修改,突出了业主在合同管理过程中的地位和作用。同时,在保留工程师权利和作用的前提下,对工程延期、增加工程费用等重大事项处理时,明确了业主的权利;另外,对承包商应有的权益也做了适当的补充,对合同责任、风险分配等也做了相应的调整,使各方的利益和责任更加公平合理。

而在此之后,FIDIC 组织再一次对原有的第四版做了全面的修改,于 1999 年推出了全新的第一版《施工合同条款》,被称为 1999 年全新第一版,并以"新红皮书"而闻名。与此同时,FIDIC 组织还先后出版了"黄皮书"《电气与机械工程条款》、"橘皮书"《设计施工交钥匙工程条款》,而后,这两本书 1999 年又被"新黄皮书"《生产设备和设计施工条款》及"银皮书"《设计采购施工交钥匙工程条款》取代,加上"绿皮书"《简明合同格式》及"白皮书"《工程咨询服务协议书标准格式》,正是以上这些合同标准,构成了一套标准的 FIDIC 合同格式,而人们通常说的合同条款,主要就是指这套标准合同格式。

随着工程建筑业的不断发展,与 FIDIC 合同条件自身的不断完善,FIDIC 合同条件得到了更广泛的应用。作为一种标准的合同文本,FIDIC 合同条件体系科学、条款完备、执行力强。FIDIC 合同条件的应用有利于促进国际工程项目管理的发展,规范合同各方的行为,从而调动工程各方的积极性,以达到控制工程进程,保证工程顺利竣工的目的。因此,FIDIC 合同条件已成为世界银行、亚洲发展银行以及多国政府首选的建筑合同文本,在工程建设中得以广泛应用。近年来,这套集聚了西方百年建筑经验的建筑业"圣经",除在发达国家得以全面应用以外,在发展中国家的影响也日益加强。在全球经济一体化的背景下,FIDIC 合同条件在发展中国家的应用,促进了发展中国家国内建筑业的发展与完善,培养了大批掌握国际项目承包管理知识的专业人才,从而加快了建筑业国际化、标准化的进程。

第三节　FIDIC 合同条件

【本节要点】了解熟悉 FIDIC 合同的前提条件，熟悉各种 FIDIC 合同的特点，区分雇主的权利义务与承包商的权利义务。

一、FIDIC 合同条件的前提与特点

现行版的 FIDIC 合同条件与旧版相比有许多共同之处，但作了大量的修改、补充，基本上统一了条款名称、定义和术语，提高了不同版本之间条款解释的统一性。合同条件更加严密详尽，便于操作，充分考虑了合同双方的利益，合理地分配了工程责任与风险，强化了监理的作用，还增加了承包商的融资等部分的内容，更加科学、严谨、公正。

FIDIC 合同条件的应用必须具备三个前提。一是要根据咨询工程师为某项目准备的招标文件，通过竞争性招标确定承包商。而是委托工程师对工程施工进行监理。只有在雇主任命工程师管理合同的条件下，才能使用 FIDIC 合同条件。三是按照单价合同编制招标文件。FIDIC 合同条件是单价合同，强调两家分离，量变价不变，投标时承包商报的不是总价，而是单价，单价乘以雇主认可的数量后汇总出工程的总价。

FIDIC 合同条件用于雇主设计的或由其代表（工程师）设计的建筑或工程。工程中可以包括由承包商设计的土木、机械、电气和构筑物的某些部分。承包商主要只负责施工（也可能承担少量的设计工作）的建筑工程项目。该合同条件的第一部分是工程项目普遍适用的通用条件，内容包括：一般规定、雇主、工程师、承包商、指定分包商、员工、生产设备、材料和工艺、开工、延误和暂停、雇主的接受、缺陷责任、测量和估价、变更和调整、合同价格和付款、由雇主终止、由承包商暂停和终止、风险和责任、保险、不可抗力、索赔、争端和仲裁。第二部分专用

条件用以说明与具体工程项目有关的特殊规定。FIDIC编制的标准化合同文本,除了通用条件和专用条件外,还包括标准化的投标书及附录和协议书的格式文件。

《施工合同条件》与《生产设备和设计－施工合同条件》及《设计采购施工、交钥匙工程合同条件》相比较,具有以下特点:主要推荐用于雇主(或其代表)承担大部分设计的建筑或工程项目;一般情况下,合同在雇主给承包商颁发中标函时生效。特殊情况下,也可以不需要这种函件,合同按照合同书中所规定的时间生效;合同由雇主指派的工程师管理。如果发生争端,交由DAB(争端裁决委员会)决定,也可以在专用条件中规定,工程师对争端的决定代替DAB决定;由承包商按照合同(包括规范要求和图纸)和工程师的指示,设计和实施工程;期中付款和最终付款由工程师证明,一般是按实际工程量或其他资料表中的费率和价格计算确定,其他估价原则可以在专用条件中规定;通用条件在考虑保险可能性、项目管理的合理原则和各方对每种风险的有关情况的预见能力和减轻影响的能力等事项后,在公正、公平的基础上,在每一方之间分配风险。该合同为雇主与承包商之间签订的施工合同,适用于大型复杂工程,属于单价合同,工程必须实行监理制度,合同应指定一种或几种语言,如果使用一种以文本的解释出现不一致时,应以"主导语言"的合同文本的解释为准。合同文件包括的几个文件之间应能相互解释,当他们之间出现矛盾和不一致时,应由工程师对此作出解释或校正。通常,合同文件解释和执行的优先次序为:合同协议书;中标函;投标书;FIDIC条件第二部分,即专用条件;FIDIC条件第一部分,即通用条件;构成合同组成部分的其他文件。

二、雇主的权利义务

在FIDIC银皮书中,主要的雇主权利和义务相对集中地体现在第2条"雇主"、第3条"雇主的管理"、第9条"竣工试验"、第10条"雇主的接收"、第15条"由雇主终止"和第17条"风险与职责"中。雇主的权利主要有索赔权、得到符合预期目标的工程的权利等。雇主的义务主要是向承包商提供现场进入权,按时支付应支付的工程价款和协助取得许可等。

(一)雇主的义务

1. 交付现场

在签署合同,正式确立工程承包关系后,雇主的首要义务是交付现场,承包商在合同约定的时间享有进入并占有现场的权利。

雇主交付现场的时间。进入和占有施工现场是承包商进行工程准备、勘测与施工的前提条件,如果不能及时地进入和占有施工现场,可能会影响合同的工期。雇主应在专用条件中规定的时间内,给承包商进入和占用现场各部分的权利。此项进入和占用权可不为承包商独享。如果根据合同,要求雇主提供任何基础、结构、生产设备或进入手段的占用权,雇主应按雇主要求中规定的时间和方式提供。但雇主在收到履约担保前,可保留上述任何进入或占用权,暂不给予。

合同没有具体规定时,如何计算现场交付时间。如果在专用条件中没有约定进入并占有现场的时间,视为雇主应自开工日期起给予承包商进入和占用现场的权利。开工之日应当是承包商进入和占有现场或者部分现场的最迟日期,因为从开工之日起就开始计算竣工时间或工期。因此,为了不延误工期,承包商最好在合同专用条件中约定早于开工日期的时间,以便提前进行工程的准备。开工日期一到,就可以开始施工或其他工程活动。

雇主未能按时交付现场的责任。如果雇主没有按照合同规定的时间,交付符合条件的现场,应当承担相应的法律责任。承包商应根据规定向雇主发出通知,要求雇主:如果竣工受到延误,对任何此类延误,应给予延长期;任何此类费用和合理利润,应加入合同价格,给予支付。

因承包商原因未能交付现场的责任。但是,如果出现雇主的违约是由于承包商的任何错误或延误,包括在任何承包商文件中的错误或提交延误造成的情况,承包商增加的费用不予补偿,工期不予延长。

2. 协助义务

本项义务主要包括两个方面的内容:一是雇主有义务协助承包商取得承包商自己难以取得的、与合同有关的工程所在国相关法律文本。当地法律的一般文本由承包商自己负责取得,但是对于难以取得的,由雇主予以协助。这是雇主应尽的协助义务。二是协助承包商取得在当地承接工程需要的许可、执行或批准,如:承包商需要得到的,即承包商承接设计、采购、施工、保修等需要的各种许可和证照;为运送工程所需要的货物包括结关需要的各种许可和证照;当承包商设备在竣工后运离现场到第三国或者中国出口时需要的各种许可和证照。

3.雇主遵守安全与环保规定的义务

雇主应当遵守所有适用的安全规则,照料有权在现场的所有人员的安全,尽可能地努力消除现场和工程不需要的障碍物,以免对这些人员造成危险;同时,采取一切适当措施,保护现场内外环境,限制由其施工作业引起的污染、噪音和其他对公众和财产造成的损害和妨害后果。

4.雇主的资金安排义务

承包商应当向雇主提供履约担保,保证其能够按照合同规定履行义务,同时,按照合同法的平等原则,雇主也应当向承包商提交支付担保,至少应当提供资金安排,表明项目资金已有安排,可以按照合同支付相应的工程款。国际工程合同的雇主最主要的义务就是支付合同价款,如果雇主的项目没有足够的资金做保障,承包商就会面临合同无法实施或中途停工的风险,甚至有理由怀疑该项目可能存在欺诈嫌疑。因此,雇主支付能力是承包商面临的最大风险之一,承包商应当有权要求其提供项目资金来源的合理证明。但是,一般情况下,雇主都会借助其优势地位删除这一条。

FIDIC 合同通用条件没有规定雇主应当向承包商提供支付保函,只是在合同附录中提供了雇主支付保函的格式,供当事人选择使用。对于雇主的资金安排,FIDIC 合同规定了雇主在承包商要求时提供项目资金安排证明,并在实施重大变更前予以告知的义务。该款规定主要包括两项内容:

(1)雇主应当向承包商提供资金安排的合理证明。雇主应在收到承包商的任何要求 28 天内,提出其已做并将维持资金安排的合理证据,说明雇主能够按照第 14 条关于合同价格和付款的规定,支付合同价格(按当时估算)。

(2)如果雇主拟对资金安排进行变更应通知承包商。如果雇主拟对其资金安排做任何重要变更,应将其变更的详细的情节通知承包商,承包商有权要求雇主保证工程资金足以支付工程的建设和施工。

雇主的其他义务主要有:(1)任命工程师并对工程师的职务行为承担责任。

(2)起草、编制合同书。(3)承担合同起草、签订费用和其他额外费用。(4)批准承包商的履约担保、担保机构及保险条件。在承包商没有足够的保险证明文件的情况下,代为保险。(5)提供施工图纸。(6)给予承包商现场进入权。雇主应在投标函附录中注明的时间(或各时间段)内给予承包商进入和占用现场所有部分的权利。此类进入和占用权可不为承包商所独享。如果合同要求雇主赋予(承包商)对基础、结构、永久设备或通行手段的占用权,则雇主应在规范注明的时间内按照规范中规定的方式履行该责任。但是在收到履约保证之前,雇主可以不给予任何此类权利或占用。如果投标函附录中未注明时间,则雇主应在一个合理的时间内给予承包商进入现场和占用现场的权利,此时间应能使承包商可以按照 FIDIC 合同第 8.3 款[进度计划]提交的进度计划顺利开始施工。如果由于雇主一方未能在规定的时间内给予承包商进入现场和占用现场的权利,致使承包商延误了工期或增加了费用,承包商应向工程师发出通知,并依据第 20.1 款[承包商索赔]有权:A,如果竣工已经或将被延误,根据第 8.4 款[竣工时间延长]的规定,对所有此类延误获得延长的工期;以及 B,获得任何有关费用加上合理利润的支付,并将之加入合同价格。在收到此通知后,工程师应按照第 3.5 款[决定]对此事作出商定或决定。然而,如果雇主的过失是由承包商的某些错误或延误造成的,包括承包商的文件中的错误或提交的延误,则承包商无权要求获得此类延长的工期、费用或利润。(7)给予承包商合理协助的义务。雇主应根据承包商的请求,对其提供诸如取得与合同有关但不易得到的工程所在国的法律文本及协助承包商申办工程所在国法律要求的相关许可、执照或批准。(8)及时安排资金的义务。雇主应在收到承包商的任何要求后 28 天内,提出其已做并将维持的资金安排的合理证据,说明雇主能够按照第 14 条[合同价格和付款]的规定,支付合同价格。如果雇主拟对其资金安排做任何重要变更时,应将其变更的详细情况通知承包商。(9)损失补偿义务。雇主对因自己的风险因素给承包商造成的损失负有补偿义务等等。

(二)雇主的权利

雇主的权利主要有:(1)要求提交工程权。要求承包商按照合同规定的工期提交质量合格的工程。(2)批准合同转让权。(3)指定分包商。雇主有权对在暂定金额中列出的任何分项指定分包商,分包商与承包商签订分包合同。如果指定分包失误,造成承包商损失,承包商可以向雇主索赔。(4)索赔权。如果雇主认为,根据本条件的任何条款或合同有关的另外事项,他有权得到任何付款,或对缺陷通知期限的任何延长,雇主或工程师应向承包商发出通知,说明细节。但对承包商根据FIDIC合同第4.19款[电、水和燃气]或第4.20款[雇主设备和免费供应的材料]规定的到期应付款,或承包商要求的其他服务的应付款,不需发出通知。上述金额可在合同价格和付款证书中列为扣减项,雇主有权从付款证书确认的金额中冲销或作出任何扣减,或另外对承包商提出索赔。(5)雇用他人的权利。在承包商不愿或不能执行工程指令时有权雇用他人完成任务。(6)特定条件下的合同终止权。(7)提出仲裁权等。

三、承包商的权利义务

承包商应详细了解合同条件里承包商的权利和义务,在合同管理中对自己应该得到什么,应该记录什么,有一个清晰的概念。从而也使得合同管理工作走上正规化、施工记录走上全面化,也有利于全体施工人员合同法意识加强,企业市场竞争力的提高,使企业在市场竞争大潮中处于不败之地。

(一)承包商的义务

一般国际工程合同中都包含"根据合同履行和完成工程"这样的字句,初步表示承包商的责任。FIDIC银皮书规定:"承包商应按照合同设计、实施和完成工作,并修补工程中的任何缺陷。完成后,工程应能满足合同规定的工程预期目的。"承包商义务是在第四条"承包商"条款中详述的,作为设计采购施工(EPC)/交钥匙工程的承包商,承包商的根本义务首先在工程竣工时,应符合合同中规定要求的预期目的,符合目的是承包商设计的工程必须遵循的基本标准。其次,承包商要提供合同规定的生产设备和承包商文件,包括工程的设计,并为其设计、实施、竣工和修补缺陷提供所有必要的事项,并对所有现场作业、所有施工方法和全部工程的完备性、稳定性和安全性承担责任。承包商应履行的其他合同规定的义务包括:提交合同要求的各项担保;任命承包商代表并授予他代表承包商根据合同采取行动所需要的全部权力;承包商不得分包整个工程;合作义务,主要有为规定的人员进行工作提供适当条件,对现场施工活动负责并按合同规定的范围协调其他可能存在的承包商的活动等；承包商对雇主要求中规定的放线数据的准确性负责；安全履行；建立符合合同具体规定的质量保证体系；负责核实和解释由雇主提供的现场地下、水文条件及环境方面的所有有关数据；确认对合同价格的充分性；承担不可预见的困难；环境保护；进度报告，现场保安等。

承包商与业主签订工程承包合同后，承包商的所有管理人员，不管是经理还是普通工人，严格意义上来说，从事的都是合同管理工作。依据合同进行管理，包括对工程质量的管理、对工期进行控制、对资金使用进行控制、对分包商进行管理等，是承包商的最大义务，其他义务是从这些义务细化而来的。

FIDIC合同条件规定了承包商的一般责任：根据合同各项的规定，承包商应负责做好合同规定的设计、精心组织施工，按时完成合同工程及其缺陷的修复。为此，承包商应提供在建（拟建）工程所需的全部监督管理、劳务、材料、设备、施工装备和其他物品等。这条规定是承包商义务的核心。因此，承包商就应按照合同条件要求精心施工，为工程的顺利完工配备适格人员。具体来讲，承包商的义务主要有以下几点（但不局限于此）：

1. 承包商对在建（拟建）工程施工前期的责任。承包商在编制投标文件时应踏勘施工现场，并对投标书的完备性及价格和费率的正确性负完全责任；承包商必须按时提交工程进度计划和现金流量估算表并应授权一专职代表（我国称项目经理），在工程施工期间履行对工程监督与同外部协调的责任；承包商还必须对在建（拟建）工程的准确测量和放样负责。

在投标有效期内组织投标之前的现场踏勘是招投标的必经程序，否则业主要承担相应的失职之责，也会给承包商的施工索赔提供潜在的依据；反之，承包商在编制投标文件时应主动或根据业主的安排进行现场踏勘，并对投标书的完备性及其价格和费率的正确性负完全责任。施工现场踏勘主要解决：拟建工程所在地的法律法规的有关特别规定（对与拟建工程关系密切的法律法规应特别关注），拟建工程所在地的地质地貌情况是否与招标文件一致，拟建工程需要的主要材料的就地供应情况（包括材料的品种、品质、价格、供应量等是否满足拟建工程之需）与进出施工场地的交通运输条件，拟建工程所在地人力资源供应状况（当地人员的素质是否满足拟建工程之需、工价、供应量等等），生活配套设施（娱乐、一般生活用品的供应、对外联络等等)方面,并就与招标文件的有关表述不一致处,或有疑问处及时向业主提出。只有对拟建工程所在地有了全面而翔实的了解才可能编制出最接近实际的投标文件并中标。

测量放样是工程建设的基础性工作,该项工作的正确性将直接影响在建(拟建)工程的如期投入使用,发挥业主认可的效益,故承包商应对在建(拟建)工程的准确测量和放样承担其应有之责。亦即:业主仅仅根据招标文件的有关规定向承包商提供与在建(拟建)工程测量放样有关的原始资料,譬如测控原始点位置、该点位方位坐标与标高等信息;承包商必须负责引点并根据在建(拟建)工程的特点建立适用的施工测量放样系统,并对该施工测量放样系统的正确性承担责任(测量放样原始点信息的正确性由业主承担)。故承包商除必须具备引点的施工专业人员与专业测控设备外,还必须建立完善的有关测控点的维护体系,以规避该类风险的发生。

就大型而复杂的工程项目而言,业主一般按照承包商提交的已被其认可的工程进度计划安排工程进度款供应计划。故承包商应事先向业主提交进度计划,以便业主编排工程进度款供应计划。如果工程进度计划有调整,也应及时报告业主并征得业主的谅解和同意,否则会构成违约。

现金流量估算表既是对在建(拟建)工程按施工进度编制的用款计划汇总,也是对在建(拟建)工程未来需要款项的计划安排;其主要目的之一是监控工程款项的流向,以确保工程款均能用于在建(拟建)工程;也是业主编制工程进度款供应计划的重要依据之一。承包商应根据在建(拟建)工程的进展编制真实的现金流量估算表,并对其真实性负责,否则可能因构成违约而遭到业主的惩罚。

另外,承包商必须授权一专职代表,该专职代表应具有:在工程施工期间代表公司履行对在建(拟建)工程的管理与监督责任,以及对外代表公司进行沟通协调等等行使与在建(拟建)工程有关的代表公司权利与义务的权力。

2. 承包商的设计责任。根据涉外工程承包惯例和工程承包合同的规定,承包商在实施工程时或多或少都有一些设计职责与任务(尤其在仅有初期设计图纸的工程或高级建筑装饰装修工程中更是如此)。在投标阶段,有些具体施工图业主并不必然向承包商提供,这时工程师责成承包商作一些设计工作,以利于工程实施按图施工。有的工程在实施中一些工程变更及非常详细的细部构造图(譬如饰面装修工程的细部构造),也要承包商自行设计。但承包商设计的图纸,不得对业主的建设宗旨进行实质性变更,且必须要报工程师审批,业主备案。

3. 承包商在收到中标通知书28天内办理履约保函的担保义务。承包商必须要保证自己能够按合同规定履行自己的各项义务,但口头保证在实际中所起的作用有限,故现今工程承包活动中普遍采用担保的方式,即承包商由某一银行或担保公司开具履约保函,履约保函金额一般在招标文件中都有规定。承包商违反合同义务规定时,业主可以没收承包商的担保,这也是业主对承包商的一种索赔方式。

4. 承包商对施工现场的(财产与人员)安全、保卫和环境保护负责。对于承包商雇佣的人员,在招标文件中一般都要求承包商自行为其购买人身意外伤害保险,以便在意外事故发生时将意外责任转移到保险公司身上。对于工程施工可能给临近的居民或是第三人造成的伤害,招标文件里一般都要求承包商投保第三者责任险,保险费由业主承担。在我国对于高空施工作业,采取的是严格的无过错责任原则,即只要第三方不是故意的,只要你给他造成了伤害,就负责赔偿;因此,业主为了转移这种经常可能出现的风险,往往在合同文件中作出强制性的规定,要求承包商购买"第三者责任险"。

承包商在施工期间,应严格按照在建工程所在地的有关法律法规的规定,合理保持现场整洁,及时清理废料和垃圾等障碍物。应做到禁止扬尘,避免噪音、光线、有毒有害气体以及有毒有害液体对工程所在地的污染,干扰工程所在地居民或行人的正常生活。承包商自行安排从当地或其他地方雇佣的所有职员和劳务人员及报酬、住房、膳食和交通。目前,建筑工程是主要的消耗人力资源的工程项目,故承包商应针对在建(拟建)工程的特点制定真实而完备的人力资源耗用量,并根据招标文件决定是否提供给业主,因为(尤其是发展中国家)有些工程规定必须在工程所在地聘用一定比例的工程施工人员。世界银行贷款项目就有此规定:为减轻工程所在地的就业压力,承包商应根据在建(拟建)工程所在地的有关法律法规的规定,适时聘用一定比例的当地职员。

5. 遵守法律法规(这里所提到的法律法规既包括工程所在地的法律法规,也包括公司注册地的法律法规)的义务。法律法规既包含立法权力机关制定的法律法规和地方法规,如《民法通则》《合同法》《建筑法》《安全生产法》《质量管理条例》等;也包括行政(职能)或执法部门制定的与工程建设有关的行政法规,以及工程设计与施工标准、质量、安全施工等方面的规范、规定等,如《工程测量规范》《建设工程监理规范》《建筑工程施工质量验收统一标准》等。只有熟悉并掌握与在建(拟建)工程有关的各种法律法规,承包商才能正确合理地规避法律法规风险。为此,在条件允许的情况下承包商除聘请常年法律顾问外,还应根据在建(拟建)工程的具体情况,适时在工程所在地聘请工程类法律顾问。

6. 工程施工期间,如在现场挖掘出具有地质或考古价值的物品,承包商应妥善保管,并及时向业主及文物主管部门报告。这些文物被视为业主的财产,承包商不得私自处理。但承包商因采取措施保护文物而导致施工增加的工作及工期的延误,可要求业主予以补偿。

7. 对于承包商执行施工中使用的设计、施工规范、施工方法等包含有专利权时,承包商应对此专利权自负其责。即只要承包商使用的专利权被他人提出侵权,与业主毫无关系,由承包商负责一切后果。这里所指专利,是由承包商原因造成的,如果该项专利是由业主提供或业主原因造成的,只要证据充分,则业主亦应承担相应的责任。故施工单位在应用包含有专利权(知识产权)的设计、施工规范、施工工艺、施工方法等之前,应做足调查研究工作,且必须保留翔实的引用过程资料,以备不时之需。

8. 施工时避免对公共交通及相邻财产的干扰。承包商不能以施工为借口阻碍交通,并且应在不妨碍施工的地方允许他人和车辆通行。承包商的工作人员不得对施工工程所在地的他人合法财产形成威胁,如盗窃、抢劫等;承包商在运输材料或工程设备等时要避免损坏旧有道路和桥梁及水运设施,如承包商运输机械设备时不得超载,损坏路面。如有类似事件发生,与业主无关。

9. 为其他承包商出入施工现场提供机会与方便。就综合性工程而言,一项工程可划分为多个标段发包给不同的承包商。业主雇佣的不同承包商可能在同一施工现场出入、施工,故而从业主的利益出发,承包商应该相互之间提供机会与方便。

(二)承包商的权利

FIDIC合同条件赋予设计采购施工(EPC)/交钥匙工程承包商的权利主要有:

索赔权;不接受指定分包商权;不承担雇主风险权;终止受雇权;对义务的例外情况不承担责任;特定情况下的自行检验权。

索赔是合同和法律赋予正确履行合同者免受意外损失的权利。对承包商而言,索赔是一种保护自己、避免损失、增加利润的重要手段。在 FIDIC 银皮书的 20 个条款中,16 个条款中共有承包商可以引用的 35 个索赔子条款。根据索赔条款的规定,在特定的条件下承包商有权要求雇主支付额外的费用、合理的利润或延长工期。

FIDIC 合同条件赋予承包商的权利很多:如承包商有按工程进度及合同要求获得款项的权利,工程施工履行期间行使抗辩权的权利,因业主原因造成的停工、工程变更进行索赔的权利,对工程师(我国称为总监理工程师)的任何决定不满提交裁决、仲裁或起诉的权利等等。而索赔是承包商最重要的权利之一。按合同规定承包商有索赔的权利,但也并非所有的损失都能向业主索赔。索赔必须满足以下要件:

1. 索赔要有合理的依据。索赔的依据包括现行的法律法规和合同组成文件。要注意的是有些索赔事件的依据在合同条件中并无明确的规定,但却隐含在合同文件的相关条款中,或可在《合同法》《建筑法》《招标投标法》《建设工程质量管理条例》等法律法规中获得,如《合同法》第 107 条就是很好的索赔引用条款。所以当业主有违约情形发生时,承包商除引用合同条款外,还要灵活运用法律法规赋予的权利来维护自己的合法权益。

2. 承包商对于损失的发生没有责任。在合同履行过程中,只有对非承包商自身原因造成的损失才可索取赔偿。如果承包商自身有过错,或是在合同范围内应承担的风险,就不能向业主索赔。对于保险中的索赔也是这样。因此,在任何损失发生时,承包商应及时向工程师、业主或保险公司报告,在工程师的指令下保护好现场、抢救受损物资、机械、做好现场记录、配合相关人员调查事故原因等。损失发生时,承包商要证明自己没有责任,就必须要有真实而详尽的工程施工原始资料:包括施工日志、工程照片、图片、录音录像带、相关会议纪要、往来函件等等。而承包商现场工作人员的施工日志是最重要的原始资料,在承包商的索赔中也是最为有力的证据;所以施工人员必须将施工日志记录得详尽完善。

第二章 涉外工程承包合同(以 FIDIC 合同为例)

施工日志(包括调度记录、机械运转记录等等)要记录施工现场发生的各种情况。如:每天工地的风力、雨量、气温、湿度、极端气候等情况;每天出勤人数、使用的机械设备情况,施工检查员的检查记录,每天工程的进展、质量及安全情况,进行试验的情况,工程师检查工程的情况,外来人员参观施工现场情况,完工验收记录,有无施工事故及特殊情况发生,有无不利的自然条件和人为障碍发生,施工材料使用记录,施工图纸收发记录,施工工效记录,是否有索赔事件发生等。这些原始记录中较为重要的情况可整理成施工记录报表。对施工带来不利影响的情况和事件应重点关注,以利于及时发现和正确分析索赔机会。现今业主已越来越重视原始资料的提供,这使承包商索赔工作的展开也更加困难,故良好的配合与完善的施工过程资料是承包商索赔取得成功的关键。

3. 给承包商造成损失的责任应该由业主承担。工程施工过程中承包商由于某种事件的发生使得自己在工期和经济上遭受了损失,但这种损失如果不是业主应该承担的,则承包商就无权向业主索赔,必须自己承担或向有责任的第三方索赔。业主应承担的责任应在法律法规和合同文件中规定,或能引申出来。但在 FIDIC 合同条件下业主负责协调承包商与第三方的关系,即负责承包商施工现场的外部环境协调工作,使承包商在良好的环境下进行工程施工,从而把精力放在施工上,这是符合双方利益的。所以在因第三方给承包商造成损失时,承包商很少自行找第三方索赔,而是通过业主进行,故 FIDIC 合同条件的这一规定,常被承包商直接引用作索赔依据。另外,因工程师原因给承包商造成的损失亦应由业主承担。从合同法律关系看,业主与工程师的关系为委托代理关系。工程师作为业主的代理人,在业主的授权范围内与承包商发生这样或那样关系,代表业主根据合同规定对承包商进行管理、监督。因此工程师与承包商的关系的后果是由业主来承担的。

4. 承包商与合同工程相比较已发生实际工期与经济损失。如果某一事件发生了,但并未给承包商造成损失,承包商是无权要求获得赔偿的。有时,某一索赔事件发生后,只有经济损失而无工期损失,则承包商就无权提出工期延后的要求。要注意的是:提出工期索赔时,该项工期必须是关键线路上的工期。经济损失发生时可能不涉及工期损失,但工期损失时,对业主和承包商都不同程度、明显或潜在地存在着经济损失。对承包商来说,工期一延长,工程完工期限要拖后,其承包队伍承接下一个工程的时间就要延后,同时还要考虑到市场竞争、物价上涨等经济风险,有时还会出现由于工程的拖延使得承包商本来可以接到的工程而无足够的施工人员而被迫放弃该工程的现象。由此可见,承包商在工期拖延的情况下,是承受着很大的社会风险与竞争压力的。

5. 承包商提出的索赔必须要有切实的证据。如前所述,证据包括施工日志、工程成本分析数据、气象站发布的各种气象信息、各方来往的会议记录、来往函件、材料发票、合同、工程照片图片、承包商的索赔计算分析等等。即凡是能够证明索赔事件发生的所有记录及相关的分析索赔事件带来损失的数据、资料等都可以成为证据。任何一项索赔事件的提出,都是一项复杂的系统工程,需要承包商从上到下各个部门的通力合作,证据齐全,依据充分,索赔计量正确。这样才能在索赔工作中做到"有理有据",才能使业主无话可说、无刺可挑,才能使承包商的经营管理工作在激烈的市场竞争中站稳脚跟,立于不败之地。承包商对合同条件中承包商的权利有充分的认识,能意识到自己应得的权益,就会在工作中有意识地收集、整理、保管各种资料,在无形中也就提高了企业的管理水平。

除索赔权以外,承包商还有以下几个重要的权利:

1. 不接受指定分包商权

对雇主指定的分包商,如果承包商尽快向雇主发出通知,提出合理的反对意见,并附上详细的依据资料,则承包商对指定分包商不应有任何雇用义务。

2. 不承担雇主风险和特殊风险权

FIDIC 银皮书第 17.3 款"雇主的风险"规定:

下述第 16.4 款所指的风险是:

(a)战争、敌对行动(无论宣战与否)、入侵、外敌行动;

(b)工程所在国的叛乱、恐怖主义、革命、暴动、军事政变或篡夺政权,或内战;

(c)由承包商人员及承包商和分包商的其他雇员以外的人员,在工程所在国内造成的骚动、喧闹或混乱;

(d)工程所在国内的战争军火、爆炸物资、电离辐射或放射性引起的污染,

但可能由承包商使用此类军火、炸药或放射性引起的除外。

此外,FIDIC 银皮书第 19 条"不可抗力"详细规定了不可抗力的定义、不可抗力的通知、不可抗力发生后受不可抗力影响方免于履行受阻碍的义务、不可抗力不影响合同规定的支付义务等。

3. 终止受雇权

在雇主违约、破产等合同规定的情况出现时,承包商可以按第 16 条"由承包商暂停和终止"规定的时间向雇主发出通知,暂停或直至终止合同。

4. 对义务的例外情况不承担责任

FIDIC 银皮书第 17.1 款"保障"规定:

"雇主应保障并保持使承包商、承包商人员以及他们各自的代理人,免受以下各方面所有索赔、损害赔偿费、损失和开支(包括法律费用和开支)带来的损害:(1)由雇主、雇主人员或他们各自的代理人的任何疏忽、故意行为或违反合同造成的人身损害、患病、疾病或死亡;以及(2)如第 18.3 款[人身损害和财产损失险](d)项(i)、(ii)和(iii)目中所述的其责任可以不包括在保险范围内的各类事项。"

5. 特定情况下的自行检验权

在合同履行过程中,正确处理双方的权利义务关系是工程顺利实施、完工并取得预期收益的基本保证。根据在实践工程中取得的经验,笔者建议承包商在处理合同双方的权利义务关系时应注意几个方面的问题:

①注意书面证据的积累

合同的执行过程是全程伴随着文件之战的。所有执行过程及交流以文字为准,是国际工程合同管理的重要特点。FIDIC 银皮书第 1.3 款"通信交流"明确规定,在根据合同提交或发出批准、证明、同意和决定等,均应采用书面形式,并且任何人不得无故扣压或拖延文件的传送。必须建立完善有效的文件控制系统,保证合同执行过程的所有书面见证资料的完备性和可追溯性。在合同争端解决中,有效合法的证据的作用高于一切。文件的编制要注意一事一函,简明扼要,思路清晰,符合逻辑,事实明确,用词准确,并注意各文件之间的一致性以及恰当地互相引用。

②注意行使权利的时效性

与民事诉讼中的诉讼时效不同的是,FIDIC合同条件为承包商提供了保护自身的武器,但必须是在限定的时间内行使权利,提交合同规定的文件。FIDIC合同条件在时间限定方面,1977年版中多采用30天或其倍数,1988年版和1999年版中则为7天或其倍数。

③坚持合理要求,保护自己的合法权益

FIDIC合同条件的宗旨在于"承包商工作得到报酬,雇主付款获得工程"。基本的原则是签约双方当事人,即雇主与承包商的法律地位是平等的,双方进行的是造价交换。在合同谈判期间就应注意,坚持合理要求,保护自己的合法权益,对于雇主单方面削减承包商权利或增加承包商义务的做法要坚持合理要求,不能远离FIDIC合同条件宗旨。

【案例分析】

1. 某公司承建了东南亚某国一个城市铁路建设项目,合同形式是EPC。合同规定,承包商负责进行沿线居民的拆迁,合同价款中包含了拆迁款和3个月的拆迁工期,雇主协助承包商实施拆迁工作。开工后,雇主按时向承包商支付了预付款包括拆迁费,但是,由于当地被拆迁的居民因为拆迁费的补偿得不到满足,不同意拆迁。虽然由于当地军警保卫没有出现恶性抗诉事件,但是拆迁没有按时完成,导致工程延期,双方因此发生纠纷。后经协商,与雇主达成一致和解,暂停工程,并相应延长工期,但是,对于窝工损失雇主没有给予赔偿。

在该种情况下,承包商是否应当承担工程延期的责任,应当根据合同规定进行分析,应当搞清楚当事人双方在拆迁过程中各自应当承担的义务,即承包商的拆迁义务具体包含什么内容,雇主协助拆迁义务具体包括什么内容,拆迁没有完成的原因是因为雇主合同义务没有完成,还是因为承包商的义务没有完成导致的,同时,还应当弄清楚该国法律关于拆迁是否有强制性规定。如果承包商的拆迁义务仅限于铁路沿线施工现场居民建筑物的拆除,拆迁许可与拆迁补偿与安置义务由雇主承担,则居民因拆迁费问题没有解决导致无法拆迁就属于雇主责任。一般情况下,居民拆迁和补偿安置是非常困难的工作,经常会与被拆迁人出现纠纷,甚至引发暴力抗拆事件,再加上承包商无法掌握所在国的拆迁法律及实施情况,因此,承包商在工程合同中承担工程实施前的拆迁义务风险较大,如果出现居民拒不拆迁的情况非常难以处理。所以建议,承包商争取在合同中将此项工作明确为雇主的义务,并明确约定现场交付的具体条件。

2.某公司在中亚某国承接了一个商业中心建设项目。按照合同规定,雇主在开工日前一天将所有的建筑工地移交给承包商,并签署现场交换报告。根据施工进度表,施工现场不应晚于签约后3月底移交。但是,在工程实施过程中,雇主将现场移交给承包商的时间实际上是5月初,因此雇主移交现场延误了40天。现场移交延误影响了工程进度并增加了费用,承包商向雇主口头提出此事应予补偿,雇主只是口头答应给予补偿,但是,承包商没有向雇主提交正式的索赔报告。后来在承包商进一步索赔时雇主又拒绝补偿,双方因此以及其他原因发生纠纷,最终雇主终止合同并将纠纷提交国际仲裁。在仲裁过程中,雇主主张没有移交现场是因为承包商的原因,此原因是承包商在当地没有注册适合的分支机构,承包商现场人员没有接收现场的授权,承包商也没有开具当地银行账户,因此无法在当地购买材料;同时,承包商也没有取得施工许可证,没有取得国外劳务雇用许可证,没有与第二阶段地下施工分包商正式签约,无现场维护设施。这些原因导致工程延期,而不是雇主延期交付现场。即到2006年4月应当交接场地时,实际上承包商还没有做好接收施工现场的准备和开工的物质准备,如果当时接收现场,承包商将无法开始施工,所以承包商故意拖延不接收现场,因此,导致工期拖延。承包商提出,现场仍有垃圾、停车场没有撤离、临时给排水没有接驳到位等问题,现场根本不具备交付条件,最终,仲裁员没有支持承包商的请求,认为承包商提出的问题根本不存在或不影响开工。笔者认为,从上述案例可以看出,承包商应当要求在合同中明确现场应具备的条件,然后,按照合同规定的条件接受现场,以免事后发生纠纷。

3.某公司承接了海湾某国机场改造项目,使用FIDIC橘皮书签署了合同,合同规定,当事人关于合同的争议应首先交工程师裁定,工程师须在90天内作出决定。如当事人不服工程师裁定提起仲裁,需发出不满工程师决定的通知,并在决定后90天内把争议提交仲裁。在项目实施过程中,工程出现部分延误。工程师认为工程进展过于缓慢。在工程师的建议下,雇主终止了与承包商的合同,并另行寻找了新的承包商。虽然承包商明知工程师的裁决不会对其有利,但是,因为工程师裁决属于纠纷解决的必经阶段,因此,也不得不首先提起工程师裁决。果然,工程师为了拖延时间,在合同规定的最后期限出具了工程师裁决。承包商发出不满工程师决定的通知,将争议提交国际仲裁解决。承包商在与雇主发生纠纷并且无法适用确定程序解决时,及时提起工程师裁决和国际仲裁是正确的。

【延伸阅读】

FIDIC 合同条件在我国现阶段工程承包中的应用

刘朝晖　王　玲

由国际咨询工程师联合会编制的 FIDIC《土木工程施工合同条件》(下称 FIDIC 合同条件),在国际工程中得到广泛的应用。"我国利用国际金融组织或外国政府贷款和外商投资的工程项目也大都采用 FIDIC 合同条件进行国际竞争性招标承包。我国对外开放和参与国际技术经济合作几十年的工程管理实践表明,采用 FIDIC 合同条件,加快了我国工程建设项目管理规范化和标准化的进程,提高了工程项目管理水平,使我们的项目管理思路逐步与国际惯例接轨。但是受政治、经济、社会法律和文化环境以及合同意识等方面的制约,FIDIC 合同条件在我国应用受到一些局限,也存在一些问题。"如何使先进的国际项目管理经验与我国的实际相结合,是值得我们探讨的问题。

一、存在的问题

(一)合同的社会环境

目前,我国还存在建筑行政主管部门地方保护、政企不分的现象,统一开放、竞争有序的建筑市场还未建立,存在着业主建设资金不到位、无合法手续就上项目的现象,存在着由于买方市场而造成的承包商、材料设备供应商、监理单位围着业主转的现象,存在着监理取费不足、装备配置简陋的现象。

（二）法律体系不同

中国的法律体系是属于大陆法，而 FIDIC 合同是普通法，这两种法律体系的思维方式不一样。大陆法系以制定法为主要渊源，法被理解为抽象的规范。普通法系以判例法为主要渊源，它以解决诉讼为目的。普通法最大特点就是讲前车之鉴，他没有法律的条文，他所谓判就是过去怎么判，现在怎么判。法的体系是成文法，是我们中国人比较习惯的思维方式。

（三）承包商的选择

FIDIC 合同条件要求承包商的确定必须是通过公平的竞争产生的，而在我国目前还缺乏公开、公平、公正的招标市场。存在着政府部门保护本地企业的现象，业主保护关系单位，有意排斥有实力的投标单位而照顾并无竞争实力的关系单位的现象，承包商往往并无完成项目的能力也无投标的资格，而是靠资质挂靠、拉拢评委、收买建设单位来获得承包机会，一些招标成了空有形式的走过场式的假招标。

（四）投标报价的方法

FIDIC 合同条件的前提是按固定的单价编制招标文件，承包商是根据企业自身的生产成本、利润和税金及风险金确定单价后报价，报价的高低反映了企业的综合素质、管理水平和资信实力。而我国当前的承包商习惯根据国家定额、费率进行报价，但定额、费率仅反映全社会该行业平均的劳动生产率，并不能准确反映单个企业的真正竞争力，所以中标的承包商未必具备相应的实力，造成了执行合同的困难。

（五）工程师的权力和地位

FIDIC 合同条件下工程师处于工程管理的核心地位，对工程的质量、进度、投资控制都有着法定的权力，参建各方应自觉维护工程师的地位。而我国现阶段的监理工程师只能是在业主的授权下工作，处于被动的地位，加上一些业主认为监理工程师权力太大，担心大权旁落而不放权，监理工程师的工作难免处处受到牵制，无法切实履行其法定的监理职责。通过我国的现有法规与 FIDIC 合同条件相比，我国监理工程师权力不足，表现在以下方面：

1. 参加招标、签订合同方面。FIDIC合同条件规定，工程师全过程参与招标及合同的签订，有建议权，我国监理工程师缺乏这些权利。

2. 质量争议裁决权。FIDIC合同条件规定：当业主与承包商对工程质量有争议时，主要由工程师裁决，而我国主要由建设行政主管部门的质量监督站裁决。

3. 签字付款权。FIDIC合同条件规定工程师有签字付款权，有暂定金额的使用权。我国虽然规定付款必须经监理工程师签字，但是现实中未必要监理工程师签字，签字也未必付款，更无暂定金额的使用权。

4. 工程变更及变更估价权。FIDIC合同条件规定：监理工程师有工程变更及估价的权力，只要工程师认为有必要对工程或其中任何部分的形式、质量或数量作出变更。而我国工程师一般没有这些权力。

5. 分包商确认权。FIDIC合同条件规定，工程分包商必须经工程师确认，我国法规虽然规定需经工程师确认，但是现实中业主往往是绕过监理工程师，自行决定分包队伍，监理工程师也无能为力。

6. 施工组织设计、技术方案的确认权。FIDIC合同条件规定，工程师有施工组织设计、技术方案的认可权，我国监理工程师只有建议权，还需书面向业主报告。

7. 承包商与业主争端解决权。FIDIC合同条件下的工程师对此享有准仲裁的权力，我国监理工程师无裁决权。

（六）工程师的素质

FIDIC机构全体会员协会对工程师的行为准则都有很高的要求，同时对工程师的培养也有一套严格的程序。而我国的监理行业存在监理人员素质偏低的问题。我国的用人机制和教育制度决定了监理人员专业单一，高素质的懂管理、经济、法律、工程技术的复合型人才奇缺。当前，我国的监理工程师大多是由设计、施工等人员转行而来，人员参差不齐，解决不了现场出现的问题，不善于利用合同给予的权利，责任心不够强的现象较严重，业务水平亟待提高，少数监理工程师与承包商、材料供应商有不正常的利益关系，以权谋私、损人利己的现象还存在。

(七) 业主行为不规范

当前的建筑市场是买方市场,时常有建设单位强迫承包商、材料供应商、监理公司签订不平等条约的现象,这种权利与义务不对等,势必造成承包商、材料供应商偷工减料、投机取巧的行为,造成监理工程师无法公平、公正地工作。长期的计划经济使业主的合同意识差,法制观念差,业主常常对监理工作横加干涉,并插手监理人员职责范围内的具体工作,不授予应该授予的权力,科学管理项目的意识差,给监理人员执行合同带来很大的困难。

(八) 对策

FIDIC合同条件适用于工程规模大、技术复杂、建设周期长的项目,采用FIDIC合同条件,可以提高工程项目管理水平,是保证工程质量、控制工程进度、提高投资效益的重要途径,也是实现与国际惯例接轨的中国建设项目管理的发展方向。但由于存在以上的问题,使得目前在我国完全套用FIDIC合同条件难以实现。例如采用FIDIC合同条件管理的北京西客站出现了严重的质量问题。虽然在我国的项目管理中,不能完全套用FIDIC合同条件,但是可以结合我国国情部分地选择其中的某些条款、规定或程序来编制合同文件,在项目实施过程中,也可以借鉴FIDIC合同条件的思路和程序来解决和处理有关问题。

第四节 FIDIC合同的履行

【本节要点】了解熟悉FIDIC合同的各方关系,掌握FIDIC合同在履行过程中最为重要的两个方面——工程延误和工程变更的相关内容。

一、FIDIC 合同的各方关系

总的来说,全世界的工程合同都包含同样的三个参与方:(1)业主或雇主;(2)建筑师或工程师;(3)承包商。但是,由于工程项目所在地和调整各方关系的文件的不同,各方的权利和责任也有所不同。首先,不论是建造工业设施、建造桥梁还是建造高层办公楼,无论工程在哪里进行,无论采用何种合同文件,都是业主或雇主雇佣承包商进行施工。因此,主要的合同关系,包含付款义务,在许多情况下实质上都是相差不大的。另外,无论工程哪里进行,无论采用何种合同文件,业主或雇主都会雇用一个私人的建筑师或工程师进行设计和工程管理服务。其最重要的差别在于,建筑师或工程师在 FIDIC 合同条件中的角色与其在 AIA 和 EJCDC 文本中的角色之间的不同。

FIDIC 合同条件第三款规定:工程师在行使规定权力前须取得雇主的批准,这些要求应在专用条件中写明。除得到承包商同意外,雇主承诺不对工程师的权力作进一步的限制。

该款赋予了工程师约束雇主的权力,除非合同中已经明确对此类权力进行限制。这意味着,此时 FIDIC 合同条件与 AIA 和 EJCDC 文本中出现了重大差别。在 AIA 和 EJCDC 中,工程师或建筑师很少有权约束业主。另外,就算工程师确实享有此类权力,AIA 和 EJCDC 文本也要求该权力必须在合同文件中特别写明。适用 FIDIC 合同条件的项目的工程师常常来自工业化国家,他们由发展中国家的私人业主或政府机构聘用,他们准备并监督工程采购,进行工程设计和工程监督服务。在这些发展中国家,缺乏同一水平的此类专业技术服务。因此,外国业主很大程度上依赖他们的顾问工程师来提供这些服务,并在许多时候监督自身的服务。

在 FIDIC 框架下,工程师由雇主聘用,依据合同文件,他们在工程采购和工程施工方面享有大量的权力和自由裁量权。比如,工程师有权在认为必要和合适时对工程进行变更。在 AIA 和 EJCDC 文本中,只有业主才享有这一权力。例如,AIA 文本只允许建筑师进行少量不影响工期或总价的工程变更。

另外,FIDIC 合同条件中的工程师有双重角色:一方面他是业主或雇主的代表,另一方面他又是纠纷的中立裁判者。具体而言,FIDIC 合同条件规定,每当工程师履行或行使合同规定或隐含的任务或权力时,应视为代表雇主执行其依据普通法的代理原理,工程师可能以其行为约束业主。在美国,更常见的情况是,由项目经理(project manager)来扮演业主代表的角色。

FIDIC 合同条件的语言表明,工程师拥有大量的自由裁量权,该自由裁量权体现在合同文件的解释方面,在承包商有权获得的金钱数额,在承包商与雇主之间的关系。工程师还有权决定和批准付款,有权决定竣工和完全履行。

在工程师责任方面,FIDIC 合同条件与 AIA 和 EJCDC 文本最大的不同在于,依据 FIDIC 合同条件,工程师有权指挥承包商有关施工方式和施工方法。具体而言,FIDIC 合同条件规定:承包商应按照合同及工程师的指示,设计(在合同规定的范围内)、实施和完成工程,并修补工程中的任何缺陷以及明显制约工程师决定的合同规定。仲裁员有全权"公开、审查和修改工程师发出的任何证明、确定、指示、意见或估价"。因此,在 FIDIC 模式中,工程师享有很大的权力,所受限制很有限。FIDIC 文件反映出对工程师职业的格外尊重,但从 AIA 和 EJCDC 所采用的程序来看,美国的情况却并非如此。因此,工程师或建筑师的权力在这些文本中受到更大的限制,最明显的地方体现在,工程师或建筑师在未征得业主或其授权代表的同意时,常常不能采取行动。依据 AIA 和 EJCDC 文本,承包商和工程师或建筑师显得更加平等,承担相互独立的责任,而 FIDIC 合同条件倾向于使承包商更加服从于工程师。

依据 AIA 和 EJCDC 文本,工程师或建筑师的角色被限制在项目设计、合同管理以及合同文件的解释和澄清的范围内。像 FIDIC 合同一样,AIA 和 EJCDC 规定工程师或建筑师作为授权的中立第三方以解决业主和承包商之间的争议。因为依据 AIA 和 EJCDC 文本,工程师或建筑师仍由业主雇佣,并在许多情形下代表业主,所以对于工程师或建筑师能否做到中立就常常引发争议。但是,美国模式与 FIDIC 模式之间的差别在于,在后者中工程师所享有的权力要远远大于其在前者中的权力。具体而言,由于在 AIA 和 EJCDC 文本中工程师或建筑师仅仅是业主的代表,他无权依照业主的利益来指示工程。另外,在 AIA 和 EJCDC 文本中,建筑师或工程师一般不享有决定施工方式和施工方法的权力,主要是这样做就必须承担额外的施工缺陷责任。例如,依据 AIA 文本,除特定情形外,承包商可全权决定施工方式和方法。就算业主被允许指示施工方式或方法的情形中,也需要承担相应的额外风险。相反,如上所述,FIDIC 合同条件中工程师有权指示承包商的施工方式和施工方法。

在适用 AIA 和 EJCDC 文本的项目中,通常由业主机构中的专业项目经理来充当业主代表或其被授权指示工程的代理人的角色,该专业项目经理也可能来自外部的顾问公司。项目经理的角色主要是业主为项目目的而指定的代理人。

承包商很少单凭自己的力量去完成项目的全部工程,一般来说,对于大部分工程所必需的各种各样的任务,如果可以雇佣专业分包商以更高效和低廉的方式来完成的话,承包商亲自施工就不够划算。因此,FIDIC、AIA 和 EJCDC 文本都允许承包商分包部分工程。FAR 同样允许分包,但在大部分情形中,政府保留对分包商进行批准的权利。

依据 FIDIC 合同条件,承包商不能将整个工程分包出去。另外,所有分包都需经工程师同意,工程师不得无故拒绝。承包商对任何分包商的一切行为和过失负责。此责任包括所有现场的施工作业和施工方法的适当性、稳定性和安全性。

在 FIDIC 分包程序中有一种特殊的形式,即对于需进行分包的货物、材料和服务,雇主可能指定特定的分包商提供。如果对任何指定分包商提出合理反对或没有与该指定者签订分包合同,那么承包商对于雇主或工程师的责任就得到限制。在下列情形中,反对将被视为合理:

1. 有理由相信,该分包商没有足够的能力、资源和财力。

2. 分包合同没有明确规定,指定的分包商应保障承包商不承担指定的分包商及其代理人和雇员疏忽或误用货物的责任。

3. 分包合同没有明确规定,对分包的工作(包括设计,如果有),指定的分包商应:

(1)为承包商承担此项义务和责任,能使承包商履行其根据合同规定的义务和责任。

(2)保障承包商免除根据合同规定或与其有关产生的所有义务和责任,以及因分包商任何未能完成义务或履行这些责任的影响产生的义务和责任。

但是，如果雇主同意保障承包商免受这些事项的影响，那么这些事项也无法构成合理的反对。

二、FIDIC 合同的工期延误

面对激烈的竞争和较大的承包风险，承包商的投标报价往往偏低，他们寄希望于后期施工中的高效科学管理，并抓住一切可能的机会向业主索赔，而赶工就是承包商获取利润的一种手段。所谓赶工，是将实际的工程进度调整到要求进度的一种手段。造成工期延误的原因是多方面的：第一，在施工过程中受到外界各种因素的干扰，如水文气象、地质条件的变化、规划及设计的变更、所在国家或地方法律的变化等；第二，一些本该预见并在投标报价中有所准备的地质或其他风险，由于其可能的费用较高而被省略，造成潜在的延误和赶工的可能索赔；第三，由于业主需要提前发挥工程效益，或是受到其他因素的制约，也可能要求承包商进行赶工。

作为采用 FIDIC 合同条件的国际工程而言，工程项目成本包括两个部分：直接费用和间接费用。所谓直接费用是指直接与完成工序时间长短有关的工人工资及附加费、设备、能源、工具、材料消耗等费用；间接费用是指与项目有关的但不能直接认定由哪道工序负担的费用，如管理人员的工资、办公费、财务费用、保险费、税金等。一般认为，在工程规模一定的条件下，缩短工期造成施工强度的提高，会带来直接费用的增加，如加班要支付加班工资、改变施工方法可能要增加费用或者增加材料费等；而间接费用随工期的缩短可以降低。在实际进行项目工期费用方案选择时，往往会根据理论计算分析的结果，考虑项目所在环境的各种因素的影响，最终在最佳拟合点附近选择一个可接受点作为工程项目的工期，并以此作为确定项目资金流的基础。

正常情况下，由于国际工程项目业主采用 FIDIC 合同条件属于单价合同条件，并在国际范围内以招标方式选择承包商，故在招标文件中只是提出工期要求，承包商根据自己的经验和水平进行报价。为了尽早得到工程款，取得效益，避免承受过大的财务负担，在尽可能的情况下，承包商要求支付的资金流在早期较高，后期仅保留一些退场费用和较次要的低费用项目，因此工程项目的后期资金流较低。这样安排，虽然使业主在早期投入资金时，承担了较大的筹资压力和财务费用，但业主可以借此尽早地发挥完工部分工程的效益,符合业主早期收回投资、增加资本循环次数以实现短期多次增值的商业追求,所以往往容易获得业主和工程师的批准。如果工程项目发生延期,使得业主的运行计划成为不可能,或者使得承包商的收益计划不能实现时,为了自身的利益,有时合同的一方或者双方要选择赶工的措施来保证不受损失或者少受损失。

承包商责任或风险造成的工程项目延误应由承包商自己承担,以体现国际合作中及FIDIC合同条件的权利和义务、风险和责任对应的原则;反之,若是业主责任或风险造成的工程项目延误应由业主自己承担责任,并对承包商的损失予以补偿。双方责任或者风险造成的工程项目延误是合同双方共同的责任或风险。随着国际工程竞争的日趋激烈,面对沉重的承包风险,承包公司为了自身的发展,在利益的驱动下,越来越多地采用先进的管理手段或技术而不是投入更多更好的设备通过工程项目获取利润。其中,使用网络计划技术这一新型有效的管理方法成为一种趋势。网络计划技术就是利用网络逻辑关系的调整及网络运算等功能以达到资源优化、成本最小的目的。随着网络计划技术的应用,相应地出现了浮动时间(即浮时,又称时差)的概念。所谓浮时有两种概念:一种主要是针对工程项目中作业的"自由浮时"(free float),它指作业在不影响今后作业最早开始的前提下所具有的机动时间;另一种浮时是针对作业线路的"总浮时"(total float),它指作业在不影响总工期的前提下所具有的机动时间。网络计划技术中一般均以总浮时代表浮时。浮动时间的价值意味着一旦工程项目在运作过程中发生外界干扰,拥有浮动时间的一方可以利用浮动时间进行资源的重新优化配置而不必遭受经济上的损失;在工程项目按照预期计划进行时,浮动时间是处于一种"等待"或"待命"状态而不被使用的,因此说浮动时间具有潜在的价值。

意外事件造成的工程项目延误包括非关键线路上的延误和关键线路上的延误。非关键线路上的延误可以在原资源的基础上对施工顺序进行调整而不对项目的完工日期造成影响,或者此类延误本身就在项目计划的浮动时间内,不影响计划的完工日期,所以非关键线路上的延误只是使工程项目的资金流发生微小的变化,不对施工成本总量造成大的影响。关键线路上的延误是指延误时间超出了项目计划的浮动时间,影响计划的完工日期,并且不能通过在原有资源的基础上对施工顺

第二章 涉外工程承包合同(以 FIDIC 合同为例)

序进行调整以达到不影响完工日期的延误,所以,关键线路上的延误不仅仅使工程项目的资金流发生变化,而且还对施工成本总量造成大的影响。可以理解为,非关键线路上的延误是在不增加资源的条件下仅仅通过调整施工顺序达到原定工期目标的延误,或者说延误本身并不影响原定的工期目标;关键线路上的延误是只有在增加资源时才能满足原定工期目标的延误。在工程项目管理实践中,一般认为工程项目发生延误主要指对关键线路上工期的延误。

发生延误的工程项目若不进行赶工,对业主而言,按照合同预定的支付曲线只是前期变得较为平缓,累计支付线的斜率相对较小,对成本总量的影响不大。但是由于工程项目的延误,导致项目的间接费用发生巨大变化,使承包商的工程项目施工支出总成本增加。即由于工程项目的延误使承包商按照合同预定支付资金流所获得的资金较实际支出的施工费用小,有时甚至要远远小于实际支出。有时,一个国际工程项目按部分承包,故不止一个承包商。若其中的部分工程发生延误,会对其他承包商造成严重的影响,故业主为了工程项目按照原定计划发挥效益,会要求承包商进行赶工,否则,将面临支付其他承包商巨额索赔的风险。关于工期与费用的关系,进行赶工与正常履行合同和延误不进行赶工情况下有本质的不同。所谓业主要求赶工,是指延误是由业主责任风险或者部分是由于业主责任风险造成的。赶工一般存在 3 种情况,即同类延误在同类作业中的赶工、前序作业延误在后续作业中的赶工及工程没有延误时业主要求的对原定进度计划的赶工。

同类延误在同类作业中的赶工,实质上是项目前段运作时期应完成的工作压缩到后段进行。前段施工过程中总费用变化不大,但后段由于工程施工强度的提高和管理难度的增加,直接费用和间接费用都巨额增加,使施工成本猛增。前序作业延误后续作业中的赶工,其实质就是前序作业发生延误,工期延长,使施工间接费用增加,而后序作业赶工,工期压缩,使直接费用增加,从而造成施工总成本增加。工程项目没有发生延误时,业主要求的赶工实质是将尚未进行的工作的施工工期压缩,造成强度提高,使得施工费用激增。在工程项目的实际管理过程中,除非是由于承包商的原因,否则承包商往往不选择赶工的方案,而愿意选择赔偿业主自己责任的误期损失。因为误期损害赔偿额在 FIDIC 合同条件第 47.1 款中有规定,赔偿总费用一般最大不会超出合同总价的 10%,但赶工情况下承包商的付出可能远远不止10%，即便承包商能从业主处得到部分赶工费用，也无法与其支出平衡，所以除非合同中有约定，否则业主如果要求赶工必须支付所有的赶工费用。但是也不排除承包商为了其商业信誉或者出于其他考虑而与业主达成协议承担一部分赶工费用的可能。

三、FIDIC 合同的工程变更

近几年来，随着改革开放的不断深入，引进外资和涉外工程项目也不断增多，而在这些工程项目中，大多数都是执行国际通用的 FIDIC 合同条件，特别是世界银行、亚洲银行贷款建设的项目和国际招投标、海外承包的工程项目。因此，熟悉和掌握 FIDIC 合同条件的内容，并能熟练地运用，不仅能适应外资项目建设的需要，而且能加强合同管理意识，提高项目管理的水平，推动工程项目管理与国际惯例的接轨，促进国内建筑市场的不断完善和规范。在 FIDIC 合同条件的内容中变数最多的部分是工程变更管理，因为工程变更常发生在工程项目实施的过程中。这既有主观原因，也有客观原因。一旦处理不好常会引起纠纷，损害业主或承包商的利益，对项目目标控制不利。所以，工程师应密切注意对工程变更条款的处理。

工程变更是指施工过程中出现了与签订合同时的预计条件不一致的情况，而需要改变原施工承包范围内的某些工作内容。工程变更不同于合同变更，前者对合同条件内约定的业主和承包商的权利义务没有实质性改动，只是对施工方法、内容作局部性改动，属于正常的合同管理，按照合同的约定由工程师发布变更指令即可；而后者则属于对原合同需进行实质性改动，应由业主和承包商通过协商达成一致后，以补充协议的方式变更。建筑工程受自然条件等外界的影响较大，工程情况比较复杂，且在招标阶段依据初步设计图纸招标，因此在施工合同过程中不可避免地会发生变更。

由于工程变更属于合同履行过程中的正常管理工作，工程师可以根据施工进展的实际情况，在认为必要时就以下几个方面发布变更指令：

1. 合同中任何工作工程量的改变。工程量清单中所列的工程量是依据初步设计概算的量值，是为了承办商编制投标书时合理进行施工组织设计及报价之用，因此实施过程中会出现实际工程量与计划值不符的情况。为了便于合同管理，当事人双方应在专用条款内约定工程量变化时可以调整单价的百分比(视工程具体情况,可在10%～20%的范围内确定)。

2. 任何工作质量或其他特征的变更。

3. 工程任何部分标高、位置和尺寸的改变。

4. 删减任何合同约定的工作内容。但省略的工作应是不再需要的工程,不允许用变更指令的方式将承办范围内的工作变更给其他承包商。

5. 进行永久工程所必需的任何附加工作、永久设备、材料供应或其他服务,包括任何联合竣工检验、钻孔和其他检验以及勘察工作。这种变更指令应是增加与合同工作范围性质一致的新增工作内容,而且不应以变更指令的形式要求承包商使用超过他目前正在使用或计划使用的施工设备范围去完成新增工程。除非承包商同意此项工作按变更对待,一般应将新增工程按一个单独的合同来对待。

6. 改变原定的施工顺序或时间安排。此类属于合同工期的变更,既可能是基于增加工程量、增加工作内容等情况,也可能源于工程师为了协调几个承包商施工的干扰而发布的变更指示。

颁发工程接收证书前的任何时间,工程师都可以通过发布变更指示或以要求承包商递交建议书的任何一种方式提出变更。

1. 指示变更。工程师在业主授权范围内根据施工现场的实际情况,在确属需要时有权发布变更指示。指示的内容应包括详细的变更内容、变更工程量、变更项目的施工技术要求和有关部门文件图纸,以及变更处理的原则。

2. 要求承包商递交建议书后再确定的变更。其程序为:

(1)工程师将计划变更事项通知承包商,并要求他递交实施变更的建议书。

(2)承包商应尽快予以答复。有以下两种情况:一种可能是通知工程师由于受到某些非自身原因的限制而无法执行此项变更,如无法得到变更所需的物资等,工程师应根据实际情况和工程的需要再次发出取消、确定或修改变更指示的通知。另一种是承包商依据工程师的指示递交实施此项变更的说明,内容包括:将要实施的工作的说明书以及该工作实施的进度计划;承包商依据合同规定对进度计划和竣工时间作出任何必要修改的建议,提出工期顺延要求;承包商对变更估价的建议,提出变更费用要求。

(3)工程师作出是否变更的决定,通知承包商说明批准与否或提出意见。

(4)承包商在等待答复期间,不应延误任何工作。

(5)工程师发出每一项实施变更的指示,应要求承包商记录支出的费用。

(6)承包商提出的变更建议书,只是作为工程师决定是否实施变更的参考。除了工程师作出指示或批准以总价方式支付的情况外,每一项变更应依据计量工程量进行估价和支付。

FIDIC合同条件下的工程变更与国内施工合同的工程变更管理的差异在于两个方面:其一,可以调整合同工作单价的处理原则不同。FIDIC合同条件下的工程变更管理中明确规定(专用条款),某项工作实际测量的工程量比工程量表或其他报表中规定的工程量的变动大于10%时,允许对某一项工作规定的费率或价格加以调整。而施工合同的工程变更管理中并没有明确规定。其二,对删除原定工作后对承包商的补偿问题的处理不同。在FIDIC合同条件下,工程项目执行的是(以工程量清单报价)单价合同,与我国现行工程计量方法有很大的不同,前者实行量价分离;后者实行行政指令的直接管理,量价不分离。就算删除原定的一部分工作,影响也不大。总之,在FIDIC合同条件下,加强工程变更的管理,充分做好现场记录资料和试验数据的收集整理工作,能使以后的变更处理方面,更具有科学性和说服力。同时,区分FIDIC合同条件下的工程变更与国内施工合同的工程变更管理的差异将有助于提高国内外建筑项目的竞争力,建立符合我国市场经济要求,并与国际接轨的工程建设管理体制,具有深远的意义。

【延伸阅读】

FIDIC合同条件与我国的工程合同范本(节选)

闵卫国

随着我国建筑施工企业参与国际工程承发包市场进程的深入,特别是我国于1996年加入FIDIC,越来越多的建设项目、特别是项目业主为外商的建设项目,开始选择使用FIDIC合同条件。我国利用国际金融组织或外国政府贷款和外商投资的工程项目也大都采用FIDIC合同条件进行国际竞争性招标承包。从北京城建集团接触第一个 FIDIC 合同文本开始，逐步在越来越多的工程建设中得到推广和使用，并与我国建筑市场改革开放相对接，对中国的建设体制产生影响和冲击，最典型的体现就是 1999 年建设部编制的《建设工程施工合同（示范文本）》，抛弃了多年来沿用的模式，变为和 FIDIC 框架一致的通用条款与专用条款，并引入工程师管理制，而 2008 年 7 月 1 日起开始实施的《建设工厂工程量清单计价规范》，更是对旧的量价合一的造价体系的告别。中国的建设市场正在大踏步地和国际建设市场融为一体。

一、FIDIC 合同条件与《建设工程施工合同（示范文本）》的共同点

（一）两者的总体结构一致

FIDIC 合同条件由两个部分组成：通用条件和专用条件。它们均由 20 条主要条款组成，相互对应、互为补充，构成合同的完整内容。合同条件后附有一些附件，包括担保函文本、投标函、合同协议书、争端裁决协议书。其中，担保函文本包括：附件 A——母公司保函范例文本、附件 B——投标保函范例文本、附件 C——履约担保函—即付保函范例文本、附件 D——履约担保函—担保保证范例文本、附件 E——预付款保函范例文本、附件 F——保留金保函范例文本、附件 G——雇主支付保函范例文本。附件 A 和（或）B 附于投标人须知，附件 C 至 G 附于专用条件。

《建设工程施工合同（示范文本）》（以下简称《示范文本》）也分为两个部分：

通用条款和专用条款。通用条款分 11 个部分，共 47 个条款，173 个子款。专用条款的内容、编号与通用条款相对应。合同条件后有 3 个附件，分别是承包人承揽工程项目一览表、发包人供应材料设备一览表、工程质量保修书。

（二）两者都突出了项目管理的三大控制

两者基本上都是按照工程进度的过程展开的：如进度控制条款包括施工准备阶段、施工阶段和竣工验收阶段进度控制等，质量控制条款包括材料、设备、中间及隐蔽工程验收、试车、工程竣工验收、保修期质量控制等，投资控制条款包括工程预付款、工程进度款、变更工程付款、竣工结算、质量保修金等。

二、FIDIC《施工合同条件》与《建设工程施工合同(示范文本)》的不同点

(一)合同的完备性不同

FIDIC合同条件经历了多次修订和相对较长时间的检验,已经发展成熟,更加完备。如第2.4条对业主的资金安排,第6条对职员和劳工(雇佣、工资标准和劳动条件、劳动法、工作时间、为职员和劳工提供的设施、健康和安全、监督等),第7条对永久设备、材料和工艺(实施方式、样本、检查、检验、拒收、补救工作、拥有权、矿区使用费等)都做了详细的规定;而我国《示范文本》始编制于1991年,虽其参照了FIDIC合同条件,亦虽经一定的修改使得该文本进一步适应了时代的要求,但总体来讲还是处于初级阶段,没有经过时间的长期检验,尚处于应用的初期,有许多条款尚须补充、完善与修正。

(二)词语定义不完全相同

如FIDIC合同条件第1.1.2.4款规定:"'工程师'系指由雇主任命并在投标书附录中指名,为实施合同担任工程师的人员,或有时根据第3.4款[工程师的替换]的规定、由雇主任命并通知承包商的其他人员。"而我国《示范文本》第1.8款规定:"工程师:指本工程监理单位委派的总监理工程师或发包人指定的履行本合同的代表,其具体身份和职权由发包人承包人在专用条款中约定。"又如FIDIC合同条件第19.1款规定:"在本条中,'不可抗力'系指某种特殊事件或情况:(a)一方无法控制的;(b)该方在签订合同前,不能对之进行合理防备的;(c)发生后,该方不能合理避免或克服的;以及(d)不主要归因于他方的。只要满足上述(a)至(d)项条件,不可抗力可包括但不限于下列各种特殊事件或情况……"而我国《示范文本》第1.22款规定:"不可抗力:指不能预见、不能避免并不能克服的客观情况。"

(三)工程师的地位与作用不同

在FIDIC合同条件下,工程师是雇主任命的咨询工程师;而依我国《示范文本》,工程师除了工程监理单位委派的总监理工程师外,还包括建设单位的

第二章 涉外工程承包合同(以 FIDIC 合同为例)

代表。在 FIDIC 合同条件下,工程师实质上具有建设工程全过程管理职能;而依我国《示范文本》,总监理工程师大多数只是对施工阶段进行监理。即 FIDIC 合同条件下的工程师所拥有的权力比我国总监理工程师要大,我国的监理工程师权力受到了较多的限制,监理工程师在工程建设中的地位不高。这具体表现在:(1)FIDIC 合同条件第 4.4 款规定:"除合同另有规定外,无工程师的事先同意,承包商不得将工程的任何部分分包出去。"而我国《示范文本》第 38.1 款规定:"非经发包人同意,承包人不得将承包工程的任何部分分包。"(2)FIDIC 合同条件第 8.1 款规定:"工程师应在不少于 7 天前向承包商发出开工日期的通知,应在合理可能的情况下尽快开工。"而我国《示范文本》第 11.1 款规定:"承包人应当按照协议书约定的开工日期开工。"(3)FIDIC 合同条件第 13.1 款规定:"在颁发工程接收证书前的任何时间,工程师可通过发布指示或要求承包商提交建议书的方式,提出变更。"而我国《示范文本》中监理工程师除了对承包人提出的对施工组织设计的更改及对材料、设备的换用有主动控制权外,其他方面基本处于被动控制位置。如我国《示范文本》第 29.1 款规定:"施工中,发包人需对原工程设计进行变更,应提前 14 天以书面形式向承包人发出变更通知,承包人按照工程师发出的变更通知及有关要求,进行下列需要的变更……";第 30 款规定:"发包人要求变更工程质量标准及发生其他实质性变更,由双方协商解决。"(4)在 FIDIC 合同条件中,业主依据工程师各阶段开具的支付证书付款;而依我国《示范文本》,监理工程师只对现场情况进行确认,具体工程量的核实工作由业主完成。(5)FIDIC 合同条件第 4.3 款规定:"没有工程师的事先同意,承包商不得撤销对承包商代表的任命或对其进行更换。"而我国《示范文本》第 7.4 款规定:"承包人如需更换项目经理,应至少提前 7 天以书面形式通知发包人,并征得发包人同意。"(6)FIDIC 合同条件第 3.4 款规定:"如果业主准备撤换工程师,则必须在期望撤换日期 42 天以前向承包商发出通知说明拟替换的工程师的姓名、地址及相关经历。如果承包商对替换人选向业主发出了拒绝通知,并附具体的证明资料,则雇主就不应用该人替换工程师。"而我国《示范文本》第 6.4 款规定:"如需更换工程师,发包人应至少提前7天以书面形式通知承包人。"

(四)进度计划规定不同

FIDIC合同条件第4.21款规定:"除非专用条件中另有规定,承包商应编制月进度报告,一式六份提交给工程师。第一次报告所包含的期间,应自开工日期起至当月的月底止。此后应每月报告一次,在每次报告期最后一天后7日内报出。报告应持续到承包商完成工程接收证书证明的竣工日期时所有未完扫尾工作为止。每次报告应包括……"即FIDIC合同条件对承包商提交月进度报告的期限、份数、内容做了详细的规定;而我国《示范文本》第10款规定:"承包人应按专用条款约定的日期,将施工组织设计和工程进度计划提交工程师,工程师按专用条款约定的时间予以确认或提出修改意见,逾期不确认也不提出书面意见的,视为同意。群体工程中单位工程分期进行施工的,承包人应按照发包人提供的图纸及有关资料的时间,按单位工程编制进度计划,其具体内容双方在专用条款中约定。"即我国《示范文本》对工程进度计划大多让位于专用条款的约定。

(五)争端解决的方式不同

依FIDIC合同条件第20款规定,涉及工程量、支付、索赔处理等方面,由工程师根据合同规定,在与双方协商后予以决定。如果承包商不同意工程师的决定,任何一方可以将该争端以书面形式提交争端裁决委员会(DAB)供其裁定,并抄送另一方和工程师。如果DAB已就争端事项向双方提交了它的决定,而任一方在收到DAB决定后28天内,均未发出表示不满的通知,则该决定应成为最终的决定,对双方均具有约束力。如果任何一方对DAB的决定不满意,可在收到该决定通知后28天内,将其不满向另一方发出通知。如果DAB未能在收到此项委托后84天(或经认可的其他)期限内,提出其决定,则任一方可以在该期限满后28天内,向另一方发出其不满的通知。发出了不满的通知后,双方应在着手仲裁前,努力以友好方式解决争端。但是,除非双方另有协议,仲裁可在表示不满的通知发出后第56天或其后着手进行,即使未曾做过友好解决的努力。经DAB对之作出的决定(如果有)未能成为最终的有约束力的任何争端,除非已获得友好解决,应通过国际仲裁对其作出最终解决;而依我国《示范文本》第37款规定,发包人承包人在履行合同时发生争议,可以和解或者要求有关主管部门调解。当事人不愿和解、调解或者和解、调解不成,双方可以在专用条款内约定以下一种方式解决争议:双方达成仲裁协议,向约定的仲裁委员会申请仲裁;向有管辖权的人民法院起诉。

【案例分析】
FIDIC合同条件在小浪底工程中的实践运用(节选)
李志军

小浪底国际土建合同采用FIDIC合同条件第四版。小浪底的合同条件由三个部分组成。除按FIDIC合同条件要求原样引用"通用合同条款",并按照FIDIC合同条件提供的格式编制"专用合同条款"外,业主根据工程情况,将一些特殊和具体要求汇总编写了"特殊合同条款",内容包括进现场设施、对施工计划的要求、环保、当地费用调价和外币调价等。下面对FIDIC合同条件中某些具体条款在小浪底工程中的运用情况做简要介绍。

1. 关于变更的条款

变更在工程项目中是难以避免的,对工程的影响又是最普遍的,它也往往是引发索赔的主要原因。但关于变更处理又最容易发生争议。因此,对变更要首先尽可能地避免;如果不能避免,则在工程开始及变更实施的过程中,做好各项基础工作,以及时处理变更、减少对工程的影响。

按照FIDIC合同条件"通用条款"第51条的规定,"变更"包括几个方面的含义:

(1)合同实施范围的变更,包括原合同范围内工作量的增加或减少,增加合同以外的附加工作;

(2)合同实施内容的变更,如改变工作类型或性质,提高质量标准或提高设计安全系数;

(3)合同实施时间安排的变更,如改变原合同规定的施工顺序或时间安排。

变更的影响包括两个方面,即费用和工期变更的影响不仅仅是变更本身的,它还可能对在工作区域,或计划安排上有关的项目产生影响。变更也往往成为证明承包商的索赔的依据"因为,在任何类型的合同中,这一原则是普遍认可的:变更即意味着改变了原合同签订的基础,因此双方的权利和义务应该作出调整。譬如在地下开挖这一关键路线上的工作,工程师根据设计的要求指示承包商大量增加支付或提高支付标准,那么承包商就可以提出一系列的要求:

(1) 提高支付的单价和授予承包商延期;

(2) 增加支付对相关区域的工作也产生了影响和干扰;

(3) 支付强度或标准的提高证明承包商遇到了比招标文件所指示的更加不利的延时条件,这是承包商所不能预见的。这个条件即第12.2款条件,而且其影响是普遍的。

在FIDIC合同条件中,工期延期是承包商的一种正常的和普遍的合同权利。根据合同,承包商在许多条件下都可以得到工期延期的权利,如:获得现场占有权的延误;颁发图纸或指示的延误;不利的外界障碍或条件;暂时停工;变更或额外的工作等等。对土建工程,特别是对大型水电项目而言,希望完全避免这些延误的发生是不现实的,实际情况是所有这些因素都可能存在。所以工期延期在合同执行中是一种非常普遍的现象。

在项目的实际进展中,业主往往不会同意承包商将工程竣工日期延期。因为延期将给工程,尤其是大型水电项目带来严重的影响。如小浪底工程,即使授予承包商几十天的延期,那也可能导致工程截流延迟一年,不但带来其他承包商的巨额索赔,业主遭受晚发电的损失,对黄河防洪所带来的风险更是难以估量的。在这种情况下,业主所要求的赶工不但是必要的,而且也是必须的。但是,按照FIDIC合同条件的规定,承包商除了因自身原因而"加速施工"外,并没有为挽回业主的延误而进行"赶工"的合同义务。"赶工"已超出了原合同范围。

根据FIDIC合同条件的规定,一旦出现原合同范围以外的工作,且是非承包商原因造成的延误,则工程师应该授予承包商延期的权利,赶工则必须基于业主和承包商双方事先达成的协议。即使是承包商自身造成的延误,承包商也有权选择工程延期——只要承包商愿意支付误期损害赔偿。这就给始终希望保证合同工期

第二章 涉外工程承包合同（以 FIDIC 合同为例）

的业主和工程师执行合同带来了很大的难度。

为了克服这一困难,在小浪底土建二标 1995 年因各种原因出现延误、需要赶工以保证"97 截流"时,业主和承包商首先就区分赶工责任、实施赶工并保证截流进行了多次协商,虽因责任和费用问题未达成书面协议,但双方达成了"搁置争议、实施赶工"的共识。工程师则按照这一共识,并根据合同第 51.1 条的(f)项"改变工程任何部分的任何规定的施工顺序或时间安排",以"变更"的方式指令承包商进行赶工。尽管这一方式遭到小浪底争议评审团的质疑,认为工程师无权根据合同第 51.1 款指令承包商赶工。但不能否认,工程师的指令既考虑了业主承包商作为合同双方所达成的"共识",又有承包商所难以反驳的合同依据,因此,承包商不得不采取了赶工措施。当然,最好的办法是及时确定双方对延误的责任,并就赶工的责任和费用事先达成一致。事实证明要做到这一点有很大的难度,因为确定承包商延期权利容易,但要确定延期的时间,双方却往往达不成一致;签署协议并非轻而易举的事,由于双方完全是自愿和平等的,已不存在招标时的竞争局面,因此很难就费用达成协议。

在小浪底实际工程中,运用 FIDIC 合同条件,既考虑了与国际接轨,同时充分考虑国内及当地的实际情况"较为系统的运用了 FIDIC 合同条件,为我们今后的工作和研究提供了宝贵的借鉴作用"。同时,在小浪底工程中,在运用 FIDIC 合同条件时,考虑经济效益并不是单方面考虑的,而是系统全面地考虑整体的收益,这为我们研究 FIDIC 合同条件提供了借鉴作用。

第三章
涉外工程承包支付

引　言

在涉外工程承包合同中，大量的条款是关于支付内容的。之所以 FIDIC 对此作出如此严密详细的规定，就是因为承包商和业主实际上就如同买卖合同双方的关系，其核心内容之一即是支付价款。在海外工程开工以前，双方在合同的谈判阶段，都会尽可能地将自己在支付方面的风险降至最低：业主为了以较低的价格选择最好的承包商，建成满足质量要求的工程为目标；而承包商则是以获取最大利润为宗旨。因此，在合同执行过程中，双方难免会因为工程支付问题而发生争议。如何公正、高效、合理地对涉外工程项目进行支付管理，也是所有业主和承包商都必须面临的难题与挑战。据此，本章将以 FIDIC 合同为范本，从解析相关概念到阐明具体支付及结算的规定，对涉外工程支付管理的核心内容进行系统地研究与探讨。

第一节 合同价款与支付货币规定

【本节要点】合同的价款与支付货币的确定是涉外工程承包支付的基础。本节需要学习与辨析涉外工程承包中涉及合同价款的相关概念:合同价款包括合同价和合同价格,合同价不等同于合同价格,并在此基础上了解支付货币的相关规定,用什么币种支付?可否用多种币种支付?各币种所占比例是多少?FIDIC合同条件中有关合同价格与支付货币的规定主要包括第14.1款[合同价格]以及第14.15款[支付的货币]。

一、合同价款

(一)合同价

合同价系指承包商和业主签订合同时合同协议书中写明的,或通过承包商投标报价,经过评标和合同谈判后确定下来的一个暂时虚拟工程价格,该金额是一种"计划"金额,并非最终确定的金额。

1. 中标合同金额

最新版的红皮书和黄皮书中出现了描述工程款的专门术语,即中标合同金额(Accepted Contract Amount)。中标合同金额系指业主在中标函中对实施、完成和修补工程所接受的金额。该金额由两个部分组成:一部分是承包商根据招标文件提供的"工程量清单"(Bill of Quantities)中的估计工程量向业主签署的工程报价(就是投标书中报价的总额),另一部分是暂定金额。

工程量清单范本节选[①]

[①] 图表来源于,http://www.ilo.org/wcmsp5/groups/public/@ed_emp/@emp_policy/@invest/documents/legaldocument/wcms_asist_4559.pdf。

Bill of Quantities Bill No. 1: General Items

工程清单表一：一般项目

Item No. 序号	Description 工程描述	Unit 计量单位	Quantity 工程量	Rate 比例	Amount 总计
101	Performance Bond/Guarantee 履约担保				
102	Insurance of the Works 工程保险费				
103	Insurance of Constructional Plant 施工设备保险费				
104	Third Party Insurance 第三者责任险				
105	Allow for Maintenance of Works for 12 Months after Completion 工程完成后的12个月的维修工作				
106	—etc. —其他				

Total for Bill No. 1/表1合计 ＿＿＿＿＿＿＿＿＿＿

2. 暂定金额

暂定金额(Provisional Sum)系指在合同中明确指明为暂定金额的一笔金额，相当于业主方的备用金，是业主在准备工程资金时已经考虑到，并在招标文件的工程量清单中已经列出的一笔费用。这笔费用在工程的实施过程中有可能使用，也可能不使用。但如果使用，每一笔暂定金额仅应按照工程师的指示全部或部分地使用(在银皮书项下，则应按照业主的指示使用)，并相应地调整合同价格。支付给承包商的此类总金额也仅应包括工程师指示的且与暂定金额有关的工作、供货或服务的款项。暂定金的数额既可以用固定数表示，也可以用投标价格的百分数表示，一般由业主方在招标文件中确定，并在工程量清单最后体现出来。

一般而言,在合同中通常出现暂定金额的原因可能有以下几个方面:

(1)工程实施过程中可能发生业主方负责人的应急费/不可预见费(Contingency Costs),如计日工作涉及的费用;

(2)在招标时,对工程的某些部分,业主方还不可能确定到使投标者能够报出固定单价的深度;

(3)在招标时,业主方还不能决定某项工作是否包含在合同中;

(4)对于某项工作,业主方希望以指定分包商的方式来实施。[1]

3.计日工作

计日工作(Daywork)一般是一些额外的零星工作或附带性的工作。通常在招标文件中有一个计日工表,其中列出有关施工设备、常用材料和各类人员等条目,要求承包商报出单价,以备作为工程施工期间工程师(或 EPC 项目中的业主)要求承包商做一些附加的零星工作时的支付依据。以红皮书为例,如果工程师指示进行计日工作,除了计日工报表中规定的不进行支付的项目以外,承包商应每日向工程师提交包括下列记录前一日各类人员工作和使用资源的详细情况在内的准确报表,一式两份:

(1)承包商的各类人员的姓名、工种和工时;

(2)承包商的设备和临时工程的种类、型号和使用时间;

(3)所用的永久设备和材料的数量和型号。

当报表内容正确或经工程师同意后,工程师签署报表并退还一份给承包商,承包商的其中支付申请报表中将包括计日工作的价格。计日工作通常从暂定金额中支付。

人员类计日工表范本节选[2]

Bill of Quantities Bill No. 1: General Items

---

[1] 王克健:《项目管理法律及国际工程合同》,上海交通大学出版社 2011 年版,第 262 页。

[2] 图表来源于,http://www.ilo.org/wcmsp5/groups/public/@ed_emp/@emp_policy/@invest/documents/legaldocument/wcms_asist_4559.pdf。

Item No. 序号	Description 工程描述	Unit 计量单位	Quantity 工程量	Rate 比例	Amount 总计
D100	Ganger 工头				
D101	Laborer 工人				
D102	Bricklayer 砖匠				
D103	Mason 石匠				
D104	Carpenter 木匠				
D105	Erector 装配工				
D106	—etc.—其他				

Subtotal 小计：

D122 Allow _____ percent of Subtotal for Contractor's overhead, profit, etc., in accordance with Paragraph 3(b) above. 依据第3段(b)项，可提取小计中百分之____作为承包商的日常管理费、利润等。Total for Daywork：计日工总计_____

（二）合同价格

合同价格（Contract Price）系指在涉外工程承包中，承包商以向业主提供符合合同要求的工程而所取得的对价，类似于国内工程合同中的工程款。与合同价不同，合同价格指的是实际的应付给承包商的最终工程款。合同价格是涉外工程承包项目中的关键因素，价格条款也是涉外工程承包合同最重要的条款之一。涉外工程承包市场中弥漫着业主与承包商博弈的硝烟，合同价格是他们最关注的焦点，有关价格的条款也往往是最容易发生纠纷的条款。业主要求能得到物美价廉的服务，而承包商期望能获取更高的利润。近些年来，涉外承包工程尤其是土建项目的竞争愈演愈烈，项目利润薄、风险大，承包商在此竞争中处于相对弱势地位。对于承包商来讲，合同价格是其应首要考虑的问题。如果承包商项目报价过高，业主可能寻求其报价更低、更具性价比的承包商；反之，如果项目报价过低，将造成承包商利润减少，甚至面临亏损，企业难以存续的问题。我国在国外承接的一些项目出现巨额亏损、停工、合同被终止，很大程度上是因为工程的报价过低，有的项目报价比国外竞争对手低20%以上，甚至只有他们的一半。此外，为了避免违约赔偿，承包商勉强履行合同,极可能偷工减料,粗制滥造,严重影响工程质量。因此,为避免这类情况的发生,许多国家严令禁止在成本价以下投标。鉴于此,合同当事人,特别是承包商,应当特别加强对合同价款和支付价款的审核。一般而言,工程的价格形式主要包括单价、总价和成本加酬金等三种。具体到 FIDIC 合同,则可分为单价合同(红皮书)以及总价合同(银皮书、黄皮书)。

如前所述,在新版红皮书和黄皮书中出现两个描述工程款的专门术语,即中标合同金额和合同价格,前者指承包商投标报价,经过评标和合同谈判之后而确定下来的一个暂时的虚拟的工程价格,而后者指的是实际的应付给承包商的最终工程款。这种做法标志着工程合同在描述工程款方面措辞的进步,避免了以前版本在使用"合同工程"的不确定性以及由此带来概念上的不清晰。

二、支付的货币

支付的货币(Currencies of Payment)系指按照合同约定而实际支付使用的货币。第 14.15 款[支付的货币]规定了合同价款的支付货币,即应按合同约定的货币或几种货币支付。除非在专用条件中另有规定,如果指定的货币不限于一种,则应按下述规定进行支付:

(a)如果接受的合同款额仅以当地货币表示:

(i)则支付当地货币与外币的比例或数额,以及计算该款额所用的固定汇率应按投标函附录中的规定执行,双方另有协议的情况除外;

(ii)根据第 13.5 款[暂定金额]和第 13.7 款[法规变化引起的调整],应付款项和减扣款项应以适用的货币种类和比例进行支付和减扣;

(iii)根据第 14.3 款[期中支付证书的申请](a)段至(d)段的要求的其他应付款项和减扣款项,应以上述(a)段(i)中规定的货币种类和比例进行支付和减扣。

(b)投标函附录中规定的损害赔偿费应按投标函附录中规定的货币种类和比例进行支付。

(c)承包商应该支付给业主的其他款项应以业主支付时使用的货币种类支

付,或以双方协议使用的货币支付。

(d)如果承包商以某种特殊货币向业主支付时的金额,超过了业主以同种货币向承包商支付时的金额,业主可从以其他货币进行支付的金额中弥补上述金额的余额。

(e)如果在投标函附录中未注明汇率,所采用的汇率应为工程所在国中央银行规定的在基准日期通行的汇率。

根据上述规定,如果合同或专用条款规定,合同价款只使用一种货币支付,则本款关于支付货币比例的规定不适用。如果合同价款使用一种货币计价,但是规定以外币和当地币按比例分别支付,那么应当根据合同备忘录中规定的当地币和外币的比例或款额支付,并且采用合同约定的固定汇率支付工程款,若合同中未约定,则为基准日期当天工程所在国中央银行确定的汇率支付工程款;暂定金额、因法律变更的调整、期中付款均按照上述比例执行;损害赔偿费按照专用条款规定的当地币和外币的比例支付,若合同中未约定,则根据实际损失的货币或者商定的货币支付;承包商支付给业主的其他款项,以业主实际花费的货币或者双方商定的货币比例执行。

三、FIDIC 合同条文比较

红皮书、黄皮书和银皮书关于第 14.15 款[支付的货币]的规定,除了个别文字表述不同外,内容基本相同;关于第 14.1 款[合同价格]的规定则有较大差别,主要表现在以下方面:

1. 价格形式不同。红皮书的价格形式是"计量付款",其规定:"合同价格应根据第 12.3 款[估价]来商定或决定","工程师应通过对每一项工作的估价,根据第 3.5 款[决定],商定或决定合同价格";黄皮书的合同价格为"总额中标合同总额";银皮书规定,合同价格为"总价合同价格"。因此,红皮书为单价合同,黄皮书和银皮书为总价合同。

2. 合同价格计算形式不同。红皮书和黄皮书规定的格式较一致,银皮书本款则没有红皮书和黄皮书(c)(d)两项规定。其中,红皮书(c)(d)两项规定:

(c)工程量清单或其他报表中可能列出的任何工程量仅为估算的工程量,不得将其视为:

(i)要求承包商实施的工程的实际或正确的工程量。

(ii)用于第 12 条[测量和估价]的目的实际或正确的工程量;

(d)在开工日期开始后 28 天之内,承包商应该向工程师提交对资料表中每一项总价款项的价格分解建议表。在编写支付证书时,工程师可以将该价格分解表考虑在内,但不应受其制约。

黄皮书该款(c)(d)两项规定:

(c)资料表中可能列出的任何数量都是估计数,不是作为要求承包商的工程的实际和正确的数量;

(d)资料表中可能列出的任何数量或价格数据,应用于资料表中说明的用途,可能不适用于其他目的。

但是,如果工程的任何部分是按照提供的数量或以完成的工作进行支付,计量和估价应按专用条件中的规定进行。应相应确定合同价格,并按照合同进行调整。

综上所述,银皮书为固定总价合同,合同价格以合同加上依据合同所做的调整而确定。黄皮书与银皮书一样,也是总价合同,按照里程碑或者形象进度节点支付进度款。投标书中的资料表列出的工程量只作为参考,并非实施和计量的标准;资料表中列出的数量和价格也只起到说明的作用。但是,黄皮书和银皮书并非完全相同。黄皮书的 PDB 项目主要涉及设备电气和机械设备的部分,这部分的合同价格按照总价合同执行。而对于其他土建部分,PDB 项目可以实行与红皮书相同的计量估价形式,即可按照单价合同执行。因此,黄皮书在第 14.1 款中也规定了总价合同的例外,如果工程的任一部分是按照提供的数量或以完成的工作进行支付的,则应按专用条件的规定,通过计量和估价确定应支付的进度款和合同价格。

【延伸阅读】

一、案例解析

1. 上海某外经贸公司在上海市外经贸委与中国机电产品进出口商会的支持下，于 2001 年 11 月参与了伊朗德黑兰地铁一、二号线防灾报警系统的投标工作，在与伊朗当地多家公司与法国西门子公司的激烈竞争中，一举中标。随即，该公司和伊朗德黑兰城郊铁路公司于 2002 年 8 月签订商务合同，于 2005 年 12 月合同正式生效，合同履约期限为一年，现场安装和调试金额为总合同的 10%，该总承包商为伊朗德黑兰城乡铁路公司运营部门的相关技术人员提供业务培训，根据当时的市场情形，预计该项目利润可达 10% 左右。然而，人民币升值不仅引起了上海某外贸企业在伊朗实际投入的施工设备费成本、劳务费成本的增加，人民币现金流量的减少，也引起该项目预期收益率下降，从而导致项目预期收益损失，人民币升值后的投资实际收益率仅为 9.61%，比预期收益率下降了 0.39%。

2. 2010 年 7 月，北京某公司持有 500 亿元人民币的海外工程订单，大部分订单来自于电站设备及总包工程，主要是以美元计价和结算，汇改后人民币升值的可能性增大。该公司为规避汇率风险，采取了以下三个方面的措施：一是采取锁定汇率计算利润。在公司与海外企业签署合同、确定工程报价时就要考虑到汇率的波动幅度，然后锁定汇率，以此来衡量公司的成本和利润后，再提供报价；二是进行进出口对冲，即利用公司所属财务公诉来进行收结汇的对冲；三是寻找当地分包商，规避汇率风险。主要设备自己做，然后把土建部分分包给当地的建筑公司，附属设备则分包给国外其他企业，这些支出都能直接用美元支付，从而可以达到规避汇率风险的作用。

以上案例告诉我们，国际金融市场的频繁波动，海外工程的工期往往较长，这使涉外工程承包商面临的汇率风险越来越严峻。企业应采取正确的方法来识别和评估汇率波动，并控制和防范汇率风险。在实践中，企业往往可以通过购买金融衍生产品、进行相关的保险等方式，为涉外工程项目顺利实施保驾护航。

二、学术论文和专著

(一)学术论文

1. 田威:《暂定金额、点工与价格调整》,载《国际经济合作》2001年第2期。

2. 赵三宝:《FIDIC合同条件下的支付》,载《山西建筑》2008年第7期。

3. 王领、张帆:《大型水利水电工程在FIDIC条件下的支付概述》,载《西北水电》2004年第4期。

4. 孙晓丹、王勃、刘俊颖:《国际工程承包项目汇率风险应对》,载《国际经济合作》2008年第9期。

5. 何萍:《新形势下对外承包工程外汇风险分析及防范》,载《现代经济信息》2009年第12期。

6. 韩斌:《国际施工项目外汇风险及防范浅析》,载《河北企业》2012年第12期。

7. 潘晓军、林正珍:《浅谈汇率对国际工程支付的影响》,载《建筑经济》2011年第6期。

(二)专著

1. 朱中华:《FIDIC EPC合同实务操作》,中国建筑工业出版社2013年版,第312~321页。

2. 王克健:《项目管理法律及国际工程合同》,上海交通大学出版社2011年版,第262~264页。

三、网络链接

1. Bid Proposal Form and Bill of Quantities

http://www.ppa.com.ph/bidding/MLA－SOLUZ/BATANGAS/13_0104%20Bid%20Docs%20Vol.II%5B1%5D.pdf%20(PMO%20Batangas).pdf

2. Fair and Reasonable: the Determination of Prices for Variations in FIDIC Contracts

http://www.bestlawyers.com/Downloads/Articles/3569_1.pdf

第二节　支付规定

【本节要点】依照 FIDIC 合同条件的规定，涉外工程承包支付可分为预付款支付、期中支付、设备材料款支付、保留金支付以及最终结算。本节系统地阐述了 FIDIC 合同条件下具体的付款安排，分别介绍了其中各种支付方式及实施方法，解释了竣工结算前的工程款应何时支付、支付多少、怎么支付，并指出承包商和业主在支付过程中的义务与应注意的事项，对提高实施 FIDIC 合同条件的工程项目的效益具有一定的参考价值。

一、付款安排

FIDIC 合同中的"付款"系指每种货币的应付款额汇入合同指定的付款国家境内、承包商指定的银行账户。实践中，拖欠工程款在国内和国际工程承包中都是非常常见的问题，因此承包商应当特别注意合同中关于支付的规定，合理计划付款、安排付款、督促付款。FIDIC 合同关于付款安排的规定包括第 14.4 款［付款计划表］与第 14.7 款［付款的时间安排］两个部分。

（一）付款计划表

付款计划表（Schedule of Payments），又称支付表，系指当事人事先对业主支付承包商工程款计划的安排，包括对合同价格的分期付款数额与支付时间的安排。值得注意的是，付款计划表对于红皮书项下的采取计量付款方式的工程项目来说，并不是必要的。但是对于黄皮书和银皮书下的项目来说，则是必需的合同文件，因为其往往是按照节点，即完成里程碑的情况付款。因此，应当事先确定付款的不同节点，制定付款计划表。以银皮书为例，按照第 14.4 款规定，如果合同包括对合同价格的支付规定了分期支付付款计划表，除非该表中另有规定，否则：

（a）该付款计划表所列分期付款额，应是为了应对第 14.3 款［期中付款的申请]中(a)项,即截止月末或期末已实施的工程和制作的承包商文件的估算合同价值[包括各项变更,但不包括以下(b)至(f)项所列项目];以及依照第14.5款[拟用于工程的生产设备和材料]规定的成为承包商财产的拟用于工程的生产设备和材料的估算合同价值。

(b)如果分期支付额不是参照工程实施所达到的实际进度制定的,且如果实际进度落后于付款计划表所依据的进度,则业主通过考虑所达到的实际进度落后于分期支付所依据的进度的情况,可根据第3.5款[决定]来商定或决定修正分期付款额。

由此可见,当工程实际进度落后于付款计划表进度时,则应对付款计划表进行修改。随即,本款第2段规定:"如果合同未包括付款计划表,则每个季度承包商应就其到期应得的款额向业主提交一份不具约束力的估价单。第一份估价单应在开工日期后42天之内提交,修正的估价单应按季度提交,直到工程的接收证书已经颁发。"也就是说,如果合同没有付款计划表,那么承包商就应当每季度定期向业主提交估算的该季度的估计付款额,以便业主事先准备充足的现金流。

(二)付款的时间安排

FIDIC施工合同第14.7款对付款的时间安排作出了规定,以红皮书为例,该款对业主支付预付款、进度款和结算款的时间作出了规定。根据该款规定,业主应按照以下规定的期限向承包商支付:

(a)首次分期预付款额,时间是在中标函颁发之日起42天内,或在根据第4.2款[履约保证]以及第14.2款[预付款]的规定,收到相关的文件之日起21天内,二者中取较晚者;

(b)期中支付证书中开具的款额,时间是在工程师收到报表及证明文件之日起56天内;

(c)最终支付证书中开具的款额,时间是在业主收到该支付证书之日起56天内。

此外,本款还对承包商接受工程款账户作出了规定,即每种货币支付的款项应被转入承包商在合同中指定的对该种货币的付款国的指定银行账户。因此,承包商在签署合同后,应当及时在工程所在国设立收款账户。

二、预付款的支付

FIDIC 施工合同第 14.2 款对预付款(Advance Payment)作出了规定。预付款,系指业主暂时提供给承包商的,以供施工准备和开工使用的一笔无息贷款。当承包商获得的工程款达到合同约定的数额时,该笔预付款开始扣还给业主。

涉外工程往往耗资巨大,即使在项目启动阶段,也需要大量资金投入。为了缓解承包商前期的现金流紧张,促进项目顺利开工,在涉外工程合同中,一般都有预付款的规定,形成了涉外工程中的一种支付制度。

是否有预付款、预付款的额度、分期支付的次数、支付时间、支付货币和货币比例,以及什么时候扣还预付款,均应在投标书附录中作出规定。一般而言,预付款的总额为中标合同金额的 5%~20%。[①]

(一)预付款的支付

在涉外工程中,承包商获得预付款必须满足以下三个条件:一是已经向业主提交了履约担保(Performance Guarantee)。二是已经向业主提供一份担保金额与预付款金额相等的预付款保函(Advance Payment Guarantee)。预付款担保和履约担保均必须由业主同意的国家(或其他司法管辖区)的实体签发,并必须符合专用条件中所附的业主认可的格式。三是应依据 FIDIC 合同条件第 14.3 款"期中付款证书的申请"(Application for Interim Payment Certificates)的规定向工程师(或 EPC 项目中的业主)提交预付款申请报表。以红皮书规定为例,工程师在收到付款申请表后签发期中付款证书。业主向承包商支付货款的期限为签发付款证书 21 天或者中标函发出后 42 天内,以两者中较晚的日期期限为准。

(二)预付款的扣还

红皮书和黄皮书均规定,预付款是根据工程师签发给承包商的付款证书,按照投标书附录中规定的百分比扣还的。如果投标书附录中没有规定预付款扣还的百分比,则按下面的方法扣还:在期中付款累计(不包括预付款以及保留金的扣减与退还)超过中标合同金额与暂定金额之差的 10% 的那次付款证书中开始扣还预付

---

① 王克健:《项目管理法律及国际工程合同》,上海交通大学出版社 2011 年版,第 264 页。

款,每次扣还的金额是该付款证书中金额(不包括预付款以及保留金的扣减与退还)的 1/4(25%),直到预付款全部归还为止。如果在整个工程的接受证书签发之前,或者在发生终止合同或发生不可抗力(第 15 条、第 16 条、第 19 条)之前,预付款还未偿还完毕,此类事件发生后,承包商应立即偿还预付款的剩余部分。

三、工程进度款支付

(一)期中付款的申请

期中付款(Interim Payment)又称月度进度款,系指在工程实施中,依照承包商完成的工程量所给予的临时付款。FIDIC 合同第 14.3 款规定,承包商应在合同规定的支付期限末(如无规定,则在每月月末)之后,按工程师(或 EPC 项目中的业主)批准的格式,提交一式六份的本月进度款报表,其中详细列出承包商认为自己有权获得的款项,并附上相应的证明文件。承包商提交的报表应包括下列项目,并且要求按照下列顺序排列:

1. 截至该月底承包商所完成的工程价值以及已制作的承包商文件的估算合同价值,包括变更款,但下列各项内容已包括的则不在本项再次列出。

2. 因政策、法律变化和物价浮动引起的调价款。根据情况,可以上调,也可以扣减。

3. 本月应该扣减的保留金。

4. 本月应该支付和(或)退还的预付款。

5. 本月应该支付和(或)扣减的材料预付款。

6. 因索赔、仲裁和争端解决等根据合同规定应付的任何增加额或减少额。

7. 对以前的付款证书修正引起的增加或减少的款项;或此前报表已付金额(红皮书和黄皮书),在先前报表中包括的减少额(银皮书)。

(二)期中付款

依照不同的 FIDIC 合同条件,期中付款的流程和方式也有所不同,以红皮书为例,其第 14.6 款规定工程师应在收到承包商有关报表和证明文件后 28 天内向业主发出期中付款证书,其中详细列出确定应付金额的方法。值得注意的是,业主收到承包商提交的履约保证之前,工程师有权拒绝开具任何支付证书,拒绝对承包商支付任何款额。

并非所有情况下工程师都会签发付款证书。如果当扣除保留金等应扣款项后,某一期的支付额净值小于投标函附录中的其中支付证书最低限额时,则该款额转至下月支付,此时工程师可以不开具该期中支付证书并通知承包商。如果承包商实施的某项工作或提供的某项实物违背了合同要求,则工程师有权从支付证书中暂时扣除相应的修复或重置费,直至修复工作完成。同样地,如果承包商没有或未按照合同规定履行某工作或义务,业主亦可暂时扣发相应的款额,直至承包商履行该项工作或义务。

FIDIC合同条件第14.7款进一步规定,业主在接到工程师的期中付款证书后,从工程师收到承包商提交的报表时起56天内,应当将款额汇至承包商指定的银行账户。如果业主未能及时付款,则应向承包商支付利息。利息按月复利计算,利率按支付货币所在国中央银行的贴现率加3%计算。

四、设备材料款支付

在涉外工程建设项目中,材料和永久设备占合同价格的比例较大。承包商采购用于永久工程商的材料和设备往往需要大量的流动资金,难免会承受一定的资金压力,甚至会出现资金周转困难。为了避免上述情形出现而影响工程施工正常进行,业主应该对此类费用予以及时支付,以缓解承包商的压力,因此也逐渐形成了提前支付材料设备款的惯例。

并非所有的材料与设备都能够获得预付款。以红皮书为例,其规定适格的材料和设备必须满足以下条件之一:

1. 投标书附录中写明运到现场后支付预付款的材料与设备,该材料和设备已经运至现场和按照合同的要求做好防止变质的保护,妥善储存的。

2. 投标书附录中写明装运后支付预付款的材料与设备,该材料与设备已经抵达工程所在国并在运往现场的途中,并且,承包商应当向工程师提交一份由业主接受的银行按业主要求的格式开具的无条件银行保函。该保函的格式可以同第14.2款[预付款]中所提到的格式相类似,且其有效期应一直持续到此类永久设备与材料已适当地存放在现场并得到防失、防损、防腐之保护为止。

工程师对以上材料与设备确认合格后,按照它们的实际费用(包括运输费)的80%作为材料设备预付款,并入当月的期中付款中。当以上材料与设备安装使用到工程中后,支付相关的工程价值时,工程师将根据统计的使用数量,在承包商期中付款申请报表中扣除相应的材料设备预付款额后,签发期中付款证书。

五、保留金支付

(一)保留金的概念

保留金(Retention Money)系指依照投标书附录中规定的百分比,从承包商应得的期中付款中扣留的一定数量的金额。该金额由业主保管,作为保证承包商必须严格履行合同义务的担保措施。

虽然保留金与履约保函都属于担保措施,共同构成对承包商的约束,但是两者在适用上存在不同。合同条件对动用履约保函有着严格的规定,针对较小的违约造成的损失,业主是不能动用履约保函的。因此,在不足以动用履约保函的情形下,保留金由业主保管支配能起到救济业主损失的作用。业主可以动用这笔金额去代替行使承包商未履行的义务,如将承包商未按工程师的要求放置在现场的不合格材料运出现场、将缺陷通知期内承包商本应修复的工程缺陷修复等,此外,如果在期中支付过程透支了工程款,业主还可以从保留金中予以扣除。

(二)保留金的扣除和返还

投标函附录中规定了保留金每次扣留的百分比和总额。保留金从承包商首次获得期中付款时就要扣留,直至满足约定的保留金总额为止。一般合同的保留金额为中标合同金额的 2.5%～5%,每次扣留的百分比为 5%～10%。本次应扣留的保留金,是以本次期中付款证书中承包商完成的永久工程(包括变更)的应得款,加上因法律政策和成本变化引起的调价款,乘以扣留的百分比后得到的金额。

如果没有对工程进行区段划分,那么保留金就应分两次返还给承包商:前一次返还是在颁发接受证书,且工程已通过所有规定的试验(包括竣工后试验,如果有)时。如果对某分项工程颁发了接收证书,当该分项工程通过了所有试验时,应付给保留金前一半的相关百分比部分。后一次返还是在缺陷通知期结束之后,应立即将保留金未付的余额付给承包商。如果对某分项工程颁发了接受证书,在该分项工程缺陷通知期满日期后,应立即付给保留金后一半的相关百分比部分。

若已对工程进行区段划分,则分三次返还:区段接受证书签发之后返还40%;该区段缺陷通知期到期之后返还40%;剩余20%待最后的缺陷通知期结束后退还。但如果某区段的缺陷通知期是最迟的一个,那么该区段保留金返还应为:接受证书签发后返还40%,缺陷通知期结束之后返回剩余的60%。

若在颁发接受证书后发现工程缺陷,由于相关的那部分的工程款已经支付,因此,工程师可以从本应返还的保留金中将该维修工作所需要的费用额度暂时扣发。

六、FIDIC合同条文比较

(一)付款安排

红皮书、黄皮书以及银皮书关于付款安排的规定包括第14.4款[付款计划表]与第14.7款[付款的时间安排]。

1. 第14.4款[付款计划表]

关于付款计划表的规定,红皮书与黄皮书的规定相同,而银皮书则与红皮书和黄皮书的规定不同:除了业主方主体不同外,关于付款计划表中的分期付款所包含的内容的规定也不同。银皮书规定付款计划表中分期付款数额包含第14.5款规定的拟用于工程的生产设备和材料的估算合同价值;而红皮书和黄皮书则在本款(b)项中明确规定第14.5款的规定不适用。

之所以产生上述规定的不同,是因为根据第14.3款[期中付款证书的申请]的(e)项和第14.5款[拟用于工程的生产设备和材料],红皮书和黄皮书规定,如果该设备和材料是投标书附录中所列的装运付费或者运到现场付费的物品,则基于第14.3款(e)项的规定,每月的进度付款中已包括该设备和材料款;如果适用付款计划表,那么第14.5款不适用。①

2. 第14.7款[付款的时间]

关于付款的时间的规定,红皮书与黄皮书的规定相同,银皮书与红皮书和黄皮书除了业主方主体不同外,还有以下三点不同:

---

① 朱中华:《FIDIC EPC合同实务操作》,中国建筑工业出版社2013年版,第327页。

一是银皮书中关于业主应支付给承包商的付款中,增加了"除第 2.5 款[业主的索赔]另有规定以外"的规定。这是由于红皮书与黄皮书第 2.5 款[业主的索赔]第 3 段的规定,业主有权将其向承包商索赔的上述金额从付款证书中抵销或扣除;而根据银皮书第 2.5 款第 3 段的规定,业主有权将其向承包商索赔的上述金额在给承包商的到期或将到期的任何应付款中扣除,但是银皮书没有付款证书,因此直接在此处单独列出说明。

二是本款(a)项关于首期预付款的首次支付时间的表述不同,红皮书和黄皮书为"中标函颁发后 42 天",而银皮书则是"合同开始实施和生效后 42 天"。这是由于红皮书与黄皮书项下的项目往往通过招投标的方式选定承包商,而适用银皮书的项目则通常经过议标方式确定承包商,合同关系以签署合同并生效为准,因此没有中标函。

三是本款(c)项最终付款的依据和时间规定不同。红皮书和黄皮书规定业主应在收到该付款证书后 56 天内支付最终付款证书中确认的金额。而银皮书的规定为"业主在收到按照第 14.11 款[最终付款的申请]和第 14.12 款[结清证明]的规定提出的最终报表和书面结清证明 42 天内,支付应付的最终款额"。这是由于适用银皮书的项目没有付款证书,业主在收到最终报表和书面结清证明后,直接依据合同的规定支付最终款项。除了依据上的不同外,银皮书与红皮书和黄皮书在时间上的规定也不同。前者比后者要早 42 天。

(二)预付款的支付

FIDIC 合同条件第 14.2 款对预付款作出了详细的规定。红皮书与黄皮书的规定相同,银皮书与红皮书和黄皮书的区别除了业主方主体不同外,还有以下两个方面的不同:

1. 对预付款作出具体规定的文件不同。关于预付款的具体规定,银皮书规定双方应在合同专用条件中进行约定,如预付款的数量、分期付款的期数和时间安排、适用货币和比例、分期摊还比例等;而红皮书和黄皮书则规定应在投标书附录中对上述方面作出约定。

2. 对专用条件或投标书附录中没有关于预付款的特殊规定时,处理方式不同。依照红皮书、黄皮书及银皮书第 14.2 款的规定,如果专用条件未说明相应的情况,

或者投标书附录中没有规定其他百分比,那么分别依据不同情况按照下列规定处理:

(1)未规定预付款数额的。如果合同专用条件/投标书附录中未规定预付款的数额,或者投标书附录中没有说明预付款总额,那么本款规定不适用,即该工程项目没有预付款。就此而言,红皮书、黄皮书及银皮书除了对预付款作出规定的文件名称不同以外,具体内容基本一致。

(2)未规定分期付款的期数和时间安排的。如果合同专用条件/投标书附录中未规定分期付款的期数和时间安排,根据银皮书的规定,付款次数只应有一次;而红皮书和黄皮书对此并未作出规定,我们认为应当按照银皮书的规定执行,这也是国际工程实践中的通用做法。①

(3)未规定适用货币及比例的。如果合同专用条件/投标书附录中未规定预付款的适用货币及比例,根据银皮书的规定,应按合同价格支付的货币比例支付;而红皮书和黄皮书对此并未作出规定。

(4)未规定预付款分期扣还比例的。如果合同专用条件/投标书附录中未规定预付款分期扣还比例,根据银皮书的规定,应按照预付款总额除以减去暂定金额的合同协议书中规定的合同价格得出的比率进行计算,即预付款所占合同价款(不含暂定金额)的比例确定预付款分期扣还比例;而根据红皮书和黄皮书本款第5段(b)项的规定,应按照预付款的货币和比例,分期从每份支付证书中的数额(不包括预付款及保留金的扣减与偿还)中扣除25%,直至还清全部预付款。

(5)未规定开始扣款的条件的。银皮书未作出相关规定;红皮书和黄皮书规定,预付款的扣还应从支付证书中所有已被证明的期中付款的总额(不包括预付款及保留金的扣减与偿还)所占合同款额(减去暂定金额)的比例超过10%时开始。

(三)工程进度款的支付

1.第14.3款[期中付款的申请]

红皮书、黄皮书及银皮书关于期中付款申请的规定,除了本款标题、业主方主体和规定具体内容的部分文件名称不同外,还有以下两个方面的不同:

---

① 朱中华:《FIDIC EPC 合同实务操作》,中国建筑工业出版社2013年版,第328页。

其一,期中付款的申请周期不同。红皮书规定,承包商提交期中付款的申请时间为每个月月末;而黄皮书和银皮书则规定承包商提交期中付款的申请时间为合同中付款计划表规定的支付期限末(如无规定,则在每月末)。这是因为适用银皮书和黄皮书的项目通常按照里程碑付款,适用红皮书的项目则按照每月计量付款。

其二,进度款申请报表是否包含设备材料款不同。红皮书和黄皮书本款第2段(e)项规定,承包商提交的期中付款申请表包含第14.5款规定的"为生产设备和材料应增加和减扣的款额";银皮书则无此项规定。

2. 第14.6款[期中支付]

红皮书、黄皮书及银皮书关于期中支付的规定,除了业主方主体和规定相关内容的文件名称不同外,还有以下两点不同:

其一,在是否设定最低付款额方面不同。红皮书和黄皮书规定,合同双方可以约定期中支付证书的最低限额,如果申请的期中付款额度少于该最低限额的,工程师有权不予签发付款证书。

其二,对业主的义务规定不同。银皮书规定,在收到承包商报表和证明文件后28天内,向承包商发出针对报表中雇主任何不同意的项目的通知,并附细节说明。如果业主没有向承包商通知不同意的项目,则应当按照第14.7款规定的时间予以付款。而红皮书和黄皮书只规定了工程师应在收到承包商的报表和证明文件后28天内,向业主签发期中支付证书,列出他认为应支付承包商的金额,并提交详细的证明资料。

值得注意的是,在银皮书项下,如果业主没有按时通知承包商,承包商是否可以要求业主直接按照申请报表中的金额支付呢?在 Sedgman South Africa (Pty) Ltd. and Ors v. Discovery Copper Botswana (Pty) Ltd. 案中[1],澳大利亚昆士兰最高法院指出,不能仅仅因为业主没有就不同意的项目及时通知承包商,就自动视为业主已接受了承包商所申请的金额。

---

[1] Sedgman South Africa (Pty) Ltd. and Ors v. Discovery Copper Botswana (Pty) Ltd. [2013] QSC 105 Philip McMurdo J 30/04/2013.
参照网址:http://www.sclqld.org.au/caselaw/QSC/2013/105。

(四)设备材料款支付

关于 FIDIC 合同条件第 14.5 款对设备材料付款的规定,红皮书和黄皮书的内容相同,银皮书与红皮书和黄皮书的本款内容除了业主方主体和相关内容的文件名称不同外,还有以下四点不同:

其一,关于设备材料的界定不同。红皮书和黄皮书项下的设备材料是指"已运至现场为永久工程配套的永久设备与材料"(Plant and Materials which have been sent to the Site for incorporation in the Permanent Works),其既可能是已经装运未到现场的设备材料,也可能是已运到现场尚未并入永久工程的设备材料;银皮书项下的材料设备界定为"尚未运到现场的生产设备和材料"(Plant and Materials which are not yet on the Site),其既可能是已在工程所在国,并已表明是雇主财产的设备材料,也可能是尚在生产地或者运输途中但是承包商已经办理保险并向业主提供了保函的设备材料。

其二,付款的条件不同。红皮书和黄皮书规定,对未并入工程的设备材料的付款条件为:

(1)投标书附录规定该设备材料为装运付费或者到场付费;

(2)承包商保存了该设备的各种记录文件,提交了购买永久设备和材料并将其运至现场的费用报表,同时提交了有关的证明文件;

(3)该设备材料已运至工程所在国并正在运往现场的途中,并且提交了提单、运费和保费支付凭证、银行保函(装运付费);或者已运到现场并被妥善保存(到场付费)。

银皮书对未运到现场的设备材料付款的条件为:

①付款计划表中规定,业主应支付尚未运送到现场的设备材料价款,并且具备②、③任一条件;

②设备材料已在工程所在国,并已标明是业主财产;

③承包商已提交保险证明和银行保函。

由此看来,银皮书的规定虽然与红皮书和黄皮书的装运付费的条件相类似,但是相比较而言,银皮书所作的规定更为宽松。

④付款额度不同。红皮书和黄皮书规定,工程师确认的付款金额为合同设备

材料价值(包括各项文件和运费)的80%;银皮书中则没有对设备材料款的支付额度作出限制。

⑤支付币种规定不同。红皮书和黄皮书规定了设备材料款的支付货币,即设备材料款的货币应与合同价款应付的币种与比例相同;而银皮书未对此作出规定,但是,由于设备材料款为合同价款的一部分,因此,也应作同样的理解。

(五)保留金支付

红皮书、黄皮书及银皮书第14.9款对保留金的支付作出了规定,其中,黄皮书与银皮书的内容基本一致,银皮书与红皮书除了业主方主体和规定相关内容的文件名称不同以外,还有以下三个方面的不同:

第一,根据部分工程支付的保留金的比例不同。红皮书规定,当工程师已经颁发了整个工程的接受证书时,工程师应开具证书将保留金的前一半支付给承包商。而当工程师颁发的接收证书只是限于一个区段或工程的一部分,则第一次支付的部分工程的保留金应当为"该部分工程估算的合同价值,除以估算的最终合同价格所得比例的40%"。红皮书还规定了第二次应付的部分工程保留金与第一次的计算方式相同。而工程其他剩余部分的保留金则应在整个工程的缺陷通知期届满时支付。

黄皮书和银皮书规定,第一次支付的整个工程的保留金为该工程保留金的前一半,如果支付的是部分工程则为保留金前一半的相关百分比部分。黄皮书和银皮书还规定,部分工程的相关百分比是合同中规定的该单位工程的价值百分比。上述比例用公式表示即:第一次应付的单位或部分工程保留金=50%×(该单位工程的价值/合同价值)×工程保留金金额。本款第2段的规定,第二次应付的单位工程保留金的计算与第一次相同。

第二,是否因法律和成本的变更调整合同价款。红皮书本款规定,"在计算上述的各项百分比时,不考虑根据第13.7款[法律变化引起的调整]和第13.8款[费用变化引起的调整]所进行的任何调整"。而黄皮书和银皮书对此没有规定。

第三,银皮书和黄皮书规定了不适用支付部分工程保留金的情况。银皮书和黄皮书规定,如果合同中没有规定该部分工程的价值百分比,则该部分工程不适用本款关于部分工程保留金支付的规定。因为在银皮书和黄皮书项下,如果没有规定该比例,将不便于部分工程的保留金金额的计算,当然也就很难对该部分工程保留金分批返还。所以,在这种情况下,只能按照关于整体工程保留金的规定退还。由于红皮书项下的工程是计量付款的,所以对此没有的规定。

【案例裁决】

Sedgman South Africa（Pty）Ltd. and Ors v. Discovery Copper Botswana（Pty）Ltd.案

当业主收到承包商提交的期中支付报表后,在规定时间内未及时就异议项目通知承包商时,有关应付款项数额应如何认定?

在 Sedgman South Africa（Pty）Ltd. and Ors v. Discovery Copper Botswana（Pty）Ltd.案中,澳大利亚昆士兰最高法院对银皮书的第 14.6 款,特别是对"应付款项"（Payments Due）作出了解释。Sedgman 就负责博茨瓦纳 Boseto Copper 项目中部分设计和施工,与 Discovery Copper 签订工程承包合同,并约定 Discovery Copper 应当在收到报表后 7 日之内就其中不同意的项目向 Sedgman 发出通知。然而,Discovery Copper 并未遵守约定,直到 14 天后才通知 Sedgman。据此,Sedgman 认为 Discovery Copper 未在约定期限内对报表中的金额提出异议,则应视为对该报表没有异议,因此向法院主张要求 Discovery Copper 按照申请报表中的金额,立即支付应付款项。

然而,最高法院的主审大法官 Philip McMurdo J. 最终并未采纳 Sedgman 的主张,其认为未对报表中的金额提出异议并不能等同于雇主对价格的接受、批准或满意,报表的价格应基于合同中其他条款决定,而并非由雇主对承包商的报表的回复内容而定,因此驳回了 Sedgman 的诉讼请求,其裁判原文如下:

In my conclusion, that is not the effect of clause 14.6. It does not state that amounts become due by the operation of clause 14.6 itself. Instead, it operates in respect of payments which are due by other terms of the contract, by providing that they are not to be withheld except in the circumstances which it defines.

In my view, the evident purpose of the Employer's notice provision in clause 14.6 is to provide information to the Contractor of the amount (if any) likely to be paid in response to the Statement and the basis (if any) for the Employer's resistance to the payment of the whole of the amount claimed.

The applicants argued that their interpretation of clause 14.6 was necessary to avoid an uncommercial operation of the Contract. It was suggested that if the Employer was permitted to do nothing in response to, for example, a claim for an interim payment, then it could arbitrarily keep the Contractor out of its money. But that does not follow from the proper interpretation of clause 14.6. The Contractor's entitlement would be to payment of the amount or amounts due, as determined by one or more other terms of the Contract and that entitlement would not depend upon the Employer's response to the Statement. Similarly, where the Employer does provide a timely notice under clause 14.6, the Employer cannot by that notice affect the position between the parties as to the amount or amounts which are then due for payment according to other provisions of the Contract.

For these reasons, the applicants' contention as to the proper interpretation of clause 14.6 must be rejected. Its claim in these proceedings is entirely dependent upon that interpretation. It did not seek to prove that by the operation of other provisions of the Contract, all or part of the amount which it claims is due for payment.[①]

【延伸阅读】

一、案例解析

上海某公司在非洲某国承接了一个政府住宅项目,合同规定,按照所完成的里程碑付款,应付款直接打入承包商在工程所在国所设立的账户。但是,在施工过程中,业主拖欠了大量的工程款并随即要求今后所有付款全部实行信用证支付。承

---

① Sedgman South Africa (Pty) Limited & Ors v. Discovery Copper Botswana (Pty) Limited [2013] QSC 105. paras. 34~37.

包商多次与业主商量无果后,同意使用信用证付款,但需符合以下条件:对于承包商已经完成但尚未支付的工程量,业主应按照合同约定的方式尽快先行支付;开证银行的选择需要双方的认可,任何一方不认可开证行的,则需要双方认可的银行对信用证额外进行保兑;信用证为不可撤销的信用证;信用证支付货币比例为合同规定的外币与当地币的比例;跟单信用证的单据及其具体内容不多于合同原来关于付款规定的要求;保兑费用与开证费用由业主承担。针对以上要求,双方就工程款支付问题重新签署了补充协议。

然而,本案中承包商采取的方式并不可取。根据 UCP600 的规定,信用证是为了保证在国际贸易中买卖合同当事人双方交易安全的一种支付方式而设计的一种支付方式,主要适用于国际贸易中货物的买卖。而在涉外工程承包领域,并不需要借助信用证进行支付,因为这样对承包商而言不仅不经济,而且也容易因为单证不符、有效期届满等原因遭到银行的拒付。因此,不建议承包商同意业主适用信用证支付工程款。

二、学术论文和专著

(一)学术论文

1. 黄晓宇、王竹琳、周孝秋:《国际工程 EPC 合同付款条件探讨》,载《国际经济合作》2009 年第 9 期。

2. 孟宪海、王楠:《新一版 FIDIC 合同条件更加强调业主履行支付义务》,载《建筑经济》2002 年第 11 期。

3. 田威:《汇兑风险与工程保留金》,载《国际经济合作》2001 年第 9 期。

(二)专著

1. Axel-Volkmar Jaeger, Götz-Sebastian Hök, FIDIC—A Guide for Practitioners, 2010, pp. 155～157.

2. David Y. K. Leung, A Practical Approach to Conditions of Contract for Civil Engineering Works, 2010, pp. 178～193.

3. Nael G Bunni, The FIDIC Form of Contract: The Fourth Edition of the Red Book, 2004, pp. 364～372.

4. Jeremy Glover, Simon Hughes, Understanding the FIDIC Red Book: A Clause Commentary, 2011, pp. 4~18.

三、网络链接

1. 澳大利亚昆士兰最高法院案例库: http://www.sclqld.org.au/caselaw/QSC.

2. Making Demands on Advance Payment Guarantees and Performance Bonds. http://kluwerconstructionblog.com/2009/11/03/making-demands-on-advance-payment-guarantees-and-performance-bonds-the-test-to-secure-summary-judgment-on-a-claim-before-the-english-court/.

第三节 工程结算规定

【本节要点】涉外工程结算包括竣工结算和最终结算两个部分,也是工程项目顺利交接完成的关键步骤。工程项目的竣工结算不仅是确定工程造价的重要阶段,也是建设项目竣工验收编制竣工决算和核定新增固定资产价值的依据;最终结算,既是对已结算进度款的进一步审核,更是对未结算条款的确定。参与最终结算的业主、工程师和承包商各方,本着各自的利益,往往会采取不同的态度和方法,在工程结算过程中,承包商如何正确地申请付款,工程师如何合理地审核付款、业主如何快速地完成付款,都是本节需要学习的内容。

一、竣工结算

FIDIC 合同条件第 14.10 款规定,在收到工程接收证书后 84 天内,承包商应按照上述期中付款证书的要求,向工程师(或 EPC 项目中的业主)提交一式六份的竣工报表,并附上相应的证明文件。报表中应当列明以下内容:

(a)已完成的工程价值。即截止工程接收证书载明的日期,根据合同要求完成的所有工作的价值。

(b)其他应付款,即承包商认为应付的任何其他款项。

(c)将来应付款的估算额,即承包商认为根据合同规定将应付给他的任何其他款项的估算款额。估算款额在竣工报表中应单独列出。

以红皮书为例,工程师接到竣工报表后,应比对竣工图对工程量进行核算,对承包商提出的其他支付要求进行审查,根据以上检查结果并按照期中付款证书签发的规定,在收到竣工报表后28天内签署竣工结算的支付证书。此后,业主根据该支付证书予以支付。

二、最终结算

最终结算是指颁发履约证书后,对承包商完成全部工作价值的详细结算,以及依据合同相关规定核实应付给承包商的其他费用,从而确定合同的最终价格,并将合同价格剩余的款额全部支付给承包商。最终结算发生于承包工程全部完成,缺陷通知期结束以后。

(一)最终付款的申请

FIDIC合同条件第14.11款对最终付款申请作出规定,承包商应于履约证书颁发后的56天内,向工程师(或EPC项目中的业主)提交一式六份最终报表草案,同时要附有相应的证明文件。最终报表草案要详细说明承包商依照合同所完成的全部工作的价值以及其他任何应支付给他的额外的款项。如剩余的保留金及缺陷通知期内发生的索赔费用等。

(二)最终报表的商定和提交

如果工程师(或EPC项目中的业主)对最终报表草案有异议,承包商应根据其要求提交补充资料,并按照双方商定的意见,对该草案进行修改。随后,承包商应根据商定的意见编制最终报表(Final Statement),并提交给工程师(或EPC项目中的业主)。

双方对最终报表草案中有争议且不能达成一致的部分,应按照第20条[索赔、争端与仲裁]的程序解决,根据解决的结果承包商编制最终报表,提交给业主(红皮书和黄皮书项下的工程还应同时抄报工程师)。

(三)结清单

FIDIC 合同条件第 14.12 款规定,承包商应向业主提交一份书面结清单(Discharge),以确认最终报表的总额即是承包商关于工程的全部和最终的结算总额。由于涉外工程的支付比较复杂,作为惯例,在申请最终支付款项时,承包商将最终报表送交给工程师(或 EPC 项目中的业主)的同时,还需提供一份"结清单"作为一种附加确认。

实际上,结清单也可以被认为是承包商对最终工程款数额的一种确认声明,即业主向承包商支付完余额,工程款支付到此完成后,业主不再承担支付责任。承包商可以在结清单上作出声明,只有在全部未支付的余额得到支付且履约保证金退还给承包商当日起,该结清单才能生效。结清单的生效,表明业主与承包商之间的合同关系终止。

(四)最终付款

红皮书和黄皮书与银皮书关于最终付款的规定差异较大。红皮书和黄皮书第 14.13 款[最终付款证书的签发]规定,在收到最终报表和结算清单后 28 天内,工程师应向业主签发最终付款证书,其中应说明需要支付的最终金额和在扣除业主以前已经支付的款额后还应向承包商支付的金额。如果业主已经超额支付,则承包商应退回超额部分。如果承包商不按期申请最终支付证书,工程师应及时通知承包商,若承包商在接到通知后 28 天后仍不提交,则工程师有权合理地自行决定最终支付金额,并签发最终支付证书。通常而言,为了能尽快拿到应得的合同总款额,承包商很少不主动按期申请。但是,如果截止到最终支付证书之前,业主实际支付的款额累计已经超过承包商应得的合同总款额,那么承包商有可能不会主动申请最终支付证书。在收到最终付款证书的 56 天内,业主将其应该付给承包商的款额转到承包商指定的银行账户。

银皮书的第 14.13 款[最终付款]规定,业主应根据第 14.7 款[付款时间的安排](c)项的规定,在收到最终报表和书面结清单 42 天内,向承包商支付扣除了业主已支付的以及按照第 2.5 款[业主的索赔]规定的相关款额后的最终应付款额。

三、FIDIC 合同条文比较

红皮书、黄皮书以及银皮书关于第 14.10 款［竣工报表］、第 14.12 款［结清单］、第 14.14 款［雇主责任的中止］的规定相同。红皮书与黄皮书关于第 14.11 款［最终付款证书的申请］和第 14.13 款［最终付款证书的签发］的规定相同，但银皮书与红皮书和黄皮书的规定存在以下区别：

（一）第 14.11 款［最终付款证书的申请］（银皮书该款名称为"最终付款的申请"）

红皮书和黄皮书与银皮书关于第 14.11 款的区别，除了业主方主体不同外，主要区别是二者关于是否签发付款证书的规定不同。红皮书和黄皮书规定，如果工程师与承包商经过协商讨论后，对承包商提交的修改后的最终报表草案仍然存在明显的争议时，工程师应向业主报送最终报表草案中已同意部分的期中付款证书，并提供给承包商一份副本；而银皮书第 3 段规定，在业主与承包商对承包商提交的最终报表草案在讨论修改之后，仍然存在明显的争议时，业主应按照第 14.6 款［期中付款］和第 14.7 款［付款的时间安排］的规定，支付最终报表草案中同意的部分。上述规定不同的原因是，适用银皮书的工程，因为没有工程师，所以不实行付款证书的制度，付款相关事宜由业主直接决定即可。

（二）第 14.13 款［最终支付证书的颁发］（银皮书该款名称为"最终付款"）

红皮书和黄皮书与银皮书关于第 14.13 款的区别除文字表述不同外，主要有以下两个方面：

1. 最终付款时间不同。根据红皮书和黄皮书的规定，工程师应在收到承包商提交的最终报表和结清单后 28 天内，向业主发出付款证书。业主应在收到该付款证书后 56 天内支付最终款额。而根据银皮书的规定，业主应根据第 14.7 款［付款的时间安排］(c)项的规定，向承包商支付最终结算剩余的款额，即业主应在收到承包商提交的最终报表和书面结清单 42 天内，支付应付的最终款额。由此可见，红皮书和黄皮书规定的业主支付最终款额的最长期限比银皮书规定的期限多 42 天。

2. 红皮书和黄皮书增加了当承包商没有提交付款申请时的处理方式。红皮书和黄皮书规定,如果承包商没有申请最终付款证书,则工程师应通知承包商尽快提出申请。如果承包商在 28 天期限内仍未提交申请,则工程师有权合理地自行决定最终支付金额,并签发最终支付证书。

【延伸阅读】

一、案例解析

1. 北京某公司在中东某国承接了一个高层公寓的项目。在施工过程中,因为经济危机,该国地产市场很不景气,业主经济情况恶化,资金紧张,无法按期支付工程款。由于与业主的长期友好合作关系,加之未能对业主的财政情况作出正确的判断,承包商垫付了部分工程款,以保证工程顺利竣工并通过验收交付业主。然而,此后业主迟迟不结算工程款,致使承包商因此拖欠了分包商和供应商大量工程款和货款。分包商和供应商对承包商提起诉讼并胜诉,导致承包商遭受重大损失。承包商与业主反复协商,最终达成协议,业主以房产抵押承包商的工程款。

该案例告诉我们,在工程实施过程中,业主无法按时足额支付工程款时,承包商应引起警觉,及时进行相关的调查,并采取防范措施,可与业主协商或者依据合同单方面决定停工、放慢施工进度等,不应等到结算时才一揽子申请支付,以免造成更大的损失。如果承包商不得已需垫资施工则应当让业主提供相应的担保,避免损失的产生与扩大。

2. 上海某公司在中东某国承接了一个机场项目。合同条件以 FIDIC 为蓝本修改。项目履约保函为合同总额 10%,预付款保函与履约保函金额相同。在项目实施过程中,业主认为工程进展缓慢,要求赶工。双方就工程进度问题进行讨论:承包商认为工程延误业主应负主要责任,业主认为是承包商的原因,双方发生争议。后经双方协商,形成了一份弥补已有延误的计划,承包商加派人员,加快了工程进度。但是对于工程延误和赶工导致的损失如何处理没有根本解决。

在随后的施工过程中,业主突然宣布终止合同,承包商人员被要求立即离场,并不得带走文字资料、设备材料等项目资产,也不进行停工结算。之后承包商提出索赔,但是由于资料不全,给予索赔相关的文件资料和证据的收集造成很大的困难。

该案例告诉我们,在工程施工过程中,承包商应当及时解决工程施工过程中遇到的索赔问题,分清责任,达成共识,并形成书面文件,不能回避和拖延。如果拖延解决,可能会导致问题越积越多,矛盾越来越大,最终在工程款结算时酿成更为严重的后果。

二、学术论文和专著

(一)学术论文

1. 周伟:《中国与 FIDIC 施工合同的结算流程对比分析》,载《建筑监督检测与造价》2012 年第 2 期。

2. 杨志鹏:《对 FIDIC 合同条件中最终结算条款的思考》,载《对外经贸财会》2001 年第 4 期。

(二)专著

1. 崔军:《FIDIC 合同原理与实务》,机械工业出版社 2011 年版。

2. [英]尼尔·G. 巴尼:《FIDIC 系列工程合同范本:编制原理与应用指南(原著第 3 版)》,张水波等译,中国建筑工业出版社 2008 年版。

3. 朱中华:《FIDIC EPC 合同实务操作——详解·比较·建议·案例》,中国建筑工业出版社 2013 年版。

第四章
涉外工程承包保险

引　言

工程建设风险无处不在,国际工程建设项目更加如此。一个大的国际工程项目往往需要延续几年时间,从勘察设计到建设施工保险,有的风险可以避免,有的风险则不可避免,承包商无法也不可能完全消除国际工程的所有风险。故而,对工程风险进行有效的管理和控制,是减少工程损失,保障工程承包合同顺利进行的重要手段。

管控风险分为三个步骤:风险的识别—风险的评估—风险的管理和控制。国际工程风险转移的主要方法是通过合同和保险转嫁风险。在国际工程合同中,对工程涉及的一些难以避免的风险进行相应的保障是转嫁工程风险的有效手段,如不可抗力、异常天气、政府管制、外汇汇率变动等风险很难避免,如果合同当事人承受,一旦发生将会过大地增加工程承包成本。虽然有些风险的发生概率并不是很高,但是承包商亦不应依靠运气抗御风险,用保险的方式转移风险是非常适宜的方法。

保险是转移风险的重要手段,同时也是国际工程承包合同中规定的承包商的责任和义务。几乎所有的国际工程承包合同都强制要求进行各种保险。通过保险,承包商至少可以从保险公司得到赔偿和部分经济补偿。承包商不应对风险损失抱侥幸心理,为节省保险费而不保险,也不能认为保险后便万事大吉,减少预防和控制风险应采取的防护措施。

第一节 涉外工程承包保险的一般规定

【本节要点】通过本节的学习,了解保险的一般定义及分类,了解国际工程承包保险的含义;熟悉国际工程承包保险种类,尤其是建筑工程一切险和安装工程一切险;掌握 FIDIC 规定的国际工程保险的定义及分类。

一、国际工程承包保险的含义

(一)保险的概念

1. 保险的定义

根据《中华人民共和国保险法》中的描述:狭义的保险是指投保人根据合同的约定,向保险人支付保险费,保险人对于合同约定可能发生的事故因其发生所造成的财产损失承担赔偿保险金责任,或者当被保险人死亡、伤残、疾病或者达到合同约定的年龄、期限时承担给付保险金责任的商业保险行为。广义的保险是指保险人向投保人收取保险费,建立专门用途的保险基金,并对投保人负有法律或者合同规定范围内的赔偿或者给付责任的一种经济保障制度。

"保险"是一个在我们的日常生活中出现频率很高的名词,一般是指办事稳妥或有把握的意思。但是在保险学中,"保险"一词有其特定的内容和深刻的含义。在我国,保险是一个外来词,是由英语"insurance"一词翻译而来的。在西方保险业最先进入我国的广东省,曾习惯称保险为"燕梳",也正是其英文的音译。保险作为一种客观事物,经历了萌芽、产生、成长和发展的历程,从形式上看表现为互助保险、合作保险、商业保险和社会保险。

无论何种形式的保险,就其自然属性而言,都可以将其概括为:保险是集合具有同类风险的众多单位和个人,以合理计算风险分担金的形式,向少数因该风险事故发生而受到经济损失的成员提供经济保障的一种行为。

通常,我们所说的保险是狭义的保险,即商业保险。《中华人民共和国保险法》明确指出:本法所称保险,是指投保人根据合同约定,向保险人支付保险费,保险人对于合同约定的可能发生的事故因其发生所造成的财产损失承担赔偿保险金责任,或者当被保险人死亡、伤残、疾病或者达到合同约定的年龄、期限时承担给付保险金责任的商业保险行为。

投保人向保险人支付的费用被称为"保险费"。大量客户所缴纳的保险费一部分被用来建立保险基金以应付预期发生的赔款,另一部分被保险人用作营业费用支出。如果自始至终保险人所支出的赔款和费用小于保险费收入,那么差额就成为保险公司的利润。

2. 保险的种类

商业保险大致可分为:财产保险、人身保险、责任保险、信用保险、津贴型保险、海上保险。

(1)财产保险与人身保险

根据保险标的的不同,保险可分为财产保险和人身保险两大类。

财产保险是指以财产及其相关利益作为保险标的的保险,包括财产损失保险、责任保险、信用保险、保证保险、农业保险等。它是以有形或无形财产及其相关利益作为保险标的的一类补偿性保险。

人身保险是以人的寿命和身体作为保险标的的保险。当人们遭受不幸事故或因疾病、年老以致丧失工作能力、伤残、死亡或年老退休时,根据保险合同的约定,保险人对被保险人或受益人给付保险金或年金,以解决其因病、残、老、死所造成的经济困难。

(2)商业保险与社会保险

商业保险是指按商业原则经营,以营利为目的的保险形式,由专门的保险企业经营。所谓商业原则,就是保险公司的经济补偿以投保人交付保险费为前提,具有有偿性、公开性和自愿性,并力图在损失补偿后有一定的盈余。

社会保险是指在既定的社会政策的指导下,由国家通过立法手段对公民强制征收保险费,形成保险基金,用以对其中因年老、疾病、生育、伤残、死亡和失业而导致丧失劳动能力或失去工作机会的成员提供基本生活保障的一种社会保障制度。社会保险不以营利为目的,运行中若出现赤字,国家财政将会给予支持。两者比较,社会保险具有强制性,商业保险具有自愿性;社会保险的经办者以财政支持作为后盾,商业保险的经办者要进行独立核算、自主经营、自负盈亏;商业保险保障范围比社会保险更为广泛。

(3)原保险与再保险

发生在保险人和投保人间的保险行为,称之为原保险。发生在保险人与保险人之间的保险行为,称之为再保险。

再保险是保险人通过订立合同,将自己已经承保的风险,转移给另一个或几个保险人,以降低自己所面临的风险的保险行为。简单地说,再保险即"保险人的保险"。

我们把分出自己直接承保业务的保险人称为原保险人,接受再保险业务的保险人称为再保险人。再保险是以原保险为基础,以原保险人所承担的风险责任为保险标的的补偿性保险。无论原保险是给付性还是补偿性,再保险人对原保险人的赔付都只具有补偿性。再保险人与原保险合同中的投保人无任何直接法律关系。原保户无权直接向再保险人提出索赔要求,再保险人也无权向原保户提出保费要求。另外,原保险人不得以再保险人未支付赔偿为理由,拖延或拒付对保户的赔款;再保险人也不能以原保险人未履行义务为由拒绝承担赔偿责任。

再保险是在保险人系统中分摊风险的一种安排。被保险人和原保险人都将因此在财务上变得更加安全。利用再保险分摊风险的典型例子就是承保卫星发射保险。该风险不能满足可保风险所要求的一般条件。保险人接受特约承保后,将面临极大的风险,一旦卫星发射失败,资本较小的公司极可能因此而破产。最明智的做法是将该风险的一部分转移给其他保险人,由几个保险人共同承担。

(4) 个人保险与团体保险

按保险保障的对象分,可以把人身保险分为个人保险和团体保险。

个人保险是为满足个人和家庭的需要,以个人作为承保单位的保险。团体保险一般用于人身保险,它是用一份总的保险合同,向一个团体中的众多成员提供人身保险保障的保险。在团体保险中,投保人是"团体组织",如机关、社会团体、企事业单位等独立核算的单位组织,被保险人是团体中的在职人员。已退休、退职的人员不属于团体的被保险人。另外,对于临时工、合同工等非投保单位正式职工,保险人可接受单位对其提出的特约投保。

团体保险包括团体人寿保险、团体年金保险、团体人身意外伤害保险、团体健康保险等,在国外发展很快。特别是由雇主、工会或其他团体为雇员和成员购买的团体年金保险和团体信用人寿保险发展尤为迅速。团体信用人寿保险是团体人寿保险的一种,是指债权人以债务人的生命为保险标的的保险。团体年金保险已成为雇员退休福利计划的重要内容。近几年,美国有些雇员福利计划中还加入了团体财务和责任保险项目,比如团体的私用汽车保险和雇主保险等。我国保险公司也开展了团体寿险、人身意外伤害险、企业补充养老保险和医疗保险等团体保险业务,但险种还不完善。随着经济体制改革的不断深入,商业保险的作用将不断加强,团体保险应有更大的发展空间。

(5) 自愿保险和强制保险

按保险的实施方式分,保险可分为自愿保险和强制保险。

自愿保险是投保人和保险人在平等互利、等价有偿的原则基础上,通过协商,采取自愿方式签订保险合同建立的一种保险关系。具体地讲,自愿原则体现在:投保人可以自行决定是否参加保险、保什么险、投保金额多少和起保的时间;保险人可以决定是否承保、承保的条件以及保费多少。保险合同成立后,保险双方应认真履行合同规定的责任和义务。一般情况下,投保人可以中途退保,但另有规定的除外。比如《保险法》第 34 条明确规定:"货物运输保险合同和运输工具航程保险合同,保险责任开始后,合同当事人不得解除合同。"但当前世界各国的绝大部分保险业务都采用自愿保险的方式办理,我国也不例外。

强制保险又称法定保险,是指根据国家颁布的有关法律和法规,凡是在规定范围内的单位或个人,不管愿意与否都必须参加的保险。

(二)风险管理与保险的关系

风险管理与保险有着密切的关系,两者相互影响,共同构成人类处置风险的强有力手段。

1. 风险是保险和风险管理的共同对象

风险的存在是保险得以产生、存在和发展的客观原因与条件,并成为保险经营的对象。但是,保险不是唯一的处置风险的办法,更不是所有的风险都可以保险。从这一点上看,风险管理所管理的风险要比保险的范围广泛得多,其处理风险的手段也比保险多。保险只是风险管理的一种财务手段,它着眼于可保风险事故发生前的防预、发生中的控制和发生后的补偿等综合治理。虽然在处置风险手段上存在这些区别,但是它们所管理的共同对象都是风险。

2. 保险是风险管理的基础,风险管理又是保险经济效益的源泉

(1)风险管理源于保险。从风险管理的历史上看,最早形成系统理论并在实践中广泛应用的风险管理手段就是保险。在风险管理理论形成以前的相当长的时间里,人们主要通过保险的方法来管理企业和个人的风险。从 20 世纪 30 年代初期风险管理在美国兴起,到 20 世纪 80 年代形成全球范围内的国际性风险管理运动,保险一直是风险管理的主要工具,并越来越显示出其重要地位。

(2)保险为风险管理提供了丰富的经验和科学资料。由于保险起步早,业务范围广泛,经过长期的经营活动,积累了丰富的识别风险、预测与评估风险和防灾防损的经验和技术资料。掌握了许多风险发生的规律,制定了大量的预防和控制风险的行之有效的措施。所有这些都为风险管理理论和实践的发展奠定了基础。

(3)风险管理是保险经济效益的源泉。保险公司是专门经营风险的企业,同样需要进行风险管理一个卓越的保险公司并不是通过提高保险费率、惜赔等方法来增加利润的。它是通过承保大量的同质风险,通过自身防灾防损等管理活动,力求降低赔付率,从而获得预期的利润的。作为经营风险的企业,拥有并运用风险管理技术为被保险人提供高水平的风险管理服务,是除展业、理赔、资金运用等环节之外最为重要的一环。

3. 保险业是风险管理的一支主力军

保险业是经营风险的特殊行业,除了不断探索风险的内在规律,积极组织风险分散和经济补偿之外,保险业还造就了一大批熟悉各类风险发生变化特点的风险管理技术队伍。他们为了提高保险公司的经济效益,在直接保险业务之外,还从事有效的防灾防损工作,使大量的社会财富免遭损失。保险公司还通过自身的经营活动和多种形式的宣传,培养国民的风险意识,提高社会的防灾水平。保险公司的风险管理职能,更多的是通过承保其他风险管理手段所无法处置的巨大风险,来为社会提供风险管理服务的。所以,保险是风险管理的一支主力军。

(三)可保险的条件

并非所有的风险都可以通过保险予以处理。保险研究的对象是满足特定条件的可保风险。可保风险是指可以被保险人接受的风险,或可以向保险人转移的风险。一般来说,作为理想的可保风险,应符合以下条件:

1. 必须是纯粹风险。纯粹风险的结果只有损失而没有获利,这种性质有助于对损失的预测。同时,该风险的一大特征表现为个人受损时社会也受损。因此可容许有相当多的人参加保险,这时可充分发挥保险的风险配置作用,将个别人的损失转化成由多数人分担。

2. 风险所致的损失可以预测。要预测损失,就需要有大量的损失数据。如果没有足够多的损失数据,就会增加预测的困难,至少是影响预测的准确性。如果特定风险的损失缺乏可度量性和可预测性,那么保险本身的科学性必将受到质疑。需要注意的是,正在施工的建设工程给第三者造成损失的可能性随着时代的不同是变化的。例如,20世纪70年代以前的建筑大多高度较低,建筑物的间距较大,过程中即使有坠落物品,对过往汽车造成损失的可能性也较小。但进入90年代后,高层和超高层建筑大量涌现,且间距较小,街道上高级汽车数量急剧增多,过程中易坠落物品,那么对过往汽车造成损失的可能性增大,损失的金额也增大了,但施工防护措施也比70年代加强了。显然,如果仍以70年代建设工程对第三者造成损失的可能性来预测90年代的情况就不适用了。

3. 损失的程度不要偏大或偏小。风险的损失偏大,超过保险公司财务上所能承受的范围,自然不理想。过于微小的损失则会加大保险经营的成本,因而也不理想。通常,公司不会对办公室丢失签字笔等办公文件进行投保,因为损失过于微小;同样,当保险公司承保一组风险时,从总体上来说,某些保险标的必然会遭受损失,但遭受损失的保险标的所占总数的比例是很小的。正是基于预测,保险公司才可能以每个投保人所缴纳的比较少的保费来弥补遭受了损失的投保人。例如,某保险公司在某地区承保了100个建筑工程一切险。根据以往十年的经验数据预测在两年左右的保险期限内,可能会有一些工程发生程度不同的损失,于是保险公司计算出每个投保人应该缴纳的保费,以便能够弥补保险期限内这些工程的损失。但如果这一地区突然发生战争或强烈地震,那么这100个工程可能全部遭受损失,这就叫特大灾难。所以战争等敌对、动乱因素和地震长期以来普遍为世界各国的保险公司列为除外责任。各家保险公司也不会把自己的业务局限在单一的保险标的或某一个地区。特大灾难事故除上述情况,即大多数保险标的都面临同样的风险因素外,还有一种情况,即保险标的价值巨大,如卫星、航天飞机等一旦发生损失,其后果往往是一家保险公司无法承担的。对后一种情况,只有借助于保险公司之间的再保险。

4. 存在大量同质风险单位。同质风险是指风险单位在种类、品质、性能、价值等方面大体相近。如果风险不同质,那么风险事故的发生概率就不同,集中处理这些风险将会十分困难。只有存在大量同质的风险单位且只有其中少数风险单位受损时,才能体现大数法则所揭示的规律,正确计算损失概率。

5. 损失的发生纯属意外。损失的发生必须具有偶然性。若非意外损失,则有悖保险的宗旨。严格地讲,只有被保险人对所投保的风险既不能加以控制,也无法施加影响,才能说这种风险的性质具有偶然性。但现实生活中这样的情况并不普遍,只有地震、台风等自然现象才具有这样的偶然性特征。各种各样有形和无形的风险因素都会对损失发生的可能性和损失的程度产生影响,如个别承包商在投保了建筑工程一切险和第三者责任险后,就可能放松了安全防护工作,但大多数承包商出于道德和声誉的原因,是不会在投保后疏于安全防护工作的。所以假定,在大多数场合损失发生具有偶然性。之所以要求损失的发生具有偶然性是由于以下两个原因:一是为了防止首先风险和行为风险的发生;二是由于大数定律是保险动作的基础,而大数定律的应用以随机(偶然)事件为前提。

(四)国际工程承包保险的定义

国际工程承包中的保险关系是基于保险公司与被保险的承包商订阅保险契约而产生的一种法律关系,它一般是指承包商支付一定的保险费后,保险公司根据保险契约的规定对执行协议过程中发生承保责任范围内的损失给承包商在经济上的补偿。

根据各国对于保险范围规定的不同,国际工程承包保险的范围按不同的要求可分为三种形式:一是根据各国法律的规定必须参加的保险;二是根据业主的要求提出的保险;三是承包商仅为了本企业的意外事故而提出的保险。

FIDIC 合同第 18 条[保险]对国际工程保险进行了具体的规定,本条包括的四项内容可以分为四个方面:

(1)合同对于工程保险的一般要求,即第 18.1 款[有关保险的一般要求],规定了合同对于工程提出的一些基本要求,如保险义务、投保人、受益人等。

(2)合同关于工程和承包商设备保险的规定,即第 18.2 款[工程和承包商设备的保险],规定了关于工程本身、工程设备、材料、承包商文件和承包商机械设备等的保险的规定。

(3)第三者责任险和财产损害险,即第 18.3 款[人身伤害和财产损害险]规定了承包商因自己发现的合同可能导致的第三者的人身和财产(含雇主人员的人身和除了工程、材料、设备以外的雇主财产)造成的损害的保险。

(4)承包商人员保险,即第 18.4 款[承包商人员的保险],规定了承包商及其分包商人员的保险。

国际工程承包保险属于复合险,既有财产保险,也有人身和责任保险、保证保险。通常,按照保险标的的不同,可以将工程保险分为四类:

一是直接针对工程本身风险进行的保险,包括建筑工程一切险(contractor's all risks insurance)、安装工程一切险(erction all risks insurance)(含在施工现场工程永久设备和材料损失风险),还包括工程质量责任险,如工程十年责任险等。

二是承包商机械设备险,是指承包商现场机械设备和车辆的财产损失险。

三是第三者责任险,包括现场和使用机构设备、车辆可能对第三者造成损害的责任险。

四是承包商人员的人身意外伤害险,承包商人员包括其分包商人员的意外伤害险。

二、FIDIC 关于保险一般要求规定的适用

作为国际上通用的工程合同范本,FIDIC 新版合同条件对工程保险作出了详细的规定本文以新版红皮书为主,结合国际工程中保险的惯例做法,对其中的一些核心术语进行分析,并提出应用时应注意的问题。

1. 工程保险的投保方

在国际工程中,工程的各项保险一般由承包商办理。1999 年 FIDIC 新版合同条件第 18.1 款规定,业主与承包商都可以作为投保方"若承包商作为投保方办理保险,应按中标前双方商定的保险条件来办理,并经过业主批准";若投保方为业主,则业主办理保险的条件应与合同专用条件规定一致。同时,第 18.2 款与第 18.3 款补充规定,若在专用合同条件中没有明确业主或承包商哪一方为投保方,则承包商就是整个工程(包括第三方责任险)的投保方。第 18.4 款规定,承包商必须为其人员以及业主的人员办理保险,对于分包商的人员保险,可以由分包商来办理,但承包商应保证分包商办理的保险符合合同的规定。负责办理保险的投保方在投标书附录规定的时间内,应向另一方提交保险已经办理并生效的证明,包括保险单的副本以及保险费交纳证据。

在一些国际工程中,也会出现由业主与承包商为工程涉及的相关责任分别进行保险的情况,如业主负责为工程以及附属设备和材料投保,承包商为其施工人员以及第三方进行投保。在这种情况下,承包商在投标报价时,仅将自己负责投保的那部分保险的费用加入报价。对于业主负责的那部分保险,承包商应仔细研究合同中涉及保险的相关条款,尤其是专用合同条件,同时向业主索取业主负责的保险单的副本,查明业主办理工程险的条件,如保险金额、免赔额、保险索赔的失效、损失评估的程序等。若认为业主的保险条件不能恰当地覆盖自己在项目中的风险,应采取具体的补救措施。

在某一项国际工程中,工程一切险由业主办理,但业主在为工程办理保险时,为了降低保险费,选择的免赔额较大,达到 40 万美元,结果在施工中部分工程被洪

水冲毁,由于损失在免赔额以内,承包商无法得到保险公司的赔偿。同时,合同规定,免赔额内的损失由承包商自行承担。由于承包商对业主办理的工程险的条件没有了解清楚,失去本应该得到的补偿。

2. 被保险人

国际工程涉及的参与方较多,一般包括业主、监理工程师、承包商、分包商、贷款银行等。由于他们在工程进行期间分别承担不同程度的风险责任或与工程具有利害关系,因此他们都可以作为被保险人。

根据 FIDIC 新版合同条件第 18.2 款和第 18.3 款的规定,承包商在为工程、承包商的设备、第三方财产与人身损害办理保险时,必须以承包商与业主的联合名义投保,即除承包商之外,业主也同时是该保险的联合被保险人。并且此类保险单对他们单独适用,在保险赔偿时,就如同与承包商和业主分别签订单独的保险单一样;涉及自身的损害时,任何一方都可以独自按照该保险单进行索赔。根据这一规定,若联合被保险人之间发生责任事故,每一方都可以从此类保险单中得到保障,事故造成的损失无须根据责任在联合被保险人之间进行追偿,而是由出单的保险公司负责赔偿。这种规定通常被称为"交叉责任条款",主要目的是保护所有联合被保险人。承包商在与保险公司签订保险单时,必须在保险单中加入符合上述规定的内容,否则,他就违反了承包合同规定的投保责任。

新版 FIDIC 还允许其他人(如分包商、监理工程师等)作为本保险单的附加的联合被保险人,但此类附加的联合被保险人无权直接向保险公司索赔。如果附加的被保险人属于业主一方,如监理工程师,则由业主代其向保险公司索赔,由承包商代表其他附加的联合被保险人负责向保险公司索赔。此类附加联合被保险人也不得直接从保险公司得到赔偿的款项,这主要是保证保险公司赔付的款项更好地用于修复工程或弥补相关损害。

3. 保险范围与投保额度

根据第 18.2 款、第 18.3 款、第 18.4 款的规定,保险的范围必须包括:(a)在建的主体工程;(b)现场存放的永久设备和材料;(c)承包商的设计施工文件;(d)承包商施工机具;(e)第三方人身伤害与财产损害;(f)承包商的人员以及业主的人员。对于前三项内容,投保额度不得低于全部复原所需费用,包括拆除、清理费、专业人员聘请费以及利润。对于(d)项,投保额度不得低于施工机具的全部重置价值,包括将机具运到现场的运输费。对于(e)项第三方人身伤害与财产损害的投保额度,FIDIC 规定不得低于投标书附录中规定的限额,而且不限制发生的次数。在国际工程中,对第三方人身伤害以及财产损害的投保额确定的原则是根据万一工程期间发生意外事故,对现场和毗邻地区的第三者可能造成的最大损害情况来确定的。若承包商认为必要,他可以在合同中规定的最低限额的基础上将保险额度增大一些。关于承包商的人员的保险,FIDIC 没有给出明确的投保额度的要求,只是规定,这笔投保额应能覆盖承包商的人员因伤亡与生病而引起的索赔、赔偿费的支付、聘请律师等相关费用和损失。在实践中,确定每个承包商的人员的投保额度主要考虑承包商对雇员伤亡和生病应承担的法定赔偿责任额度以及承包商的企业政策。在某一项国际工程中,承包商为每个项目人员的投保额度为其项目期间月平均工资(包括奖金)的 50 倍,实践证明,这是一个比较合理的额度。FIDIC 在第 18.4 款规定,承包商办理的保险还应覆盖业主与工程师,但又附加了一个条件,即承包商办理的保险单可以不包括因业主或工程师自身的行为引起的损失。

4. 保险类别

见本章第二节。

5. 应注意的其他事项

FIDIC 合同条件还对与保险相关的下列问题作了比较严格的规定:

第一,保险知情权与保险期限。FIDIC 规定,承包商办理保险后,必须在规定的日期内通知业主保险已经生效,使对方了解工程处于被保险状态。通知的具体日期在投标书附录中规定,一般是从开工日期算起的几个工作日。对于工程、材料、永久设备以及承包商设备的保险,保险覆盖的期限有两个阶段。第一个阶段是从保险生效通知日期到工程被业主接收为止,目的是对工程施工期间出现的问题进行保险。第二个阶段从业主接收工程开始到承包商收到履约证书写明的日期为止,目的是对缺陷通知期(维修期)阶段出现的质量缺陷以及维修时导致的损失进行保险。若承包商没有按规定办理保险或没有按时通知业主,业主可以自行办理相关保险,一切相关费用由承包商承担。

第二,第三方财产的范围。从理论上讲,由于业主也为被保险人,其财产不应作为第三方财产。但在国际工程中,对于一些改造或扩建项目,在施工中很容易对业主不属于在建工程范围内的原设施或毗邻财产造成损害。为了覆盖此类风险,FIDIC 规定的第三方责任险中,还要求将第三方财产扩展为包括此类业主的财产。因此,在承包商办理保险时,应注意将此类财产纳入投保范围。

第三,保险市场的变化。由于工程保险市场的不确定性,FIDIC 对工程保险也作了相应的弹性规定。对于工程保险,若在基准日期之后的一年以上,承包商不能以合理的商务条件继续投保,则承包商可以不续保,但必须通知业主,业主根据合同作变更处理。

第四,工程的分保。虽然 FIDIC 规定,通常由承包商负责工程的全部保险,但是在国际工程实践中,常常出现业主与承包商分别负责与自己密切相关的那部分保险。如承包商为自己的设备办理施工机具险、为自己的人员办理雇主责任险、为材料设备运输办理运输险与车辆险。而业主办理除此之外的其他保险,覆盖主体工程、现场堆放的材料以及永久设备以及业主方的人员。

第五,工程变更须告知保险公司。当工程的情况发生变化,从而导致工程信息与投保时提供给保险公司的信息不一致时,应及时通知保险公司,并对原保险作出相应的修改。如果需要追加保险事项,那么可以提出附加申请,作为原整体保险的一部分,并由保险公司以批单的形式确认。另外,若发生保险索赔情况,应按保险单的规定,及时通知保险公司,同时保护好事故现场和做好记录,以便保险公司的理赔估算师评定损失。若发生双方不遵守保险单而导致保险索赔失败,则由责任方承担相关损失。

三、FIDIC 的适用建议

如果承包商是应投保方,建议:

1. 应争取雇主同意在中国保险公司或者国际大型保险公司投保,并且将保费打入工程报价。因为一旦发生保险风险,比较容易理赔,还有如果与保险公司发生争议,能得到较好的解决和执行。同时承包商投票前要进行细致的询价,必要时可以事先寻找有经验的保险经纪公司进行工程保险的策划,并应当在投票报价中充分反映保险的费用。对于保险没有覆盖的风险,应当根据工程国际惯例和项目实际情况,与雇主协商合理确定风险分配,如果由承包商承担,则应当在报价中打入足够的风险费。

2. 如果雇主要求承包商投保的受益人/被保险人不止一个,则该受益人应为雇主与承包商,有时融资银行业也会要求将其作为受益人;但是,其他人如现场的其他承包商,不应作为受益人。我国《保险法》第40条规定:"被保险人或者投保人可以指定一人或者数人为受益人。受益人为数人的,被保险人或者投保人可以确定受益顺序和受益份额;未确定受益份额的,受益人按照相等份额享有受益权。"另外,如果一方当事人在保险事故中负有责任,把雇主与承包商作为共同受益人,也可以避免保险人在向一方作出赔偿后转向另一方追偿。

3. 发生保险事故后应当按照保险公司的规定与合同的约定尽快通知保险公司,同时,采取措施减少损失或者避免损失扩大。我国《保险法》第57条规定:"保险事故发生时,被保险人应当尽力采取必要的措施,防止或者减少损失。保险事故发生后,被保险人为防止或者减少保险标的的损失所支付的必要的、合理的费用,由保险人承担;保险人所承担的费用数额在保险标的损失赔偿金额以外另行计算,最高不超过保险金额的数额。"

4. 关于设计责任险与十年质量责任险。因为EPC合同项下,承包商负责工程的设计,对于因设计人员的疏忽或者故意造成的风险,应当通过设计院或总包商投保职业责任险来解决,以分散风险。特别是法语国家和中东国家的雇主有时会要求承包商投保两年质量责任险。该保险要求保险人对于自工程验收之日起的十年内出现的因承包商原因导致的建筑物的主体部分的缺陷和隐患而造成的损失承担赔偿责任。意图是使雇主对于主体工程质量问题的索赔权利在较长的时间得到保障。该险种主要是基于建筑工程的寿命期长而国际工程公司的流动性强这一特点而设立的。因为国际承包商一旦完成工程后离开工程所在国,而建筑工程的诸多缺陷或隐患并不都在为期一至两年的保修期内发生。如果工程隐患发生时承包商已离境,雇主就很难得到补偿。十年责任险则可以为雇主提供这种保障,而这种赔偿责任只能由受理该种保险的保险公司来履行,原来,主要是本国的保险公司承保此类险种,近几年其他国家的保险公司也开始涉足此类保险。工程保险的保费根据工程公司的综合实力、过去所承建工程的质量等方面由保险公司确定。在保险业务中,承包商是投保人,而雇主或者工程所有人为被保险人或者受益人。

【案例分析】

截至 2011 年,我国在利比亚承包工程 188 亿美元,但是利比亚危机发生后,获赔不足 4 亿元人民币。2011 年初,中东、北非地区局势动荡,发生连锁反应,利比亚内乱。根据国家要求,我国政府决定将在利比亚的所有人员撤离回国,中国实施了史上规模最大的撤侨行动。虽然员工安全撤回来了,但是,由于中国企业"走出去"时的投保意识并不强,对这一工具的运用也不够熟练,造成项目财产、资金等的损失非常严重,有统计显示,中国企业在利比亚承包的工程项目涉及合同金额 188 亿美元,但后来获得的保险赔付不足 4 亿元人民币。多数企业投了工程一切险,但是战争是工程险的除外责任,因此,应当根据项目情况需要,通过政策性保险机构如中国信保承保,承担战争导致的经济损失。据报道,[①]获赔公司主要是中国葛洲坝集团股份有限公司(获得赔款 1.62 亿元人民币)与中国建材集团进出口公司(获得赔款 4815 万元人民币)。

【延伸阅读】

我国铁路合同示范文本与 FIDIC 的比较:

示范文本中的风险、保险和担保条款不充分[②]

对于铁路建设工程项目来说,它具有建筑产品特有的产品固定性和生产的流动性;建设周期长;消耗的人力、物力和财力多;受所在国的政治、经济、法律、地理、环境、技术规范等方面影响较大等特点。而铁路建设工程施工合同需要约定的内容较多、执行的周期长,存在一定的风险,所以在施工合同中或多或少都有一些关于保险方面的条款,以转嫁一部分风险。下文将分析我国示范文本中的风险,以及

---

① 见财经网,http://www.caijing.com.cn/2011-03-18/110669602.html。
② 郑杰:《FIDIC 合同条件在我国铁路工程的应用研究》,北京交通大学 2007 年硕士学位论文。

保险条款存在的一些问题。在工程施工合同履约过程中会遇到的各种意外事件而造成工程项目及有关当事人的损失,这种意外事件就称为风险。在合同履行过程中可能发生的某些风险是有经验的承包商无法合理预见到的,就业主的利益而言,不应要求承包商在报价中计入这些不可合理预见风险的损害补偿费,以取得有竞争性的合理报价。合同履行过程中发生此类风险后,业主应按承包商受到的实际影响给予补偿。就风险的来源和性质分,有政治、经济、社会、自然和技术上的风险;就风险的依据分,有合同签订方面的,也有非合同签订的,还有法律规定的以及商业惯例的风险等。对承包商而言,只有对合同存在的风险有充分的认识,并做好防范,才能在风险到来时,将损失降至最低。

1. 示范文本中对于风险的概念不够明确

FIDIC 合同条件涉及的风险条款规定包括第 17 条[风险与责任]以及第 19 条款[不可抗力],风险的范围包括政治因素、自然因素和人为超出双方控制的因素。人为因素包括业主的占用、工程设计不当(不是承包商设计的)等非承包商责任导致的损害;自然因素规定如果工程由于自然力的作用而受到损坏,但对此自然力的作用承包商无法预见并进行合理的防范,即这种风险极不可能发生,所以要花费资金和时间采取防范措施不太合理,则承包商对此损坏不负责任。

示范文本中对于风险明确限定的条款仅仅是不可抗力,与 FIDIC 合同条件中的不可抗力大致相同,主要是指政治因素和自然因素。严格来讲,任何一款合同中风险的相关(业主和承包商风险的划分)条款都贯穿在整个合同的规定之中,但是风险分担是合同中一项十分重要的内容,对承包商的投标报价和工程实施都产生很大的影响,因此,就一个合同范本来说,清晰的风险分担条款是评价其是否优秀的一个具体衡量标准。而示范文本中规定风险的条款过少,也没有明确提出风险的定义,只是分布在整个合同中,如果风险真的发生,不利于双方对于风险分担的划分。

2. 不可抗力发生后的处理方法存在问题

示范文本一般认为,不可抗力具有不可克服性,签约双方均无责任,各自承担自己的经济损失,当不可抗力事件造成合同中当事人的损失时,由当事人各自承担自己的损失。

分析 FIDIC 合同条件,我们可以看到,在不可抗力发生后的处理上,FIDIC 合同条件明确规定不可抗力为业主的风险,由业主负责承担损失,并对承包商提供合理的经济补偿,增加修补工作相应的费用(只有不可抗力是自然灾害的时候,承包商有权索赔工期,但无权索赔费用)。如不可抗力造成承包商在现场的设备、机械和停工损失,FIDIC 合同条件规定雇(业)主赔偿损失,而示范文本认为应由承包商自己承担损失。在工程实践中,由于铁路工程的建设周期较长,地质环境复杂,发生不可抗力此类情况的可能性相对于普通建筑施工要大很多。如果采用示范文本这样的规定,承包商在报价时就不得不考虑不可抗力这部分因素,这样既增加了承包商报价的难度,而且由于价格中包含这部分"以防万一"的报价,又增加了建设业主评标的难度。另外,假如这类不可抗力事件没有发生,而合同的价款已经包含了这部分,业主也必须承担这部分的损失。

示范文本第 31 条规定,当不可抗力使合同不能继续履行、工程停建或缓建,乙方按甲方要求撤出时,甲方除按合同支付已完成工程价款外,还应赔偿工程停建或缓建给乙方造成的损失。前文已经提到,示范文本对于不可抗力造成损失的处理原则是,合同双方各自负责自己的损失。但这里又有要求赔偿乙方损失的内容,合同内容上产生了自相矛盾的地方。此外,这里赔偿乙方的损失的范围也没有明确说明,缓建和停建应该是两个概念,停建就意味着合同双方可以终止合同,而缓建只是工程暂时停工,承包商可以索赔停工期间的工期和费用损失,在处理时应该是不同的,这样的合同规定,在实践中,不利于实际工作对于合同的把握。在 FIDIC 合同条件中,分别对于不可抗力产生的两种后果进行了规定(即不可抗力后果的索赔以及可选择得终止、支付),承包商可以据此向业主提出索赔,而合同双方也可以依据本条款在工程连续停建 84 天或间断累积 140 天的情况下解除合同,业主只需依照支付证书向承包商支付,并不产生索赔。

示范文本第 30 条规定,不可抗力发生后,乙方应迅速采取措施,尽量减少损失,甲方对灾害处理提供必要的条件。但是,对于修复清理工作的责任和费用承担问题,双方要另签补充协议约定。在这样的情况下,承包商容易因事先没有约定好,产生疑虑,担心自己会因为修复工作遭受损失,对于工作的积极性也有一定的影响,因此不利于修复工作的立即进行,可能会拖延工程的进行。而 FIDIC 合同条件规定风险发生后,根据工程师的要求进行修正此类损失或损害,承包商可按照第20.1款[承包商的索赔]向工程师提出索赔,这样的规定就避免承包商对于损失的担心,他可以通过索赔的方式获得这部分工程款。

3. 缺少强制性工程保险条款

由于工程项目的建设过程中存在很多不确定因素,这些风险一旦发生往往会造成很大的直接损失。因此为了转移一部分风险,投办保险是最常用也最有效的办法。特别在铁路建设工程项目中,在野外施工,工程量较大,施工周期长,受外界环境影响较大,意味着在工程建设过程中面临的风险较高,更是必须对工程及其相关事项进行保险。而且工程项目建设的成败直接关系到作为独立法人的业主和承包商的投资效益,对工程风险的防范必然越来越受到重视,保险作为风险防范的重要手段将是每个工程项目所必需的,所以保险条款应是工程合同中的必备和强制性条款。

与发达国家相比,我国建筑工程保险起步较晚。20世纪80年代初,在利用世界银行贷款的建设项目中,建筑工程保险作为工程建设项目管理的国际惯例之一被引入中国。20世纪90年代以后,建筑工程保险得到了一定的发展,随着我国投融资体制改革和项目建设管理模式的转变,我国先后在世界银行、亚洲银行贷款的铁路建设项目以及参与施工的国外工程建设中引入保险机制,并取得了一定的经验,如表3-1。

表3-1 我国部分铁路建设项目的保险情况

建设项目名称	西安至合肥铁路	赣龙铁路（福建段）	渝怀铁路	宜万铁路	青藏铁路
线路长度(KM)	1027	157.8	625	376.99	1142
投保险种	建筑工程一切险、第三者责任险	建筑工程一切险、第三者责任险	建筑工程一切险、第三者责任险	建筑工程一切险及限定的10座地质条件特别复杂的隧道投保重大地质灾害险	建筑工程一切险、第三者责任险

但是,由于种种原因,建筑工程保险在我国铁路建设中还尚未普及。目前,

我国进行工程保险的仍主要是世行、亚行贷款的项目以及部分重点工程。保险作为市场经济中风险管理的重要手段,在铁路建设工程中并没有得到广泛的运用,示范文本就缺少类似 FIDIC 合同条件中的强制性保险条款。另外,虽然 1998 年 3 月 1 日起正式施行的《中华人民共和国建筑法》第 48 条明确规定:"建筑施工企业必须为从事危险作业的职工办理意外伤害保险,支付保险费。"建筑职工意外伤害保险成了法定的强制性保险,但是对于其他保险的相关法律法规仍是很少,由于缺少对工程保险的详细规定,具体的工程中,实际操作的难度很大。

而在 FIDIC 合同条件中,有专门的保险条款,详细地就保险种类、内容、金额、除外责任作了规定(第 18 条保险)。在 FIDIC 合同条件中,规定承包商必须进行各种保险,如:工程本身、永久设备和材料、施工设备、第三方责任以及承包商人员等,承包商可将保险费列入成本,并从验工计价中拿回。当发生意外风险产生损失时,可以将部分风险损失转移给保险公司承担。

第二节 涉外工程承包保险的险别

【本节要点】目前,国际保险公司的各类保险种类繁多,承包商究竟进行哪几种保险,要由标书中合同条件的规定及该项目所处的外部条件、工程性质和承包商对风险的分析和评价来决定。但一般标书文件中所要求的保险项目都是强制性的,承包人必须按照标书的要求投保。对政治风险等特殊风险,承包人则可以根据具体情况进行选择,只要不超出标书列明的范围。一般说来,国际承包工程常见的保险有建筑工程一切险、安装工程一切险、第三者责任险、雇主责任险、人身意外伤害险、机动车辆险、货物运输险、十年责任险及其他险别。

一、建筑工程一切险

(一)概念

建筑工程一切险是指对各种建筑工程项目提供全面的保障措施。既对不管是在施工期间工程本身、施工机具还是工地设备等所遭受的损失一律予以赔偿,也对因施工而给第三者所造成的物资损失或者人员伤亡承担相应的赔偿责任。

建筑工程一切险是一种针对自然灾害或意外事故造成标的物损失的综合性财产保险。与一般财产保险不同,一般财产只承保物质标的,而建筑工程一切险不但承保物质标的,还承保责任标的,并对事故发生后的清理费用均予以承保。因此,建筑工程一切险是一种综合性保险。

建筑工程一切险适用于所有房屋工程和公共工程,尤其是:住宅、商业用房、医院、学校、剧院;工业厂房、电站;公路、铁路、飞机场;桥梁、船闸、大坝、隧道、排灌工程、水渠及港埠等。建筑工程一切险承保的危险与损害涉及面很广,即保险单中列举的除外情况之外的一切事故损失全在保险范围内,尤其是下述原因造成的损失:火灾、爆炸、雷击、飞机坠毁及灭火或其他救助所造成的损失;海啸、洪水、潮水、水灾、地震、暴雨、风暴、雪崩、地崩、山崩、冻灾、冰雹及其他自然灾害;一般性盗窃和抢劫;由于工人、技术人员缺乏经验、疏忽、过失、恶意行为或无能力等导致的施工拙劣而造成的损失;其他意外事件。

建筑工程一切险承保的内容包括工程本身(预备工程、临时工程、施工所必需的材料、占整个造价不到50%的安装工程)、施工设施和机具、场地清理费、第三者责任、工地内现有的建筑物、由被保险人看管或监控的停放于工地的财产。建筑工程一切险的保险金额的确定亦根据不同的保险标的而定,比如,合同标的工程的保险总金额即为建成工程的总价值,施工机具和设施及临时工程列专项投保,物资的投保金额一般按重置价值,附带的安装工程项目保险金额一般不超过整个项目保险金额的20%,场地清理费按工程的具体情况由保险公司与投保人协商决定,第三者投保金额根据在工程实施期间万一发生意外事故时,对工地现场和邻近地区的第三者可能造成的最大损害情况而定。

(二)建筑工程一切险的投保人与被保险人

建筑工程一切险的投保人,是指其财产或者人身受保险合同保障;享有保险金请求权的人,投保人可以为被保险人。

建筑工程一切险的被保险人可以包括:业主;总承包商;分包商;业主聘用的监理工程师;与工程有密切关系的单位或个人,如贷款银行或投资人等。

投保人往往是被保险人中的一个,他必须代表自己和其他一起投保的被保险人支付保险费,实际上他成为同保险人协商保险的中间人。这个第一被保险人可以是业主也可以是承包商,他同保险人签订的合同必须同时代表其他各利益方。许多工程承包合同都有约定,保险合同提供的保险保障不仅对承包商,而且对业主也有效。一份保险合同每增加一个被保险人,保险公司就相应地多承担一份风险也就多一份赔偿的可能性。但增加一个被保险人往往并不会引起保险费的大幅度增加,所以不论是业主还是承包商去投保,都应该尽可能多地把与工程有关的各方列为被保险人。

(三)建筑工程一切险的保险标的

1. 永久性和临时性的工程及物料:承包合同规定的承包范围内的主要项目,包括建筑物的结构、装修、机电安装、配套设施、存放在施工现场的材料设备、临时建筑设施等。

2. 在现场使用的机械、工具和临时工房及存放其内的物资:属于被保险人所有或被保险人负责保管,而且必须使用的塔吊、打桩机、铲车、搅拌机、临时供电供水设备、脚手架等。

3. 业主或承包商在工地原有的财产:如业主原有的工厂,应该放在这一项目内加保,以分清责任。

4. 安装工程项目:如发电、取暖、空调等及其设备的安装。

5. 场地清理费:发生灾害后为恢复重建而必须清理的残砾。

6. 工地内现成的不属于工程范围的建筑。

7. 业主或承包商在工地上的其他财产。

8. 施工期间被保险人对第三者造成的损失或人身伤亡,依法应由被保险人承担的经济赔偿责任,投保时由投保人和承保人根据经验估算赔偿金额。

(四)建筑工程一切险承保及不承保赔偿责任的因素

1. 承保因素

对以下损失和费用,保险公司根据保单明细表的规定负赔偿责任:(1)自然灾害等不可抗力;(2)火灾、爆炸、雷击;(3)飞机坠毁及灭火或其他救助所造成的损失;(4)一般性盗窃和抢劫;(5)由于工人、技术人员缺乏经验、疏忽、过失、恶意行为或无能力等导致的施工拙劣而造成的损失;(6)原材料缺陷或不善所引起的事故;(7)其他不可预料的意外事件。

2. 不承保因素

建筑工程一切险的不承保因素,按照国际惯例,通常有以下几种:(1)由军事行动、战争或其他类似事件、罢工、骚乱、民众运动或当局命令停工等情况造成的损失(有些国家规定投保罢工骚乱险);(2)因被保险人的严重失职或蓄意破坏而造成的损失;(3)因原子核裂变而造成的损失;(4)由于合同罚款及其他非实质性损失;(5)由于施工设施和机具本身原因造成的损失,但因这些损失导致的建筑事故则不属于排除范围;(6)因设计错误而造成的损失;(7)因纠正或修复工程差错而增加的支出;(8)自然磨损、缺货、锈蚀;(9)全部停工或部分停工引起的损失;(10)各种后果损失,如罚金、耽误损失、丧失合同;(11)文件、账簿、票据、现金、有价证券、图表资料的损失;(12)保单中规定应由被保险人自行负责的免赔额;(13)领有公共运输执照车辆、船舶和飞机的损失;(14)盘点货物当时发生的短缺;(15)建筑工程第三者责任险条款规定的责任范围和除外责任。

(五)建筑工程一切险保险费率的组成

建筑工程一切险的保险费率通常要根据风险的大小确定,它由五个分项费率组成。

1. 建筑工程一切险的保险费率的组成

(1)业主提供的物料及项目、安装工程项目、场地清理费、工地内现存的建筑物、业主或承包人在工地的其他财产等为一个总的费率,规定整个工期一次性费率。

(2)施工用机器、装置及设备为单独的年度费率,因为它们流动性大,一般为短期使用,旧机器多,损耗大,小事故多。因此,此项费率高于第1项费率。如保期不足一年,按短期费率计收保费。

(3)第三者责任险费率,按整个工期一次性费率计取。

(4)保证性费率,按整个工期一次性费率计取。

(5)各种附加保障增收费率或保费,也按整个工期一次性费率计取。

2. 建筑工程一切险的保险费率的制定依据

建筑工程一切险没有固定的费率表,其具体费率系根据以下因素结合参考费率表制定:

风险性质(气候影响和地质构造数据,如地震、洪水或水灾等);工程本身的危险程度,工程的性质及建筑高度,工程的技术特征及所用的材料,工程的建造方法等;工地及邻近地区的自然地理条件,有无特别危险源存在;巨灾的可能性,最大可能损失程度及工地现场管理和安全条件;工期(包括试车期)的长短及施工季节,保证期长短及其责任的大小;承包人及其他与工程有直接关系的各方的资信、技术水平及经验;同类工程及以往的损失记录;免赔额的高低及特种危险的赔偿限额。

工程保险往往有免赔额和赔偿限额的规定。这是对被保险人自己应负责任的规定。如果免赔额高、赔偿限额低,则意味着被保险人承担的责任大,而保险费率就应相应降低;如果免赔额低、赔偿限额高,则保险费率应相应提高。

3. 保险费的交纳

建筑工程一切险因保险期较长,保费数额大,可分期交纳保费,但出单后必须立即交纳第一期保费,而最后一笔保费必须在工程完工前半年交清。

如果在保险期内工程不能完工,保险可以延期,不过投保人须交纳补充保险费。延展期的补充保险费只能在原始保险单规定的逾期日前几天确定,以便保险人能及时准确地了解各种情况。

4. 建筑工程一切险的保险金额及保险期限

建筑工程一切险的保险金额,应为保险标的建筑完成时的总价值,包括运费、安装费、关税等。建筑用机器、设备、装置应按重置价值计算。其他承保项目应按双方商定的金额确定。保险费则按不同项目的危险程度、地理位置、工地环境、工期长短和免赔额高低等因素确定,在 0.18%~0.5%之间。

保险期限自工程开工或在开工之前工程用料放于工地之日开始生效,两者以先发生者为准,开工日包括打地基日在内。施工机具保险自其卸放于工地之日起生效,保险终止日应为工程竣工验收之日或者保险单上列出的终止日。同样,两者也以先发生者为准。

(六)办理建筑工程一切险应注意的问题

办理建筑工程一切险应注意以下事项:

1. 一般不使用委托人,由承包商亲自办理。

2. 建筑工程的名称一定要填写合同中指定的全称,不得缩写;地点一定要填写工地的详细地址及范围,因为保险公司对工地以外的损失如无特别加注是不负责任的。

3. 写明保险期、试车期和维修期。

4. 保险金额、免赔额、费率、保费均应根据保险金额具体确定。工程结束时,应根据工程最终造价调整保额,若最终价额超过或少于原始的5%,应出具批单调整,保额原费率按日比例增加或退还。

5. 承保人与投保人进一步协商以明确以下承保内容:(1)建筑工程项目及其总金额;(2)物资损失部分的免赔额及特种风险赔偿限额;(3)是否投保安装项目及其名称、价值和试车期等;(4)是否投保施工设施和机具及其种类、使用时间、重置价值等。

二、安装工程一切险

(一)概念

安装工程一切险是指为各种机器的安装,以及钢结构工程的实施提供专门保险,主要适用于安装工厂用的机器、钢结构、起重机、设备、储油罐、吊车以及包含机械工程因素的各种建造工程项目。安装工程一切险与建筑工程一切险有着重要的区别。

1. 建筑工程保险的标的从开工以后逐步增加,保险额也逐步提高,而安装工程一切险的保险标的从一开始就存放于工地,保险公司一开始就承担着全部货价的风险,风险比较集中。在机器安装好之后,试车、考核所带来的危险以及在试车过程中发生机器损坏的危险是相当大的,这些危险在建筑工程险部分是没有的。

2. 在一般情况下,自然灾害造成建筑工程一切险的保险标的损失的可能性较大,而安装工程一切险的保险标的多数是建筑物内安装及设备(石化、桥梁、钢结构建筑物等除外),受自然灾害(洪水、台风、暴雨等)损失的可能性较小,受人为事故损失的可能性较大,这就要督促被保险人加强现场安全操作管理,严格执行安全操作规程。

3. 安装工程在交接前必须经过试车考核,而在试车期内,任何潜在的因素都可能造成损失,损失率要占安装工期内的总损失的一半以上。由于风险集中,试车期的安装工程一切险的保险费率通常占整个工期的保费的 1/3 左右,而且对旧机器设备不承担赔付责任。

总的来讲,安装工程一切险的风险较大,保险费率也要高于建筑工程一切险。

选择投保建筑工程一切险或安装险时,应依具体工程实际情况而定。建筑工程一切险的保险标的中可以包括机电安装工程内容,安装工程一切险的保险标的中也可以包括建筑工程内容。那么,如何判断一个工程需要投保建筑工程一切险抑或是安装工程一切险呢?在一般情况下,可以根据一个工程中建筑项目和安装项目各自所占金额的比例来划分。

建筑项目占造价 50% 以上的工程应投保建筑工程一切险。如果安装项目只占总保险金额的 20% 以下,则全部工程的保费都按建筑工程一切险的费率计算;如果安装项目占总保险金额的 20%～50%,则建筑项目按建筑工程一切险的费率计算保费,安装项目按安装工程一切险的费率计算保费。

同理,安装项目占 50% 以上的工程应投保安装工程一切险。如果建筑项目只占保险金额的 20% 以上,则全部工程的保费都按安装工程一切险的费率计算;如果建筑项目占保险金额的 20%～50%,则安装项目按安装工程一切险的费率计算保费,建筑项目按建筑工程一切险的费率计算保费。

(二)保险标的

安装险的投保对象为具有可保利益的工程相关利益方,均可以作为被保险人。具体为:工程所有者(订货人)、承包商或分包商、供货商及负责提供安装机器设备的一方、制造商即机器设备的制造人。如果供应商和制造人为同一个人,或者制造人和供货人为共同被保险人,那么在任何条件下,安装险对制造人风险的直接损失都不予负责。另外,技术顾问、其他关系人,如银行或其他债权人等均可作为被保险人。

安装险的标的具体包括两个部分:物质损失部分和第三者责任赔偿部分。物质损失部分的保险标的主要有:

1. 安装项目。工厂、矿山的安装机器设备、钢结构工程以及机械工程,具体包括安装的机器、设备、装置、物件、基础工程以及工程所需的各种设施,例如水、照明、通信设施等。安装工程主要可分为三类:新建工厂、矿山或某一车间生产线安装的成套设备;单独的大型机械设备装置,如发电机组、锅炉、巨型吊车等组装的工程;各种钢结构建筑物,例如储油罐、桥梁、电视发射塔之类的安装、管道、电缆的辅设工程等。

2. 土木建筑工程。土木建筑工程项目,指新建、扩建厂矿必须拥有的土建项目,例如厂房、仓库、道路、水塔、办公楼、宿舍等。如果此项目已包括在上述安装项目内,则不必另行投保,但要在保险单中说明。

3. 安装施工用机具设备。施工机具设备一般都包括在承保合同价格内,如果要投保可列入此项。

4. 场地清理费,可作为附加承保。

5. 业主或承包商在工地上的其他财产,也可作为附加承保。

6. 责任赔偿部分的保险标的即为第三者责任保险。包括因发生与本保险单所承保工程直接相关的意外事故引起工地内及邻近区域的第三者人身伤亡、疾病或财产损失,对被保险人因上述原因而支付的诉讼费用以及事先经本公司书面同意而支付的其他费用。

(三)保险金额

1. 保险单明细表中列明的保险金额应不低于:

(1)安装工程——保险工程安装完成时的总价值,包括设备费用、原材料费用、安装费、建造费、运输费和保险费、关税、其他税项和费用,以及由工程所有人提供的原材料和设备的费用。

(2)施工用机器、装置和机械设备——重置同型号、同负载的新机器、装置和机械设备所需的费用。

(3)其他保险项目——由被保险人与该公司商定的金额。

2. 若被保险人是以保险工程合同规定的工程概算总造价投保,被保险人应:

(1)在本保险项下工程造价中包括的各项费用因涨价或升值原因而超出原保险工程造价时,必须尽快以书面形式通知该公司,该公司据此调整保险金额;

(2)在保险期限内对相应的工程细节作出精确的记录,并允许该公司在合理的时候对该项记录进行查验;

(3)若保险工程的安装期超过三年,必须从本保险单生效日起每隔十二个月向该公司申报当时的工程实际投入金额及调整后的工程总造价,该公司将据此调整保险费;

(4)在本保险单列明的保险期限届满后三个月内向该公司申报最终的工程总价,该公司据此以多退少补的方式对预收保险费进行调整。

否则,针对以上各条,该公司将被视为保险金额不足,一旦发生本保险责任范围内的损失时,该公司将根据本保险单总则中第(六)款的规定对各种损失按比例赔偿。

(四)保险期限

1. 安装期物质损失及第三者责任保险:(1)该公司的保险责任自保险工程在工地动工或用于保险工程的材料、设备运抵工地之时起始,至工程所有人对部分或全部工程签发完工验收证书或验收合格,或工程所有人实际占有或使用、接收该部分或全部工程之时终止,以先发生者为准。但在任何情况下,安装期保险期限的起始或终止不得超出本保险单明细表中列明的安装期保险生效日或终止日。(2)不论安装的保险设备的有关合同中对试车和考核期如何规定,该公司仅在本保险单明细表中列明的试车和考核期限内对试车和考核所引发的损失、费用和责任负责赔偿;若被保险设备本身是在本次安装前已被使用过的设备或转手设备,则自其试车之时起,该公司对该项设备的保险责任即行终止。(3)上述保险期限的展延,须事先获得该公司的书面同意,否则,从本保险单明细表中列明的安装期保险期限终止日起至保证期终止日止期间内发生的任何损失、费用和责任,该公司不负责赔偿。

2. 保证期物质损失保险:保证期的保险期限与工程合同中规定的保证期一

致,从工程所有人对部分或全部工程签发完工验收证书或验收合格,或工程所有人实际占有或使用接收该部分或全部工程时起算,以先发生者为准。但在任何情况下,保证期的保险期限不得超出本保险单明细表中列明的保证期。

（五）赔偿处理

1. 对保险财产遭受的损失,该公司可选择以支付赔款或以修复、重置受损项目的方式予以赔偿,但对保险财产在修复或重置过程中发生的任何变更、性能增加或改进所产生的额外费用,该公司不负责赔偿。

2. 在发生本保险单物质损失项下的损失后,该公司按下列方式确定赔偿金额:(1)可以修复的部分损失——以将保险财产修复至其基本恢复受损前状态的费用扣除残值后的金额为准。但若修复费用等于或超过被保险财产损失前的价值时,则按下列第 2 项的规定处理。(2)全部损失或推定全损——以保险财产损失前的实际价值扣除残值后的金额为准,但该公司有权不接受被保险人对受损财产的委付。(3)任何属于成对或成套的设备项目,若发生损失,该公司的赔偿责任不超过该受损项目在所属整对或整套设备项目的保险金额中所占的比例。(4)发生损失后,被保险人为减少损失而采取必要措施所产生的合理费用,该公司可予以赔偿,但本项费用以保险财产的保险金额为限。

3. 该公司赔偿损失后,由该公司出具批单将保险金额从损失发生之日起相应减少,并且不退还保险金额减少部分的保险费。如被保险人要求恢复至原保险金额,应按约定的保险费率加缴恢复部分从损失发生之日起至保险期限终止之日止按日比例计算的保险费。

4. 在发生本保险单第三者责任项下的索赔时:(1)未经该公司书面同意,被保险人或其代表对索赔方不得作出任何承诺或拒绝、出价、约定、付款或赔偿。在必要时,该公司有权以被保险人的名义接办对任何诉讼的抗辩或索赔的处理。(2)该公司有权以被保险人的名义,为该公司的利益自付费用向任何责任方提出索赔的要求。未经该公司书面同意,被保险人不得接受责任方就有关损失作出的付款或赔偿安排或放弃对责任方的索赔权利,否则,由此引起的后果将由被保险人承担。(3)在诉讼或处理索赔过程中,该公司有权自行处理任何诉讼或解决任何索赔案件,被保险人有义务向该公司提供一切所需的资料和协助。(4)被保险人的索赔期限,从损失发生之日起,不得超过两年。

(六)义务履行

被保险人及其代表应严格履行下列义务:

1. 在投保时,被保险人及其代表应对投保申请书中列明的事项以及该公司提出的其他事项作出真实、详尽的说明或描述。

2. 被保险人或其代表应根据本保险单明细表和批单中的规定按期缴付保险费。

3. 在本保险期限内,被保险人应采取一切合理的预防措施,包括认真考虑并付诸实施该公司代表提出的合理的防损建议,谨慎选用施工人员,遵守一切与施工有关的法规和安全操作规程,由此产生的一切费用,均由被保险人承担。

4. 在发生引起或可能引起本保险单项下索赔的事故时,被保险人或其代表应:(1)立即通知该公司,并在七天或经该公司书面同意延长的期限内以书面报告的形式提供事故发生的经过、原因和损失程度;(2)采取一切必要措施防止损失的进一步扩大并将损失减少到最低程度;(3)在该公司的代表或检验师进行勘查之前,保留事故现场及有关实物证据;(4)在保险财产遭受盗窃或恶意破坏时,立即向公安部门报案;(5)在预知可能引起诉讼时,立即以书面形式通知该公司,并在接到法院传票或其他法律文件后,立即将其送交该公司;(6)根据该公司的要求提供作为索赔依据的所有证明文件、资料和单据。

5. 若在某一保险财产中发现的缺陷表明或预示类似缺陷亦存在于其他保险财产中时,被保险人应立即自付费用进行调整并纠正该缺陷。否则,由类似缺陷造成的一切损失应由被保险人自行承担。

(七)建筑工程一切险和安装工程一切险的免赔责任

工程保险有一大特点,即保险公司要求投保人根据不同的损失自负一定的责任,这笔由被保险人承担的损失额称为免赔额。工程本身的免赔额为保险金额的$0.5\%\sim2\%$;施工设施和机具等的免赔额为保险金额的5%;第三者责任险中财产损失的免赔额为每次事故赔偿限额的$1\%\sim2\%$,但人身伤害没有免赔额。

三、第三者责任险

(一) 概念

建筑(或安装)工程第三者责任险是建筑(或安装)工程一切险的附加责任险。保险公司根据被保险人的要求,承保所保建筑工程在保险期间内因发生意外事故造成工地邻近地区的第三者的人身伤亡、疾病或财产损失,依法应由被保险人承担的经济责任,包括被保险人因此而支付的诉讼费用以及事先经保险公司书面同意支付的其他费用。

第三者,指被保险人及保险公司以外的法人和自然人。但不包括被保险人、业主、其他承包商和分承包商等所雇用的现场工作人员。

(二) 保险责任范围与除外责任

1. 责任范围:(1)在保险期限内,因发生保险单所保工程直接相关的意外事故引起的工地内及邻近区域的第三者人身伤亡、疾病或财产损失,依法应由被保险人承担的经济赔偿责任,按规定负责赔偿。(2)对被保险人因上述原因而支付的诉讼费用以及事先经书面同意而支付的其他费用,亦负责赔偿。(3)对每次事故引起的赔偿金额以法院或政府有关部门根据现行法律裁定的应由被保险人偿付的金额为准,但在任何情况下,均不得超过保险单明细表中对应列明的每次事故赔偿限额。在保险期限内,在保险单项下对上述经济赔偿的最高赔偿责任不得超过保险单明细表中列明的累计赔偿限额。

2. 除外责任:下列各项不负责赔偿:(1)保险单物质损失项下或本应在该项下予以负责的损失及各种费用;(2)由于震动、移动或减弱支撑而造成的任何财产、土地、建筑物的损失及由此造成的任何人身伤害和物质损失;(3)工程所有人、承包人或其他关系方或他们雇用的在工地现场从事与工程有关工作的职员、工人以及他们的家庭成员的人身伤亡或疾病;(4)工程所有人、承包人或其他关系方或他们雇用的职员、工人所有的或由其照管、控制的财产发生的损失;(5)领有公共运输行驶执照的车辆、船舶、飞机造成的事故;(6)被保险人根据与他人的协议应支付的赔款或其他款项,但即使没有这种协议,被保险人仍应承担的责任不在此限。

(三)赔偿金额与费率

保险公司对每次事故的赔偿金额,根据法律或政府有关部门的应由被保险人偿付的数额确定,但不能超过保单列明的总赔偿限额。总赔偿限额是保险公司对该保单在整个保险期限内赔偿第三者责任的最高限额,这个限额一般由招标文件约定,如果招标文件没有约定则由承包商与业主协商确定。

第三者责任险的保费以总赔偿限额为基础按比例计取,费率为 0.25％～0.35％。一般来说,承包商参加投票报价时,招标文件中就限定了第三者责任险的总赔偿限额的金额。如果招标文件无特定要求,承包商可以根据工程所处地理位置来估算总赔偿限额,估算必须适度,如果限额过高则保费过高,影响报价的竞争力;如果限额过低,则一旦发生风险,得不到完全的保障。尤其在繁华地区,周围街道上车辆、行人密度大,与其他建筑之间距离较近,给第三者造成损失的可能性比较大,此时,第三者责任限额就应该相应地调高。

第三者责任的赔偿限额除必须约定保单有效期内的总赔偿额外,有时保险公司还要求针对不同的保障内容分别约定赔偿限额,如每个人的人身伤亡赔偿限额;累计人身伤亡赔偿限额;每次事故以及同一事故引起的一系列事故的财产损失赔偿限额。如果约定了后几种分项赔偿限额,金额比较低的话,对承包商是不利的。承包商应坚持不约定后三种赔偿限额,只要在第三者责任范围内,无论是第几次发生风险,也无论造成了什么样的损失,只要损失金额在总赔偿限额内,保险公司都应该赔偿。

四、人身意外伤害险

(一)概念

人身意外伤害险指被保险人在保险有效期间内,因遭受非本意的、外来的、突然的意外事故,致使其身体受伤害致残疾或死亡时,保险人按照合同规定给付保险金的保险。凡建设施工企业在建设工程施工现场从事管理和作业并与施工企业建立劳动关系的十六周岁以上(含十六周岁)六十五周岁以下(含六十五周岁),身体健康能够正常工作的人员可作为被保险人,由建设施工企业作为投保人,向保险公司投保本保险。

"非本意的"事故指偶然的、非能预见的、非能预料的事故。一般有三种形式：事故发生的原因是偶然的；事故发生的结果是偶然的；事故发生的原因和结果都是偶然的。例如，建筑工人在操作中不慎触电致残，就是非本意的。

"外来的"指伤害是由被保险人自身以外的原因所造成的。"突然的"指意外的直接原因是突然出现的，而不是早已存在的。这三点都符合的事件才能构成意外伤害。例如，建筑工人在施工过程中由于眩晕而坠落摔伤，符合"非本意的"，但不符合"外来的"和"突然的"这两个条件，因此不属于承保范围。也有些伤害尽管符合上述的三个条件，却不属于承保范围，如因战争或军事行动导致的伤害。

（二）与雇主责任险的区别

现阶段，我国尚未强制推行雇主责任险，业主招标时往往也不要求承包商投保。为有效保障雇员的合法权益，体现企业的管理水平，同时又不提高报价，承包商可以为自己派往施工现场的管理人员投保人身意外伤害险，以替代费率较高的雇主责任险。如，为30名现场管理人员投保人身意外伤害险，每人保险金额20万，费率0.2％，那么，每年的保费仅为6000元。同时，在分包合同中约定，分承包商必须为其雇员投保人身意外伤害险以保障其雇员的权益。

人身意外伤害险与雇主责任险承保的虽然都是自然人的身体和生命，两种保险的费率也一样，甚至保险责任、除外责任、赔偿责任也有很多相同之处，但是两者有本质的不同。

1. 保险标的不同

"人身意外伤害险"的保险标的是被保险人的人身，当被保险人因意外而受伤害时，保险人应当按照保险合同的约定赔偿。而"雇主责任险"的保险标的是雇主承担的赔偿责任，雇主只有对雇员履行了赔偿义务后，保险人才对雇主赔偿。构成"雇主责任险"的前提是雇主与雇员之间签订的书面雇用合同所确认的直接雇佣关系，而"人身意外伤害险"并不局限于这种雇佣关系，只要投保人认为与被保险人之间有利害关系就可以为他投保，这种利害关系包括亲友关系、同事关系等。

2. 保障的范围不同

（1）对职业病的保障不同。"人身意外伤害险"对职业病是不予承保也不予赔偿的，而"雇主责任险"对雇员在受雇期间因职业病导致的损害给予承保和赔偿。

(2)对第三人侵权的保障不同。"人身意外伤害险"仅对被保险人的损害进行补偿,如果被保险人对第三人侵权致有损害需要赔偿时,适用侵权行为法的规定,由被保险人自己承担民事责任,雇主、保险人均不承担赔偿责任;而"雇主责任险"则不同,当雇员在完成雇主交付的工作或者任务时,侵犯了第三人的合法权益导致第三人损害的,雇主与雇员承担连带赔偿责任,雇主赔偿给第三人的损失可向保险人索赔。

(3)保障的期间不同。在保单有效期内,"雇主责任险"只保障雇员在受雇并且在执行任务期间;虽然在保险期间,但雇员所受伤害或者侵犯第三人权益并不是发生在执行雇主安排的任务,或者与完成安排的任务有关的活动期间,雇主是不承担赔偿责任的,保险人也就当然地不承担对雇主的赔偿义务。而"人身意外伤害险"不同,只要在保单有效期内,排除合同规定的除外责任的情形,无论被保险人是在受雇期间并执行任务,还是受雇期间不执行任务,还是不受雇也不执行任务,被保险人由于意外事故受到伤害都能得到保险人的赔偿。

(4)投保人的范围不同。"雇主责任险"的投保人是雇主,雇主为了自己的利益购买雇主责任险。另外,政府或者政府职能部门为落实安全生产责任,也愿意为本地区高风险行业的雇员投保"雇主责任险",政府及其职能部门也是"雇主责任险"的投保人。雇员不能为自己购买"雇主责任险",不能成为"雇主责任险"的投保人。

"人身意外伤害险"的投保人是多样的。雇主可以为自己买,也可以为雇员购买,还可以为与他有关系的第三人购买,雇主就是投保人;雇员也可以为自己购买,雇员自己是投保人;当然与被保险人有关系的第三人也可以为被保险人购买"人身意外伤害险",这时与被保险人有关系的第三人就是投保人。由于"人身意外伤害险"的保单具有商品属性,一般排除政府或者政府部门作为本保险的投保人。

(5)被保险人不同。"人身意外伤害险"的被保险人是保险合同中指明的具体的人,虽然是同一个单位或者是同一个企业甚至是同一条船的人,如果某雇员的名字不在保险名单中,这个人就不是被保险人;而"雇主责任险"的被保险人是雇主,虽然雇主在投保时按规定向保险人提交了与雇员签订的劳动保险合同或者提交了签订劳动合同的全体雇员名单,但是确定的雇员名单不是保险项下的被保险人。

(6)保险受益人不同。"人身意外伤害险"的被保险人可以指定与他有利害关系的第三人为受益人。如果被保险人没有指定受益人,被保险人在事故中伤残的,保险金一般由被保险人自己享受。如果被保险人在事故中死亡的,被保险人指定受益人的,那么被指定的人是保险受益人;没有指定受益人的,保险金按照法定继承的方式由法定继承人继承,法定继承人为保险受益人。

"雇主责任险"的受益人只能是雇主。雇主如果先于雇员死亡,那么雇主的法定继承人在处理完与雇员的赔偿后是"雇主责任险"赔偿金的法定继承人;如果雇主在投保时指定了受益人的,那么被指定的人就是"雇主责任险"赔偿金的受益人。由于雇员不是"雇主责任险"的被保险人,因此,雇员不能指定第三人为保险赔偿金的受益人。

(7)两种赔偿金的处理方式不同。事故赔偿金与保险赔偿金是两个不同的赔偿金。"人身意外伤害险"的保险赔偿金是由保险人支付给受益人的,被保险人或者被保险人的法定继承人有权按照法律的规定继续向雇主或其他肇事者提出人身伤害赔偿请求,请求事故赔偿金,雇主或其他肇事者履行赔偿义务的,保险赔偿金不在事故赔偿金中扣除;而"雇主责任险"的保险赔偿金不是支付给受害的雇员或者他的法定继承人的,而是支付给雇主的,或者支付给雇主指定的受益人或者他的法定继承人的,雇员只能得到雇主的事故赔偿金,不能得到"雇主责任险"的保险赔偿金。如果雇主在赔偿雇员时的事故赔偿金低于雇主购买保险时的保险金额或赔偿约定,保险人只在雇主与雇员的赔偿协议范围内赔偿,不能超额赔偿,否则雇主就属不当得利,容易引发道德风险;如果雇主在赔偿雇员时的事故赔偿金超过了雇主购买保险时的保险金额或赔偿约定,保险人不赔偿超出的部分或者超出赔偿约定以外的损失,保险人的承保金额也就是"雇主责任险"的赔偿限制。

五、十年责任险

(一)概念

根据国家法律规范要求强制投保的一种责任保险,承建房屋、公共建筑物、工业厂房和烟囱及桥涵工程的承包商或分包商就其承建工程的主体部分投保十年责任险(Liability for Ten Years)。承包商在工程临时验收前必须向工地所在国指定的保险公司投保,否则工程不予验收。

十年责任险的被保险人是业主或工程所有人;保险人是政府批准的保险人(受理十年责任险的保险公司);保险期限是最后验收之日起十年内出现的因建筑缺陷或隐患而造成的损失负赔偿责任。

有些国家强制要求承包商在工程竣工验收前,为其承包工程的主体部分投保十年责任险,究其原因在于,建筑工程寿命期长与承包商流动性强且保修期一般都只有一年,而潜在缺陷一般都在后来使用过程中发现,保险期后一旦对工程造成损坏,承包商可能根本无力赔偿,工程保险的保险期限也已经终止,所以十年责任险是保障业主利益的,业主是被保险人。而承担工程潜在缺陷的责任主体为承包商、分包商、供应商、设计者、监理单位等。

(二)十年责任险的保险责任

1. 工程正式验收前:负责主体工程全部或部分倒塌造成的损失,不包括场地清理费。

2. 工程正式验收后:保险范围内的工程本身的物质和非物质损失,包括场地清理费。

3. 十年责任险具有排他性:不允许重复保险。

十年责任险的责任范围并非始终不变的。工程正式验收前,十年责任险仅保证对因主体工程全部或部分倒塌所造成的损失负赔偿责任,这阶段的十年责任险不含场地清理费。工程最后验收后,十年责任险承担对因本保险范围内工程本身的物质和非物质损失负赔偿责任,而且灾后清理所必需的费用亦在赔偿之列。

(三)保险的除外责任

1. 被保险人或其雇员的蓄意破坏、发生偷窃或欺诈行为。

2. 直接或间接的火灾或爆炸造成的损失,除非因为工程缺陷引发的火灾或爆炸。

3. 采矿引起的地层震动。

4. 自然灾害如地震、洪灾、暴雨和飓风。

5. 战争、核裂变的直接或间接后果。

6. 属于承包商的维修义务。

7. 验收时明文提出的保留部分。

(四) 保险金额、保费、免赔额

1. 保险金额:保险标的工程总额。如包括防水工程,须另附说明,费率为总保险费的 5%。

2. 保险费:0.45%～0.70%。此费率根据国家有关法律制定,无商讨的可能。十年责任险的保险费必须在工程最后一次验收前一次付清。临时验收时,按投保人申报的实施工程估算价,根据要求费率计算,另加特别要求的费用;最后验收时,根据工程的最后结算价调整,任何导致保险费额变化的追加工程费或工程费变化均奕如实申报,否则保险人有权拒付赔偿金。罚款及其相关的民事诉讼费不计入保险金额。

3. 免赔额:逐年减少。验收后第一年为 95%,第九年为 5%。

(五) 十年责任保险的三大体制

1. 生效选择权制定

(1) 投保人在项目立项或开工时与保险人签订保险意向书。

(2) 保险人聘请独立机构对工程勘察、设计、施工和验收的全过程进行监督。

(3) 完工时,保险人决定是否承保。

此处值得指出的问题是,保险人具有完全的选择权,如果项目未能达到承保的基本条件,保险人不退已经收取的保险费(独立机构的费用)。

2. 技术检验服务制度(TIS)

保险人或其聘请的独立机构对项目全过程的技术监督服务:

(1) 能够对项目建设的工程质量进行监督;

(2) 能够为保险人提供一个对工程质量的客观和科学的判断。

技术检验服务制度的特点是:前期积极地参与监督和管理,控制风险,而不是事后的消极补偿。

3. 放弃追偿制度

指保险人对有关方面履行了保险赔偿责任后,不再向保险单列明的责任方进行追偿。

放弃追偿制度产生的原因:(1)实现社会的稳定;(2)这种放弃是建立在保险人

对项目建设全过程的跟踪、监督基础上的;(3)高额的保险费。

六、其他险别

(一)机动车辆险

车辆保险,即机动车辆保险,简称车险,也称作汽车保险。车辆是指汽车、电车、电瓶车、摩托车、拖拉机、各种专用机械车、特种车。它是指对机动车辆由于自然灾害或意外事故所造成的人身伤亡或财产损失负赔偿责任的一种商业保险。汽车保险是财产保险的一种,在财产保险领域中,汽车保险属于一个相对年轻的险种,这是由于汽车保险是伴随着汽车的出现和普及而产生和发展的。同时,与现代机动车辆保险不同的是,在汽车保险的初期是以汽车的第三者责任险为主险的,并逐步扩展到车身的碰撞损失等风险。

(二)货物运输险

货物运输保险是以运输途中的货物作为保险标的,保险人对由自然灾害和意外事故造成的货物损失负责赔偿责任的保险。类型分为:铁路货物运输保险、水路货物运输保险、航空货物运输保险、公路货物运输保险。由于投保险别不同,其保险费率各异,赔偿的范围也有区别。所以外贸公司应根据出口商品的性质、不同的运输工具、路程的远近、季节性天气的变化,以及运抵国当时的具体情况等有关因素决定投保哪一种险别较合理。

通常情况下,在 CIF 情形下保险单上的被保险人应是发货人(特别是在 L/C 下,应为 L/C 受益人)。但有时进口商要求以他们为被保险人(多见于 L/C 或装运前汇付 T/T 情形下),到时直接由进口商向保险公司索赔(如发生意外)。但对于此种情形应须保证我方的收汇保障,因价格条款不同,投保方可能是卖方,也可能是买方。

在我国,进出口货物运输最常用的保险条款是 C.I.C.中国保险条款,该条款是由中国人民保险公司制订,中国人民银行及中国保险监督委员会审批颁布的。C.I.C.保险条款按运输方式来分,有海洋、陆上、航空和邮包运输保险条款四大类;对某些特殊商品,还配备有海运冷藏货物、陆运冷藏货物、海运散装桐油及活牲畜、家禽的海陆空运输保险条款,以上八种条款,投保人可按需选择投保。

基本分类:(1)海洋货物运输保险;(2)陆上货物运输保险;(3)航空货物运输保险。

进出口货运险 CIC 条款按承保保险责任的大小分为:(1)海运条款:平安险(FPA)、水渍险(WPA)、一切险(ALL RISKS);(2)陆运条款:陆运险(OVERLAND TRANSPORTATION RISKS)、陆运一切险(OVED TRANSPORTATION ALL RISKS);(3)航空条款:空运险(AIR TRANSPORTATION RISKS)、空运一切险(AIR TRANSPORTATION ALL RISKS);(4)邮包条款:邮包一切险(PARCEL POST ALL RISKS);(5)海运冷藏条款:海运冷藏险(RISKS FOR FROZEN PRODUCTS)、海运冷藏一切险(ALL RISKS FOR FROZEN PRODUCTS)、陆运冷藏货物、海运散装桐油及活牲畜、家禽保险条款没有险别大小的分类。

在国际货物运输中,基本上仍以海上货物运输为主,因此,我们单独介绍海上货物运输险。

1. 主要保险范围

(1)平安险。保险人主要负责下列保险事故造成的保险货物的损失、责任和费用:(a)因恶劣气候、雷电、海啸、地震、洪水自然灾害造成整批货物的全部损失;(b)由于运输工具遭受搁浅、触礁、沉没、互撞、与流冰或其他物体碰撞、失火、爆炸意外事故造成货物的损失;(c)在运输工具遭受意外事故的情况下,货物在此前后又在海上遭受自然灾害所造成的损失;(d)在装卸、转运时由于一件或数件整件货物落海造成的损失;(e)被保险人对遭受承保责任范围内危险的货物采取抢救、防止或减少货损的措施而支付的合理费用;(f)运输工具遭遇海难后,在避难港由于卸货所引起的损失以及在中途港、避难港由于卸货、存仓以及运送货物所产生的特别费用;(g)共同海损的牺牲、分摊和救助费用;(h)运输契约订有"船舶互撞责任"条款,根据该条款规定应由货方偿还船方的损失。

(2)水渍险。除包括上列平安险各项责任外,还负责被保险货物因自然灾害所造成的部分损失。

(3)一切险。除包括上列平安险、水渍险的各项责任外,还负责被保险货物在运输途中由于外来原因所致损失,它包括下列 11 种条款:(a)偷窃、提货不着险条款；(b)淡水雨淋险条款；(c)短量险条款；(d)混杂、沾污险条款；(e)渗漏险条款；(f)碰损、破碎险条款；(g)受潮受热险条款；(h)钩损险条款；(i)包装破裂险条款；(j)锈损险条款。

2. 免责条款

(1)被保险人的故意行为或过失所造成的损失；

(2)属于发货人责任所引起的损失；

(3)在保险责任开始前，被保险货物已存在的品质不良或数量短差所造成的损失；

(4)被保险货物的自然损耗、本质缺陷、特性以及市价跌落、运输延迟所引起的损失或费用；

(5)战争险条款和罢工险条款规定的责任范围和除外责任。

3. 海损的界定

海上货物运输的损失又称海损(Average)，指货物在海运过程中由于海上风险而造成的损失，海损也包括与海运相连的陆运和内河运输过程中的货物损失。海上损失按损失的程度可以分成全部损失和部分损失。

(1)全部损失

全部损失又称全损，指被保险货物的全部遭受损失、有实际全损和推定全损之分。实际全损是指货物全部灭失或全部变质而不再有任何商业价值。推定全损是指货物遭受风险后受损，尽管未达实际全损的程度，但实际全损已不可避免，或者为避免实际全损所支付的费用和继续将货物运抵目的地的费用之和超过了保险价值，推定全损需经保险人核查后认定。

(2)部分损失

不属于实际全损和推定全损的损失，为部分损失。按照造成损失的原因可分为共同海损和单独海损。

在海洋运输途中，船舶、货物或其他财产遭遇共同危险，为了解除共同危险，有意采取合理的救难措施所直接造成的特殊牺牲和支付的特殊费用，称为共同海损。在船舶发生共同海损后，凡属共同海损范围内的牺牲和费用，均可通过共同海损清算，由有关获救受益方(即船方、货方和运费收入方)根据获救价值按比例分摊，然后再向各自的保险人索赔。共同海损分摊涉及的因素比较复杂,一般均由专门的海损理算机构进行理算(Adjustment)。

不具有共同海损性质,未达到全损程度的损失,称为单独海损。该损失仅涉及船舶或货物所有人单方面的利益损失。

按照货物险保险条例,不论担保何种货运险险种,由于海上风险而造成的全部损失和共同海损均属保险人的承保范围。对于推定全损的情况,由于货物并未全部灭失,被保险人可以选择按全损或按部分损失索赔。倘若按全损处理,则被保险人应向保险人提交"委付通知"。把残余标的物的所有权交付保险人,经保险人接受后,可按全损得到赔偿。

(3)相关费用

海上风险还会造成费用支出,主要有施救费用和救助费用。所谓施救费用是指被保险货物在遭受承保责任范围内的灾害事故时,被保险人或其代理人或保险单受让人,为了避免或减少损失,采取各种措施而支出的管理费用。所谓救助费用是指保险人或被保险人以外的第三者采取了有效的救助措施之后,由被救方付给的报酬。保险人对上述费用都负责赔偿,但以总和不超过货物险保险金额为限。

(三)预期利润损失险

在我国,预期利润损失险开展得较少,国际上预期利润损失险与建筑工程一切险相辅相成,这个条款主要用于保障业主的利益,指由于工程延误导致的经济损失。它只保障由于建筑工程一切险所承保的损失的延误,因此,建筑工程一切险的责任范围越广泛,则预期利润损失险的责任范围也越广泛。

保险公司一般要求建筑工程一切险和预期利润损失险同时生效。因为在物质损失后保险公司如果可以控制工程的恢复情况,也就能控制预期利润的损失程度。例如,保险公司可以以经济上进行分析比较后,决定花费额外的费用对损失进行紧急修复,以缩短延误的工期。

预期利润损失险的赔偿期限的开始日为:如果不发生损失,开始日为投保工程应该开始营业之日;一旦发生损失导致工期拖延,未能如期开始营业,开始日为被保险人提供确切证明有效的起期日,如原定的工期计划等。一般来说,引致预期利润损失的风险往往已经先引发了物质损失,所以保险公司在处理物质损失赔偿时,就已经掌握了预期利润损失保险的证据。保险公司在赔偿期限内,只要营业活动未遭受影响,保险公司就应该负责赔偿。

预期利润损失险只承保保险责任范围内导致的延误,在大型、复杂的工程中,保险公司应该派专人监督工程的实施过程。

(四)社会福利险

对社会福利保险,虽然各国有不尽相同的规定,但是大致包括享受伤残、失业、退休、死亡的社会福利和救济待遇。这种保险对于受雇佣的外籍人员显然不是很合理,因为他们并不属于工程所在国定居的长期居民。

由于有的国家对此有强制的法律规定,承包商不得不遵守其规定。外国承包商可以要求在外籍雇员离开这个国家时由保险公司退还一部分社会福利保险金,至于退还的比例,则需根据这个国家的具体规定。也有的国家对签有避免双重税收协定的国家,而且该协定中明确包括社会福利税在内的外籍人员,在出示在其本国已交纳社会福利税或已进行相应保险的证明后,可以免除再进行社会福利保险(如美国)。

(五)责任险

就建筑工程而言,一般责任险主要包括:业主责任险和承包商责任险。

承保因被保险房产的所有权,维持和使用而产生的责任,并承保该房产因用于经营活动而产生的责任的保险称为业主责任险。这种保险排除由完工和产品责任险承保的各种损失以及因结构改造造成的损失。

业主责任险对每次事故中的人身伤害和财产损失都规定有单独的赔偿限额。

承包商责任险中的承包商在工程承包活动中具有双重身份,即对于业主,承包商是卖方,他应对由其实施的工程或其制造的产品承担质量和工期责任;对于工人,承包商是雇主,他应为雇员的安全、健康承担责任。因此,承包商既要购买完工和产品责任险,也必须投保雇主责任险。

在FIDIC新版合同条件中,明确地规定了业主负责的风险与承包商负责的风险类别。

业主负责的风险包括:(a)战争以及敌对行为;(b)工程所在国内部起义,恐怖活动,革命等内部战争或暴动;(c)在工程所在国发生的、非承包商人员造成的暴乱、骚乱和混乱等；(d)军火和其他爆炸性材料，放射性材料造成的离子辐射或污染等造成的威胁；(e)飞机以及其他飞行器造成的压力波；(f)业主占有或使用部分永久工程；(g)业主方负责的工程设计；(h)一个有经验的承包商也无法合理预见并采取措施来防范的自然力的作用。对于主体工程、现场存放的永久设备和材料、承包商的文件与施工机具，所办理的保险必须覆盖上述各类风险之外的所有风险，主要包括承包商自己负责的错误设计，项目财产被盗窃和抢劫，承包商人员缺乏经验、疏忽、过失或其他行为导致的损失以及其他意外事件等。此外，保险覆盖的风险还必须包括上述业主负责的风险中的第(c)项、第(g)项和第(h)项三项。对于保险不能覆盖的其他五项风险，一旦引起损失，须由业主承担。

对于给第三方造成的损失和损害，保险覆盖的风险主要是承包商负责的一切风险造成的损害，但如果按正常的商业条件能办理的话，也应包括业主负责的某些风险。在实践中，建筑（或安装）工程一切险保险单基本上覆盖了上述风险。但是应当注意，作为保险业的惯例，工程一切险保险单可能包括许多除外责任。因此在投保时，应核实保险单覆盖的风险与本条要求的是否一致，若不一致，除了此保险单外，仍需要进行补充保险。如此类保险单通常不覆盖设计错误造成的损失，因此投保方（承包商或业主）可能需要办理单独的设计责任险保险单，以满足 FIDIC 合同条件中的上述规定。但在实际操作中，为了避免遗漏某些风险，承包商投保时可以将合同要求保险覆盖的风险作为投保条件，让保险公司按要求承保。一般情况下，保险公司会根据要求来调整保险单格式条款的规定，但同时可能会提高保险费率。对于承包商人员的保险，新版 FIDIC 要求保险覆盖伤亡、生病或疾病等原因产生的各类费用损失。这些风险一般通过办理雇主责任险保险单就能覆盖。但有时保险公司提供的此类保险单中，只覆盖人员意外伤残或死亡的风险，不包括生病或疾病的风险。如某保险公司的雇主责任保险条款就规定，本保单的责任范围为：从事本保单所载明的被保险人的业主有关工作时，遭受意外而致受伤、死亡或患有与业务有关的职业性疾病所致伤残或死亡。通过本规定可以看出，本保单所覆盖的仅仅为职业病，对于其他疾病保险公司则不赔偿，这比 FIDIC 要求覆盖的责任范围窄了很多。这一点在投保时应提出在此基础上扩大保险公司责任范围，以满足合同要求，但这同样可能导致较高的保险费率。

（六）政治风险保险

政治风险保险是信用保证保险的一种。但因政治风险所造成的损失往往是致命的，因此许多国家的保险公司纷纷开辟了政治风险的保险业务。但因政治事件的不确定性，很难根据历史上同类事件的发生概率判断出其发生的可能性，也不易预测其损失的严重性，更不能通过预防措施以控制风险，因此，很难为政治风险保险规定出保险额和保险费率。

政治风险保险通常不是单一险种，而是以加保形式办理的。主要的是战争险和罢工险。

它承保外国投资者因下列原因造成的损失：(1)战争、类似战争行为、叛乱、罢工及暴动。(2)政府当局征用或没收。(3)政府有关部门汇兑限制，使投资者不能按规定把可以汇出的外汇汇出。该保险通常与工程保险或财产保险一起投保，保险金额的最高限额为投资金额的 90%。

保险费率是按照投资额的一定比例收取保险费的。保险费率是根据保险期限的长短、工程项目以及地区条件的不同情况在投保时由双方约定的。该保险分长期和 1 年期两种。1 年期保险到期后可以续转，条件另议。长期保险期限最长的为 15 年，最短的为 3 年。在发生保险责任范围内的损失时，一般按投资金额与保险金额的比例进行赔偿。

赔偿期限，根据不同的保险责任有不同规定。主要有以下三个方面：(1)政府有关部门征用、没收引起的投资损失，在征用、没收发生满 6 个月后赔偿。(2)战争、类似战争行为、叛乱、罢工及暴动造成投资项目的损失，在提出损失证明后或被保险人投资项目终止进行 6 个月后赔偿。(3)政府有关部门汇兑限制造成的投资损失，自被保险人提出申请汇款 3 个月后赔偿。

（七）汇率保险

汇率风险是指汇率波幅所造成的风险。汇率波幅会影响海外贸易和投资盈亏、亦有不少人视汇率的波幅为投机获利的机会。各国的中央银行均负债控制汇率的波幅、确保金融体系的稳定。

汇率保险是近十年来新兴保险。这种保险目前仅在少数发达国家实行，尚无统一标准，因此有关保额、保险费率及除外责任者由保险双方共同商定。

【案例裁决】

建筑工程一切险保险合同

第一条　责任范围

本公司对承保的建筑工程,由于下列原因造成的损失和费用,根据保单明细表规定,负责赔偿:(1)洪水、潮水、水灾、地震、海啸、暴雨、风暴、雪崩、地崩、山崩、冰冻、冰雹及其他自然灾害;(2)雷电、水灾、爆炸;(3)飞机坠毁、飞机部件或飞行物体坠落;(4)盗窃;(5)工人、技术人员缺乏经验、疏忽、过失、恶意行为;(6)原材料缺陷或工艺不善所引起的事故;(7)除本条款第二条除外责任以外的其他不可预料和突发事故。

发生上述损失事故后,现场的必要清除费用,本公司也可赔偿,但以不超过附表列明的保险金额为限。

第二条　除外责任

本公司对下列各项,不负责赔偿:(1)被保险人及其代表的故意行为和重大过失引起的损失、费用或责任;(2)战争、类似战争行为、敌对行为、武装冲突、没收、征用、罢工、暴动引起的损失、费用或责任;(3)核反应、辐射或放射性的污染引起的损失、费用或责任;(4)自然磨损、氧化、锈蚀;(5)错误设计引起的损失、费用或责任;(6)换置、修理或矫正标的本身原材料缺陷或工艺不善所支付的费用;(7)非外力引起的机械或电器装置的损坏或建筑用机器、设备、装置失灵;(8)全部停工或部分停工引起的损失、费用或责任;(9)各种后果损失如罚金、耽误损失、丧失合同;(10)文件、账簿、票据、现金、有价证券、图表资料的损失;(11)保单中规定应由被保险人自行负担的免赔额;(12)领有公区运输用执照的车辆、船舶和飞机的损失;(13)盘点货物当时发现的短缺;(14)本公司建筑工程第三者责任险条款规定的责任范围和除外责任。

第三条　保险期限

本保险在保单列明的建筑期限内自投保工程动工日或自被保险项目被卸至建筑工地时起生效,直至建筑工程完毕经验收时终止。但本保险的最晚终止期应不超过保单中所列明的终止日期。保险期限的扩展,必须事先获得本公司的书面同意。

第四章　涉外工程承包保险

第四条　保险金额

建筑工程应为保险标的建筑完成时的总价值,包括运费、安装费、关税等。建筑用机器、设备、装置应按重置价值计算。其他承保项目应按投保人和本公司商定的金额。

第五条　被保险人的义务

一、被保险人应采取合理的预防措施,避免投保工程工地发生意外事故,对本公司代表提出的合理化防损建议应认真考虑,并付诸实施。

二、发生本保险单承保的损失事故后,被保险人应立即通知本公司,并用书面提供详细经过。

三、为便于调查,被保险人在检验损失前应保护事故现场。

四、为防止损失扩大,被保险人应采取一切必需的措施将损失减少至最少限度。对有益的合理措施费用,本公司可予以偿付。但本项费用和赔款总额以不超过受损的被保险项目保额为限。

五、保险内容如有变化(如保险项目有增减、工程期限缩短或延长、保险金额应调整等),被保险人应及时书面通知本公司,办理批发手续。

六、被保险人及其代表对上述规定的义务,如故意不执行,本公司不负赔偿责任。

第六条　索赔和赔款

一、被保险人向本公司索赔时,应提供必要的有效的证明单据,作为索赔依据。

二、本公司的赔款以恢复投保项目受损前的状态为限,受损项目的残值应予扣除。

三、赔款可以现金支付,也可以重置受损项目或予以修理代替之。总赔款金额不得超过保单规定的保险金额。

四、保险金额如低于本条款第四条规定的数额,其差额视为被保险人所自保,本公司仅按保险金额与本条款第四条规定数额的比例赔偿。

五、本公司赔付损失后,如需恢复原保险金额,该恢复部分应另交原保险费率按日计算的保费。

六、本保险单负责赔偿的损失、费用或责任,如另有别家公司保险的存在,不论为被保险人或他人所投保,或不论该保险赔偿与否,本公司仅负责按比例分担赔偿的责任。

第七条　争议

被保险人与本公司之间的一切有关本保险的争议应通过友好协商解决。如果协商达不成协议的,按下列第_____种方式解决:

(一)提交_____仲裁委员会仲裁;

(二)依法向人民法院起诉。

建筑工程第三者责任险条款

第八条　本保单所保的建筑工程,在保险期限内,因发生意外事故,造成在工地及邻近地区的第三者人身伤亡、疾病或财产损失,依法应由被保险人负责时,以及被保险人因此而支付的诉讼费用和事先经本公司书面同意支付的其他费用,均可由本公司负责赔偿。

第九条　本公司对每一事故的赔偿金额以根据法律或政府有关部门裁定的应由被保险人偿付的数额为准,但不能超过本保单列明的赔偿限额。

被保险人或其代表未经本公司的书面同意,不能作出任何承诺、出价、约定、付款或赔偿。

第十条　本公司对下列各项不负赔偿责任:(1)明细表列明的应由被保险人自行负担的免赔额;(2)保险人和其他承包人在现场从事工程有关工作的职工的人身伤亡和疾病;(3)被保险人及其他承包人或他们的职工所有的或由其照管、控制的财产的损失;(4)由于震动、移动或减弱支撑而造成的其他财产、土地、房屋的损失或由于上述原因造成的人身伤亡或财产损失;(5)领有公区运输用执照的车辆、船舶和飞机造成的事故;(6)被保险人根据与他人的协议支付的赔偿或其他款项。

第十一条　本条款为本公司建筑工程一切险的附加条款。

建筑工程一切险投保申请书

本申请书由投保人如实和尽可能详尽地填写并签字后作为向承保人投保建筑工程一切险的依据。本申请书为该工程保险单的组成部分。

顺序号	工程关系方	姓名和地址	是否被保险人?
1	所有人		
	承包人		
	转承包人		
	其他关系方		
2	工程名称及地点		
3	工程期限			
	首批被保险项目运至工地日期		年　　月　　日	
	建筑期限		自　年　　月　　日 至　年　　月　　日	
4	物质损失投保项目和投保金额			
	投保项目		投保金额	免赔额
	(1) 建筑工程(包括永久和临时工程及材料) (2) 所有人提供的物料及项目 (3) 包装工程项目 (4) 建筑用机器、装置及设备(另附清单) (5) 场地清理费 (6) 工地内现成的建筑物 (7) 所有人或承包人在工地上的其他财产(列明名称)			
	物质损失总投保金额			
	特种危险赔偿限额			
5	危险种类		赔偿限额	免赔额
	地震、海啸			
	洪水、暴雨、风暴			

续表

顺序号	工程关系方	姓名和地址	是否被保险人？
6	工程详细情况		
	体积：长、高、深度、层数、地下室层数		
	地基施工方法、挖掘深度		
	主体工程施工方法		
	建筑材料		
	拆除项目		
7	工地及附近自然条件情况		
	地形特点		
	地质及底土条件		
	地下水水位		
	最近的河、湖、海的名称、距离和以往最低、一般和最高水位		
	以往最大降雨量记录		
	以往遭受自然灾害（如地震、洪水）记录		
8	是否投保第三者责任？如是，请列明下列各项： (1) 每次事故的赔偿限额有免赔额 　　　　　　　赔偿限额　　　　免赔额 a. 人身伤害 　每人 b. 财产损失 (2) 总赔偿限额		
9	是否投保证期保险，如是，请列明保证期期限：		
10	被保险人中的任何一方是否已向其他保险公司投保与本工程有关的保险？如是，请列明保险公司名称、保险种类、保险金额和主要保险条件：		

请随同本申请书提供下列文件：

（1）工程合同　　　　　　　　投保人签章

（2）承包金额明细表

（3）工程设计书

（4）工程进程表　　　　　　　_____

（5）工地地质报告

（6）工地略图　　　　　　　　日期_____年____月____日

建筑工程一切险保险单

保险单号_____

××保险公司根据投保人第_____号申请书，在投保人缴付约定的保险费后，同意按本保险单条款、附加条款及批单的规定以及明细表所列项目及条件承保建筑工程一切险，特立本保险单为凭。

上述投保申请书为本保险单的组成部分。

明细表

投保人姓名和地址	被保险人姓名、地址及其在本工程中的身份
建筑工程名称和地点	

物质损失		
保险项目	保险金额	免赔额
1. 建筑工程（包括永久和临时工程及物料） 2. 所有人提供的物料及项目 3. 安装工程项目 4. 建筑用机器、装置及设备（另附清单） 5. 场地清理项目 6. 场地清理费 7. 工地内现成的建筑物 8. 所有人或承包人在工地的其他财产 （列明名称）		

续表

投保人姓名和地址	被保险人姓名、地址及其在本工程中的身份
物质损失总保险金额	

特种危险赔偿限额		
危险种类	赔偿限额	免赔额
地震、海啸		
洪水、暴雨、风暴		

第三者责任		
保险项目	赔偿限额*	免赔额
1. 人身伤亡 　　每人 　　总额 2. 财产损失		
总赔偿限额		

保险期限	
建筑期限： 自　　年　　月　　日起 至　　年　　月　　日止	加保的保证期限 自　　年　　月　　日起 至　　年　　月　　日止

保险费总额
附加条款及批文

　　　　　　　　　　　　　　　　　　_____保险公司

　　投保申请书日期_____年____月____日

　　保险单签发日期_____年____月____日

　　＊　每次事故引起的损失的赔偿限额

【延伸阅读】

建筑工程一切险重大过失免责条款释疑

[案情介绍]

某港务工程公司承建了一个5000吨级码头,并向保险公司投保了建筑工程一切险,保险期限为2001年12月8日至2002年12月7日。2002年5月21日下午16时,施工水域开始急涨水,伴随着6～7级东南风,浪高约达3米高。16时45分,停靠在码头工作平台南侧的134号平板工作船发现走锚,由于现场没有拖轮可以安排前去救助走锚的134号船,17时06分,134号船开始碰到码头的工程桩,船的右舷与固定桩的槽钢碰撞,生活区的船楼被碰坏。工程项目部在不得已的情况下安排停靠在码头东侧的8号工程打桩船前往强行带缆134号船,18时10分,8号船的缆绳带上134号船,但直到19时30分现场涨水变慢,8号船才将134号船拖离码头桩。

事故发生后,现场检查发现5000吨级码头海侧共被撞断6根Φ1000桩,经委托市质量检测中心,检测发现除了上述6根桩有明显缺陷外,另有11根桩有轻微损伤。该港务工程公司以该事故属于自然灾害原因造成的物质损失,向保险公司提出RMB921184.49元的索赔。

[分析及结论]

保险公司认为该次事故是由于被保险人的重大过失造成的,被保险人在收到气象局关于工地区域有东南风6～7级阵风8级的气象预报后,未根据该公司的施工组织设计要求将所有工程船舶拖运到附近岛屿避风,导致船舶走锚与码头发生碰撞。保险人根据建筑工程一切险保单总除外责任第二条免责条款"被保险人及其代表的重大过失引起的任何损失、费用和责任"的规定,对该事故造成的损失不负责赔偿。

此案合同双方的争论焦点为施工单位的行为是否构成重大过失。虽然保险合同有对重大过失的免责条款,但是对重大过失本身没有明确的定义,这也是导致双方争议的主要原因。

在民法理论中,一般将重大过失与轻过失(又称一般过失)加以区分,有的理论还有重大过失、轻过失、轻微过失的分级之说。重大过失与轻过失及轻微过失均不同,是指当法律对某种行为人在某种情况下,应当注意和能够注意的程度有较高要求时,行为人不但没有遵守法律对其较高的要求,甚至用连普通人都应注意并能注意的一般标准衡量也未达到的过失状态。我国《合同法》第53条第2款也规定:因故意或者重大过失造成对方财产损失的免责条款无效。

从承包商的施工日记中可以发现,承包商于2002年5月20日晚收到气象预报,预报5月21日杭州湾工地附近的风力为东南风6～7级阵风8级。根据承包商的施工组织设计,对于7级以上风力的情况,在大风浪来临前应提前将所有工程船舶(非自航)拖运到避风锚地避风。但是施工单位对于实际风浪情况存在侥幸心理,为了抢工期进度,违反施工组织设计的规定,没有在大风浪来临之前做好船舶的避让工作,只是将工程船舶停在现场用4个开锚固定船身,直接导致了此次事故的发生。

从重大过失的客观要件来看,该次事故是一起违反国家规定,降低工程质量标准和管理标准,造成重大安全事故的行为。国家关于施工许可的法律文件规定了工程承包商应严格按照有关法律、法规和工程建设技术标准的规定,编制施工组织设计。施工组织设计要根据建筑工程的特点,制定相应的质量、安全技术措施;专业性较强的工程项目应编制专项质量、安全施工组织设计,并按照规定办理工程质量、安全监督手续。因此,经过审查的施工组织设计从内容来说,代表了国家的法律法规要求,应严格执行。本案中被保险人严重违反了施工组织设计关于施工船舶避风的管理规定,行为客观上存在着重大过失,应由其承担该过失责任,而不是由保险公司来承担该损失。

从重大过失的主观要件看,这种过失可以是出于疏忽大意的过失,也可以是过于自信的过失,即被保险人或因疏忽大意没有预见到后果,或者已经预见到会发生某种严重后果,但轻信能够避免,以致发生了严重后果。该起事故应属后一种情况。

因此,从事故的主客观要件看,本次事故已构成重大过失。经被保险人和保险公司多次谈判,最终双方达成一致,该次事故的原因属保单的除外责任,保险公司对此造成的损失不负责赔偿。

第三节 FIDIC 红皮书关于保险各类的不同规定

【本节要点】本部分内容主要介绍 FIDIC 第 18 条[保险]对国际工程保险的具体规定。FIDIC 银皮书、黄皮书和红皮书关于第 18 条的规定除个别文字性不同以外,还有其他不同,例如,关于第 18.1 款,红皮书和黄皮书规定:"Whenever evidence or policies are submitted, the insuring Party shall also give notice to the Engineer"(在提交此类证明或投保单的同时,应投保方还应通知工程师),而银皮书没有该规定,因为红皮书和黄皮书项下有独立工程师,而 EPC 项目下不设独立工程师。基于此,本部分内容依据 FIDIC 红皮书编写。

一、关于工程和承包商设备保险规定的适用

FIDIC 第 18.2 款[工程和承包商设备的保险],是关于工程险和承包商机械设备险的规定,主要对于包括工程本身和承包商设备在内的财产的投保范围、保险期限等做了具体的规定。

(一)规定详解

1. 应投保的范围和保险金额

该款规定,应投保的财产为工程、生产设备、材料和承包商文件,保额应不低于全部复原费用,包括拆除、运走废弃物的费用,以及专业费用和利润。

2. 保险期限

根据该款规定,对于工程本身包括材料和设备的保险,应从第 18.1 款[有关保险的一般要求](a)项规定的提交证据证明的保险单生效的日期起,到颁发工程接收证书的日期止保持有效。第一项规定的:"This insurance shall be effective from the date by which the evidence is to be submitted under sub-paragraph(a) of Sub-Clause 18.1 [General Requirements for Insurance], until the date of issue of the Taking-Over Certificate for the Works."因此,保险期限一般是从开工日起到工程竣工雇主颁发 TOC 移交工程时止。在 TOC 之后,尽管工程的占有权已经转移,风险也随之转移,但对于由于颁发 TOC 之前的某项原因引起的损失和损害的风险,以及承包商或分包商在任何其他作业(包括根据第 11 条缺陷责任和第 12 条竣工后试验规定的作业)过程中造成的损失或损害风险,承包商仍应承担风险。本款第 2 项也有具体的规定。但是,如果保险事故发生在保单有效期之后,则保险公司将不承担赔偿责任。对于不是因为承包商原因或者与承包商无关的原因引起的风险,如因为雇主使用或者不可抗力等风险引起的损失不应当包含在内,该风险应当由雇主自己负责解决。对于承包商设备保险,根据该款的规定,保险金额不低于全部重置价值,包括运至现场的费用,保险基于为自该设备运往现场时起,直至不再需要作为承包商设备为止。

3. 对投保方和保险范围等作的特殊说明

除非在专用条件中另有规定,该款规定的各项保险:

(1)由承包商作为应投保方办理和维持。

(2)受益人为有权从保险人处得到赔偿的各方,保险赔偿金在各方间保有或分配,并且只能用于修正损害或弥补损失。

(3)应对未列入第 17.3 款[雇主的风险]的任何原因造成的所有损失提供保险;已经列入雇主风险的,由雇主自己负责投保,但是(c)项规定的风险仍由应投保人投保。

(4)对于因第 17.3 款[雇主的风险](c)项中列举的风险(在工程所在国内发生的、非承包商和分包商职员和其他雇员的骚动、喧闹或混乱)造成的损失提供保险,在保险期限内可能会反复发生,有时造成的损失很小,如果没有免赔额,理赔成本又较高,可能保险费率会很高,承包商会得不偿失,所以,一般保险公司会规定一个免赔额。雇主和承包商可以在专用条件中约定该免赔额的具体数额,应投保方在投保时必须保证每次事件的免赔额不应超过专用条件中规定的数额,当然,如果没有规定此数额,本项应不适用。

(5)列举了不属于保险范围的内容。根据该款项规定,保险范围可以不包括下列部分的损失及复原:

a. 由于设计、材料或工艺缺陷的导致的有部分工程(但保险应包括不属于下述 b 项情况的,由上述有缺陷状况直接造成损失的任何其他部分);和为复原上述因设计、材料或工艺缺陷导致的有缺陷的部分工程而遭受损失的部分。该材料或工艺的缺陷属于承包商违约,肯定会导致工程的风险的发生,其导致的损失不好事先计算和确定保费,也容易导致道德风险的产生,因此,不适于进行保险。设计风险承包商也可以单独投保职业责任险,雇主此处不做强制要求。

b. 雇主已经接收的工程部分,但承包商对其损失应负责任的除外,如因为雇主使用或者不可抗力等风险引起的损失,因为工程接收其占有权已经转移,其风险也随之转移,除非该风险来自接受之前的原因或者承包商应当承担责任的原因。

c. 第 14.5 款[拟用于工程的生产设备和材料]规定的不在工程所在国的货物不属于保险范围。但是,该部分尽管不在工程保险的范围,在没有运到现场以前,其所有权和占有权仍然在承包商手中,因此相应的也完全属于承包商承担,而不属于雇主,因此,关于工程的保险不应包括它。但是,这并不意味着它没有风险,而是承包商应当承担的风险,承包商在其投标报价中已经必然包含了这部分的内容。

4. 对于在工程所在国内发生的、非承包商和分包商职员和其他雇员的骚动、喧闹或混乱的风险的变更。上述风险如果在基准日期一年后以上不能合理投保,承包商作为应投保方要通知雇主并附详细说明。雇主可获得预期保费。同时,除非在合理条件内获得该保险,否则,被认为已根据第 18.1 款之规定,批准了此项省略。

(二)适用建议

1. 关于保险标的的范围。第 18.2 款要求:"The insuring party shall insure the Works, Plant-Materials and Contractor's Documents for not less than the full reinstatement cost including the costs of demolition, removal of debris and professional fees and profit."应投保方应为工程、生产设备、材料和承包商文件股保,保险额不低于全部复原费用,包括拆除、运走废弃物的费用,以及专业费用的利润。但是,一些保险公司的工程一切险的保险标的中一般不包括"承包文件"。如人保的建筑工程一切险条件 2009 版第 8 条第(二)项规定即不包括文件的投保。当然,如另对文件加保的除外。

2. 关于承包商之外人员的骚乱风险。除非文件另有规定，应对未列入第17.3款列举的任何原因造成的所有损失提供保险，同时，应对因第17.3款(c)项中列举风险造成的损失提供保险。

3. 对承包商未按合同要求投保的法律后果。对于合同要求承包商投保但是承包商没有投保的风险，属于承包商违约行为，雇主有权根据合同规定，通知承包商，要求承包商在规定的合理时间内，纠正并补救其违约行为。如果承包商没有遵守雇主通知要求，则雇主有权按合同规定终止合同。

4. 对于非合同强制投保的承包商风险。对于合同没有强制投保的承包商风险，承包商可以自己决定是否投保，若未投保，则按照风险分担原则，由承包商自己承担风险，不能从保险公司获得补偿。因此，对于合同要求投保的风险，承包商应全部进行投保；对于雇主没有要求投保的，承包商可以根据保险风险发生的概率和保费的多少等情况自己决定是否投保。

5. 关于保险期限。工程各项保险有限期限不完全一致，应按实际情况予以规定。如第18.2款规定，应投保方应为工程、生产设备、材料和承包商文件投保，保险额不低于全部复原费用，包括拆除、运走废弃物的费用，以及专业费用的利润。该保险起效期间为规定的提交证据日期至颁发工程接收证书的日期。但同时该款也规定，应投保方应维持该保险在直到颁发接收证书前发生的某项原因的损失或损害，以及由承包商或分包商在其他任何过程中造成的损失。

但是，在实践中，颁发接收证书与颁发履约证明的时间往往并不一致。因此，根据第18.2款规定的工程保险的有效日期应当到颁发接收证书时一直有效，同时，保险范围应当能够覆盖颁发履约证书前发现的对承包商应负责的、由颁发接收证书前发生的某项原因引起的损失，以及由承包商或分包商在任何其他作业过程中造成的损失或损害。

二、关于人身伤害和财产损害保险规定的适用

（一）规定详解

人身伤害与财产损害保险规定于 FIDIC 第 18.3 款。承包商应当对因自己履行合同可能导致的第三者的人身和财产（含雇主人员的人身和除了工程、材料、设

备以外的雇主财产)造成的损害投保。该款实际上是要求承包商投保承包商第三者责任险。根据我国保险法的规定,责任保险是指以被保险人对第三者依法应负的赔偿责任为保险标的的保险。

1. 保险责任的范围。根据 FIDIC 第 18.3 款的规定,应投保方应为在履约证书颁发前由于承包商履行合同引起的,任何非工程和非承包商自身物质财产的损失或者任何非承包商人员的任何死亡或伤害办理责任保险。保险范围主要包括两项:

(1)如果专用条件规定,承包商因履行合同可能引起的雇主人身和财产损失(工程、材料、设备等已投保财产除外);

(2)承包商因履行合同可能引起的第三者的人身和财产的损害。

2. 投保的要求。本款特别规定,除非在专用条件中另有规定,本款规定的各项保险:

(1)应由承包商作为投保方办理和维持;

(2)应以各方联合名义投保;

(3)保险范围应扩展到因承包商履行合同引起的对雇主财产(根据第 18.2 款规定被保的物品除外)的所有损失的责任。

3. 可以不予保险的例外责任:

(1)雇主为实施永久工程而进入、通过或者占有该土地引起的责任;

(2)由于承包商履行实施工程和修补缺陷义务带来的不可避免的损害;

(3)第 17.3 款[雇主的风险]列举的某项[雇主的风险]原因带来的、不能按合理的商务条件得到保险的责任。

(二)适用建议

1. 承包商应当对施工机械设备和车辆投保第三者责任险。该险承保的范围主要是承包商的施工机械设备和车辆。因为承包商的机械设备和车辆使用频率高,风险发生的概率相对较高,并且,一旦发生保险事故,赔付的额度较大,建议即使合同不要求,承包商也应当购买该保险以转移风险。

2. 在财产保险中,应当考虑投保不可抗力、战争、罢工风险与雇主违约风险。

这些保险一般财产公司不予承保。

(1)加保"罢工、暴乱及民众骚动"险。建筑工程一切险并非承保建筑工程的所有风险,对于工程一切险中没有承保的不可抗力中的"罢工、暴乱及民众骚动"险,可以通过在一切险的基础上,加保"罢工、暴乱及民众骚动"扩展条款以解决该问题。

(2)对于不可抗力中的战争、国家法律法令政策变化等政治风险,以及雇主违约不支付工程款的情况,可以通过专业的信用保险公司比如中国信保等政策性保险公司和国际信用保险公司如 COFACE 公司投保。

也可以考虑中国信保的"特定合同保险产品",此产品专为支持中国出口企业而设,它承保企业某一特定出口合同的收汇风险,适用于较大金额(200 万美元以上)的机电产品和成套设备出口及对外工程承包和劳务合作。其中,以各种非信用证为支付方式,付款期限在 180 天(可扩展至 360 天)以内。其承包商风险类别包括:商业风险和政治风险。商业风险来自买家或工程雇主,包括:买方破产或无力偿还债务、买方拒绝收货、买方拖欠货款。政治风险包括:买方所在国家或地区颁布法令或采取行政措施、禁止或限制汇总货款、禁止进口或撤销进口许可证、影响货款支付;买方所在国家或地区发生不可抗力因素,导致买方无法履行合同。

三、关于承包商人员保险规定的适用

(一)规定详解

承包商人员保险包括分包商人员的意外伤害险,规定于 FIDIC 第 18.4 款。

该款主要是对于承包商雇用人员的伤害、疾病、死亡进行保险的规定。按照本款的规定,承包商应对承包商雇用的人员或承包商人员雇用的人员的伤害、疾病或死亡引起的索赔、损害赔偿、损失或开支(包括法律费用和开支)的责任办理并维持保险。根据该规定,承包商人员的人身保险由承包商自己办理,雇主人员包括现场人员的保险由雇主办理。该保险应保障雇主也不会因此受到承包商人员的索赔,除非索赔事件是由于雇主或雇主人员的故意或疏忽行为导致的。对于分包商的雇员可以由分包商投保,但是如果分包商没有投保,承包商应当负责。保险期限为这些人员参加工程实施的整个期间。

本款要求的保险实际上就是承包商人员的意外伤害险和工伤保险。意外伤害险和工伤保险可以重复投保,前者是商业保险,工伤保险一般是国家的强制保险。我国建筑法规定:建筑施工企业应当依法为职工参加工伤保险缴纳工伤保险费。鼓励企业为从事危险作业的职工办理意外伤害保险,支付保险费。施工国家都要求工程承包商所雇用的工人必须加入当地的工伤保险体系。

(二)适用建议

1. 关于被保险人员的范围。被保险人员不仅包括承包商的项目管理人员,还包括承包商直接聘用的劳务工人。由于这些劳务工人许多人并不是承包商的长期员工,只是由于某工程施工,承包商通过具有对外劳务办理资质的劳务公司招募临时雇用的,也可以对启用合同进行延期后继续启用。由于劳务工人都在现场工作,更容易发生人身伤害事故,所以必须将其包括在保险范围之内。

目前,根据我国劳动法的规定,我国早已经取消临时工、固定工、合同工的说法,承包商与该劳务工人之间建立了固定期限的劳动关系,该劳务工人属于承包商的职工。承包商应当按照国家的有关规定,为职工缴费国家规定的社会保险。对于分包商人员包括其聘用的劳务人员由分包商负责保险。

2. 关于工伤保险。我国 2010 年《工伤保险条例》第 44 条规定,职工被派遣出境工作,依据前往国家或地区的法律应当参加当地工伤保险的,参加当地工伤保险,其国内工伤保险关系中止;不能参加当地工伤保险的,其国内工伤保险关系不中止。但是实际上,中国国际工程企业所承包的工程多处于工伤赔付标准不高的地区,且理赔需要繁杂的手续和较长的时间,因此,一般工伤职工的家属不愿意等待国外的理赔。因此,国内对外工程承包企业一般都是在国内上了工伤保险以后,在国外也还要再上一次。发生工伤以后,都进行索赔。

(1)承包商应事先了解当地有关工伤保险的法律规定和操作。国内保险与当地工伤保险制度可能并不一致,各国法律规定的有关工伤保险的范围、程序、额度等各不相同。承包商事先应当了解当地有关工伤保险的法律规定和操作。

(2)承包商应当主要为农民工在当地或国内办理工伤保险手续,否则,一旦发生纠纷,企业将按照工伤保险标准自行进行赔偿,对企业而言是较大的负担。

3. 关于人身意外伤害险。因为境外工程承包行业属于高危行业,法律要求强制投保人身意外伤害险。我国《对外承包工程管理条例》第18条规定,对外承包工程的单位应当为外派人员购买境外人身意外伤害保险。目前多数从事工程的大型企业都为管理人员和农民工在国内办理了工伤保险和意外伤害险,但也有少数企业未办理,甚至连工伤保险都没买。

同时,人身意外伤害险存在的另一个问题是,由于目前法律法规都没有规定人身意外伤害险的保险金额最低应当达到多少,所以部分企业选择最低额度投保,一旦发生工伤事故,其保险金额非常低,没有指导对于出国人员特别是劳务人员的保险。因为一旦发生工伤事故,工伤保险和意外伤害险可以同时理赔,叠加领取。因此,如果没有办理意外伤害险,在发生意外伤害事故时,因为工伤保险补偿的额度一般比较低,所以企业还不得不自己再进行补充补偿,一旦企业不愿意多给予补偿,则很容易引起工伤赔偿纠纷。对于出国从事建筑施工等高危工作的从事管理的员工和农民工还应当为其办理人身意外伤害险,一般保险金额不应低于20万元。

4. 关于员工的疾病保险。按照我国《工伤保险条例》第15条的规定,职工有下列情形之一的,视同工作:"(一)在工作时间和工作岗位,突发疾病死亡或者在48小时内经抢救无效死亡的。"除了上述视同工伤的情况以外,多数企业均按照国家关于基本医疗保险的规定执行,除了个别企业为职工办理了部分补充医疗保险外,一般不再额外办理其他的商业医疗保险。因为医疗保险的费率非常高,对于个人身体保险前还要进行全面检查,许多情况并不属于保险的范围。对于出国务工的广大劳务人员来说,由于目前有关出国务工劳务人员的基本医疗保险体制还不健全,所以他们一般没有相应的基本医疗保险和补充医疗保险。并且对于领先低廉劳动力成本竞争的中国工程承包企业来说,也不愿意事先进行相应的医疗保险。因此,如果在国外工作中罹患疾病的情况,即按照医保的规定执行;如果企业没有为其办理医保,则按照医保的标准由企业支付。

【延伸阅读】

某公司在中东某国投资建设一个大型厂房EPC建设项目。承包商按照合同的要求购买了工程一切险。在项目尚未竣工时,雇主现场代表按照通知,雇主方高层领导要到该国视察。因此,雇主代表要求承包商在雇主领导视察前完工。经过承包商的连续赶工,承包商赶工工程主体结构终于在雇主领导到来之前完工。但是,在雇主方领导视察过后不久,该厂房倒塌。承包商与雇主申请保险理赔,保险人怀疑工程倒塌是由于承包商赶工引起的工程质量问题导致。因为保险合同规定,"被保险人及其代表的故意行为或重大过失行为"造成的损失和费用保险人不负责赔偿。后经鉴定认为,工程倒塌主要是设计原因缺陷导致,保险公司因此全额赔偿了工程损失。笔者认为,一般的保险合同条款都规定,对于被保险人及其代表的故意或重大过失或轻率的不当行为引起的工程损害,保险人不予赔偿。因此,如果有确实充分的证据证明,雇主或承包商对于工程事故的发生存在故意行为或重大过失行为,则保险人可以拒赔,否则,保险人应当予以理赔。

第四节 涉外工程承包保险的索赔与理赔

【本节要点】本部分介绍了涉外工程承包索赔的概念及其作用;要求熟悉涉外工程承包索赔的基本条件及主要内容;掌握国际工程承包索赔、理赔程序和计算方法。

一、工程索赔的定义及法律基础

(一)定义

索赔是国际上通用的工程术语,是国际工程承包中经常发生的正常现象,是对外承包企业利用客观性、合理性、合法性及双赢性获取补偿的经济活动。朗文词典对索赔(claim)一词所下的定义为:作为合法的所有者,根据自己的权利提出的有关某一资格、财产、金钱等方面的要求。美国 AIA 文件 A201"土木工程施工合同通用条件"(1987版)中第4.3条对索赔的定义为:索赔是某一方为维护其权利而提出的要求或主张,以期对合同条件进行调整或解释,进行支付,延长工期或其他对合同条款的放宽。"索赔"亦指业主与承包商之间与合同有关或无关的其他争议及问题。

claim一词也可译为权利要求、权利主张、债权、请求权等。在工程项目管理中,索赔的概念不是指一般的权利要求,而是指合同中一方由于尽了比合同中规定的义务之外更多的义务或者是自身的权益受到伤害时,向合同另一方提出的对自身权利的补偿要求,也就是说,它不包括完成原合同规定的义务所得到的权利。

(二)索赔的特点

1. 客观性

必须确实存在不符合合同约定或违反合同约定的事件,并能够提供确凿的证据,足以证明对提出索赔方的工期或施工成本已造成影响。

2. 合理性

索赔要求应合情合理,符合实际情况,真实反映由于事件发生对提出索赔方所造成的实际损失。

3. 合法性

事件非提出索赔方自身的原因引起,按照合同条款对方应给予补偿,索赔要求应符合合同的规定。

(三)索赔的法律基础

1. 合同条款本身

各种承包合同中都有按照合同条款进行工期、费用索赔的机制。这些索赔是根据合同中的有关条款通常由咨询工程师负责处理的,由于是来自合同的索赔,因而通常被称之为合同索赔。

2. 违反合同

除了合同索赔外,承办商可以根据法律对违反合同所造成的损失进行索赔。这是一种完全不同的索赔,这种索赔的成功取决于承包商能否提供充足的证据,证明业主或工程师违反了合同中的一些明确的或隐含的条款,并且因此而使承包商遭受损失,在这种情况下,承包商可以按照有关法律条文的规定要求对损失进行赔偿。

3. 违反法律规定的民事侵权行为

各国法律对公民制定了一般通用的民事责任,违反这些民事责任会导致对损失的索赔。此时,承包商要提出不是违反合同中的责任而是法定的责任。在国际工程承包中,通常遇到的是疏忽,由于疏忽所引起的经济损失只有在非常特别的情况下才可以得到补偿,因为除非在发生极其非常的情况下,承包商不可以对工程师在担任合同管理角色时由于其疏忽而造成的损失要求赔偿。

4. 类似合同的返还性赔偿

类似合同的返还性赔偿的索赔有多种方式,其中经常遇到的是支付合理费用原则,这种索赔是根据所完成的工作或提供的服务而进行的索赔,通常出现于:(1)合同中没有规定价格或协议中没有规定支付合理的费用时;(2)双方之间没有有效的或可执行的合同,但按法律规定对所提供的服务或完成工作支付合理的金额。

二、工程索赔发生的原因

国际工程大多是规模大、工期长、结构复杂的工程项目。在施工过程中受到天气、地质条件的变化影响,以及设计变更和人为的干扰,在工程项目的工期、费用等方面都存在变化的因素,因此超出合同条件规定的事项可能层出不穷,这就为索赔提供了众多的机会。其中主要原因有:

(一)设计方面

设计人员利用自己的专业知识首先在大脑中构思复杂的三维设计,然后利用图纸将大脑中的三维设计落实在二维的图纸上,再由参与工程施工和管理的人员将二维图纸上的设计转化为三维的建筑物。在整个设计、实施过程中,难免出现图纸与现场实际施工地质、环境等方面的差异或是遗漏、缺陷等,需在施工过程中随时发现问题并解决问题,从而不可避免地产生工期、费用方面的索赔。

(二)合同缺陷

一般而言,合同是基于对外来情况的预测和历史经验作出的,而工程本身和工程环境有许多不确定性,合同不可能对所有的问题作出预见和规定,合同中总会出现一些考虑不周的条款和缺陷,如合同条款用语含糊和不够准确,合同条款中存在漏洞、前后矛盾等,从而导致合同履行过程中一方的利益受到损害而向另一方提出索赔。

（三）合同理解差异

在国际工程承包中,由于合同双方可能来自不同的国家、使用不同的语言、采用不同的工程标准和习惯以及使用不同的法律体系,使得双方对合同的理解产生差异,从而造成工程实施行为的失调而引起索赔。

（四）业主或工程师违约

业主或工程师未按合同条款规定,为承包商按时提供条件、未按规定支付工程款、工程师未按规定的时间提供图纸、指令或批复等,对于因这些原因引起的工期延长或费用增加,承包商可提出索赔。

（五）风险分担不均

国际工程承包的风险对于合同双方都是存在的,但是由于目前市场供求关系的原因,通常合同中规定的风险承担责任不均,主要风险往往都落在了承包商一方,承包商只有通过索赔来适当减少风险,弥补各种风险所造成的损失。

（六）施工条件变化

由于在招标阶段,业主不可能将准确的施工条件提供给承包商,而承包商也不可能通过现场考察等方式将施工条件准确的定下来,因此,即使有经验的承包商也不可能将所有施工条件的变化都预见到,通常,施工条件变化往往会导致设计变更、暂停施工或工程成本大幅度增加,从而使承包商蒙受损失,因此,承包商只能通过索赔来弥补自己不应承担的损失。

（七）工程变更

由于图纸的不完善或施工条件的变化,在工程实施过程中,工程师会根据需要向承包商发出工程变更指令,这些指令可能包括暂停施工,改变规范,修改图纸,加速施工,变更施工顺序等,这些指令往往导致工程费用的增加或工期的延长,因此承包商可以根据合同的条款进行有关工期和费用的索赔。

（八）工程拖期

由于工程受天气、地质条件、图纸等方面的影响，工程经常出现拖延，发生此种情况，在分析原因、明确责任时，合同双方经常出现分歧，工程拖期会对承包商造成工期、费用上的损失，如果是业主的原因造成的，承包商就可以按合同规定进行索赔，如果拖延是承包商自身的原因造成的，则承包商避免拖期罚款应自行采取赶工措施。

（九）法令、法规变化

工程所在国的法令、法规发生变化，如外汇管制、进出口限制、税率提高、提出更严格的强制性标准等，都会引起承包商施工成本的增加，承包商可以根据当地的法律和合同的规定进行索赔。

（十）其他

除以上原因外，还有诸如不可抗力、暂停施工、终止合同、业主拖期付款等。

三、工程索赔的一般程序

工程索赔的实质其实就是承包商与业主之间在分担合同风险方面重新分配责任的过程，在合同实施阶段，当发生政治风险、经济风险和施工风险等意外困难时，施工成本急剧增加，会大大超过承包商投标报价时的计划成本，在合同实施阶段出现的每一个索赔现象，都应按照有关惯例和合同的有关条款尽快加以解决。

（一）建立索赔组织

1. 成立索赔小组

要取得索赔成功，一个健全的组织是极为重要的，索赔问题涉及的层面非常广泛，索赔组人员应通晓合同与法律、商务、工程技术知识，还应有一定的外语水平和工程承包的实际经验，其个人品格也十分重要，仅靠"扯皮吵架"或"硬磨软缠"就可以搞定索赔的想法是不正确的，索赔人员应当保持头脑冷静，思维敏捷，处事公正，性格刚毅有耐心，坚持以理服人。

2. 索赔小组的主要工作

（1）全面掌握合同的实施状况，及时了解施工进度、质量及成本支出情况，探讨可能采取的索赔事项。

(2)在透彻了解项目全套合同文件的基础上,编制项目的索赔工作指引,作为项目内部日常工作中的参考。

(3)及时判别索赔的事件并适时提出索赔要求。

(4)建立系统的施工记录制度,根据索赔的要求,研究制订各有关部门的施工记录制度,保证施工资料的完整。

(5)整理完整的合同资料,包括合同、往来信件、图纸、会谈纪要、变更指令等。

(6)编写索赔报告,根据具体情况确定或报上级确定是否进行该项索赔。

(7)组织、参加索赔会谈。

(8)处理索赔争议。

3.聘任外部索赔人员

大型承包商公司一般都设有法律、财务、计划管理等部门,在进行项目索赔时,似乎可以满足项目的索赔需要。但是索赔是一项复杂的工作,要将所有的各方面工作统筹到一起,此类的专业人才并不多。小型承包企业基本上没有索赔的人才,在碰到索赔工作时要考虑聘请新员工或索赔顾问。索赔全部由公司内部人员负责,尤其是全部由项目人员负责时,有一个风险是对索赔的负面影响往往估计不足,而且通常公司内部人员所作的索赔会有过于乐观的估计,或对于索赔要求过于夸大。

对于复杂的索赔,或承包商的索赔经验或力量不足时,可以聘用索赔顾问。索赔顾问并不一定是法律专家,其作用是站在雇主的立场代表雇主开展索赔工作。对于索赔中遇到的非常专业的技术问题,可以聘请有关知名专家提供意见,这些专家必须有一定的知名度和相应的证书,通常,他们的意见可以在仲裁庭或法庭上有效,如果在承包商索赔时有这些专家就某一技术问题给予正面支持,可增加索赔成功的概率。

(二)提出索赔要求

当索赔事件出现时,承包商应在事件发生一定时间内(例如 FIDIC 条款规定为 28 天),以书面信件形式发出索赔通知,声明其索赔权利,在向工程师提出的同时,应抄送业主,如超出期限,索赔要求可能遭到业主和工程师的拒绝。但是承包商没有在规定的时限内提交索赔不意味着其丧失了索赔的权利,只有合同条款中明确说明承包商在规定时限提交索赔通知是必要条件时,承包商才丧失索赔的权利。

(三)报送索赔报告

索赔资料和索赔报告的整理非常复杂,即使承包商根据记录和财务资料计算出了正确的索赔费用,现实中也不一定能得到全额的补偿,因此,即使是非常专业的人员准备的索赔文件也应留有富余,以便在谈判时让步。第一次提交索赔报告应当详细计划、周密安排。文件中不应包含任何可能用于攻击承包商自身的信息、计算数据、假设情况等,同时可以准备多套索赔方案,并考虑哪个更适合与工程师商谈或容易被其接受。

索赔人员应首先按照具体情况计算出真实的索赔费用,然后对所有的索赔的成功概率进行分析,根据不同的情况在实际费用的基础上增加一定的增量,以便在谈判中适当的时机进行让步。

(四)索赔谈判

如果承包商具有有效的索赔条件,按照合同提交了索赔通知,保存了同期的必要记录并提交了专业的、合乎逻辑的索赔报告,那么承包商的谈判将处于非常有利的地位,否则就很容易给工程师找出拒绝索赔的理由。

不论索赔准备得如何,工程师初步的答复通常不会全部同意承包商的意见,答复的意见有时是很正面的,此时承包商认为是乐观的,有时是全面的否定,拒绝索赔的所有方面。前者使双方有机会继续商谈,后者为解决问题设置了障碍。如果根本没答复或全面的拒绝索赔,没有合适的途径进行对话,承包商除了开始争议程序外将没有其他选择。

谈判的人员,在一开始必须确定他们有权与对方达成协议,在开始谈判的前期,没有相关权利的人员可以进行谈判,但在重大问题或最终协议时,必须由双方有权的人员进行确定。

开始谈判前,应考虑好让步的条件并在适当的时候提出让步,不应一次提出过多的让步,也应尽量不提出无条件的让步,双方最终寻求友好的解决。

如双方达成协议,则最好在会议结束前将双方同意的内容由双方授权的人员进行记录,在协议中,应包括同意索赔的内容、包含的范围、付款的时间以及延迟付款的违约等。

(五)索赔争议的解决

在双方都尽力但仍不能通过友好协商和谈解决时,可以寻求争议解决,方法主要有:

1. 裁判

第三方介入争议解决,裁判人员受争议双方委派对争议的问题进行裁定,一旦作出,对双方都有约束力,直到争议开始仲裁或开始法律程序。

2. 和解

如果双方特别希望解决争议,但确实存在解决问题的障碍,可以采取和解途径来减少双方的差距。这种方法需要双方的统一,和解员是争议问题方面的专家,和解员的目标是将双方拉近,讨论争议的问题,引导双方达成一致,和解员不做任何决定但可以提供建议,而协议的达成留给争议的双方来进行。

3. 调解

与和解类似,若双方经过调解没有达成协议,则调解员可以对所争议的问题作出调解建议。在与一方会谈时提出的任何条件均不可以透露给另一方。调解员将尽力在各自的会议上挖掘双方的共同点,并尽可能达成协议。如果没有达成协议,调解员可以作出决定,但通常双方不一定要受调解员的约束,除非在一开始双方就同意调解员的决定是对双方有约束力的。

4. 仲裁或诉讼

如果上述方法都不能解决索赔争议,那么双方可以根据合同中规定的条款对争议进行仲裁,或提交法院进行诉讼。应注意的是,优先采用何种方法来解决争议,是索赔成功的技巧之一,对承包商的索赔起很大的作用。有些合同只规定了通过仲裁解决争议,则通常在没有进行仲裁程序之前,不可到法院进行诉讼程序。有的合同条款规定,仲裁的决定是最终的,则仲裁结果对双方都有约束力。如果合同中没有规定,或规定可以仲裁,也可起诉到法院时,承包商可自行决定。

四、工程索赔成败的关键

(一)建好工程项目

索赔成功的首要条件,是承包商认真地按照合同要求实施工程,并努力把工程建设好,使业主和工程师满意。如果承包商认真努力实施工程,使质量合格,进度满足要求,这就为成功索赔打下了良好的基础。尤其在施工过程中,承包商克服了各种困难,协助业主和工程师就出现的技术、合同问题提供合理建议,使得工程进展顺利,在这种情况下,承包商提出合理的索赔,基本上都能得到合理的解决。有时,承包商在程序上有所疏忽,也可以得到谅解。反之,如果没有把工程建设好,施工质量不保证,工期不断拖后,业主采取不合作的态度来对待索赔,承包商索赔的难度是非常大的,有时甚至是不可能的,即使有合同依据的索赔,业主、工程师也可能完全拒绝。

为了建设好项目,承包商应努力做好以下工作:

1. 按照施工技术规范要求,保证工程质量符合合同规定的要求或标准。
2. 按照业主和工程师的变更指令进行施工,对由此而产生的工期拖延和费用增加,提出正当的索赔要求。
3. 严格按双方同意的或修改后的施工进度计划施工,尽力降低工期的拖延。
4. 努力克服特殊风险或不可抗拒的自然灾害引起的施工困难,努力降低不利的施工干扰对工程带来的损失。

(二)做好合同管理

合同管理在工程项目实施中占有重要的地位,也是索赔成功的必要条件。合同管理的根本任务,是指导承包商的全部工作符合合同文件规定,完成合同任务,取得应得的付款。

合同管理是整个项目管理的一个组成部分,其主要内容是进行施工控制、工程成本控制、施工质量控制,并进行合同分析、合同争议的处理以及工程款的收取等工作,实现承包商的经营目的。索赔的根本任务,是通过合同实施过程中出现的工程变更、施工条件变更、施工干扰等等,按照合同的规定取得合理的工期延长和费用补偿,从而维护承包商合理的经营利益。主要包括:

1. 熟悉通晓工程项目的全部文件,从合同的角度解释合同条款,不失去任何索赔的机会。

2. 从投标报价开始,仔细分析掌握全部合同文件,了解合同中存在的隐蔽风险,有预见性地规避一切可以防范的风险,把承包商的风险损失降到最低。

3. 对合同规定的工作范围了如指掌,随时注意业主或工程师发布的变更指令或口头要求,一旦发现实际工程超出合同规定的工作范围,及时提出索赔要求。

4. 在编制索赔文件和进行谈判时,会运用合同知识解释和论证自己的索赔权,会运用正确的方法来计算工期延长和经济补偿。

(三)做好成本管理

每个项目的成本管理工作都应该从投标报价时开始,贯穿于整个施工阶段。在施工阶段,成本管理工作主要包括定期的成本核算、成本分析及成本控制,随时发现超出成本的原因。如发现原合同范围外的费用,应及时提出索赔。工程项目变更的具体工程数量和单价也是工料测量师负责计算并与工程师进行谈判的,为了做好索赔工作,在工程成本管理方面应努力做好以下工作:

1. 整理全部增加的有关新单价、增加工程量等资料,在每月的进度付款证书中进行申请,争取按月进行索赔的付款。

2. 熟悉索赔的全部过程,负责对索赔的费用损失进行计算,采用正确的计价法,使计算有充分的说服力,不被业主或工程师拒绝。

3. 索赔需要大量的成本资料和单据,使索赔具有充分的证据,因此,成本管理人员要学会用科学的方法来积累成本资料,定期进行成本核算和分析,既满足成本控制要求,又要满足索赔论证的需要。

(四)善于进行索赔谈判

索赔通常要持续一个相当长的时间,并通过反复的商讨和谈判才能最终解决,在进行索赔过程中,除了编好索赔报告以外,也要善于进行索赔谈判,在谈判中应做到以下几点:

1. 谈判应严格按照合同条件的规定进行争议,不要采取强加于人的态度。

2. 谈判双方应客观冷静,以理服人,并具有灵活性,为谈判留有余地。

3. 谈判前应做好充分准备,拟好谈判提纲,对准备达到的目标心中有数。

4.善于采纳对方的合理意见,在坚持原则的基础上适当让步,寻求双方都可以接受的解决办法。

(五)编好索赔报告

实践证明,对一个同样的索赔事件,索赔报告的好坏对索赔的解决有很大的影响。索赔报告书写得不好,往往会使承包商失去在索赔中的有利地位和条件,使正当的索赔要求得不到应有的妥善解决。因此,有经验的承包商都十分重视索赔报告的编写,使自己的索赔报告充满说服力,逻辑性强、符合实际、论述准确,使阅读者感到合情合理,有理有据,有利于索赔的成功。

根据项目的性质以及索赔事件的特点,索赔报告大致由四个部分组成:

1.总述部分

概要论述索赔事件发生的日期和过程,承包商为该索赔事项付出的努力和附加开支,承包商的具体索赔要求。

2.合同的论证部分

论证部分是索赔报告的关键部分,其目的是说明自己有索赔权,是索赔能否成立的关键。立论的基础是合同文件以及所在国法律。承包商要善于在合同条款、技术规程、工程量表、往来函件中寻找索赔的法律依据,使索赔要求建立在合同、法律的基础上。如有类似的情况索赔成功的具体案例,无论是否发生在工程所在国,都可作为例证提出。

3.索赔款项(或工期)的计算部分

如果说合同论证部分的任务是解决索赔权能否成立,则款项计算是为解决能得多少款项,前者定性,后者定量。

在写法上先写出计价结果(索赔总金额),然后再分条论述各部分的计算过程,引证的资料应有编号、名称。计算时切忌用笼统的计价方法和不实的开支款项,勿给人以漫天要价的印象。

4.证据部分

要注意引用的每个证据的效力或可信程度,对重要的证据资料最好附以文字说明,或附以确认件。例如:对一个重要的电话记录或对方的口头命令,仅附上承包商自己的记录是不够有力的,最好附以经过对方签字的记录;或附上当时发给对方要求确认该电话记录或口头命令的函件,即使对方未复函确认或修改,亦说明责任在对方,按管理应理解为他已默认。

证据选择可根据索赔内容的需要而定,例如:关于工程所在国的重大政治、经济、自然灾害、罢工、动乱、地震、飓风、异常天气、税收、海关新规定、汇率、涉外经济法、工资和物价的定期报道等;施工现场记录及报表、往来信函及照片摄像片;工程项目的财务和物资的记录、报表等。根据合同论证,索赔款额计算中提出的问题,从上述证据清单中选用必要的材料,统一编号列入。

五、索赔的技巧和需要注意的问题

在工程实践中,承包商通过索赔来维护自己的合同权益是不可避免的,然而,往往由于承包商索赔方法不当,或缺乏索赔意识,或谈判技巧等原因,造成索赔失败,承包商要取得索赔成功,要采取一定的技巧,根据项目的不同、业主的不同、工程的不同和客观条件的不同,采用灵活的索赔策略和技巧来进行。

(一)树立索赔意识

索赔工作是贯穿于工程始终的经常性工作,缺乏国际工程承包经验的公司,因对索赔缺乏足够的认识,往往在开始时并不重视,等到发现不能得到应得的赔偿时,才匆忙研究索赔问题,不是因索赔时限已过,就是因平时不注意积累资料,仓促上阵,汇集的证据不具有说服力,索赔难以成功。因此,应在执行合同之初就让项目组全员树立索赔意识,成立索赔和合同管理小组,并置于项目经理的直接领导和管理之下,在工程执行的全过程中作大量的经常性的工作。

(二)签好原始合同

虽然承包商在签订合同时经常采用标准的合同文本(如 FIDIC 或 ICE),但是一定要注意合同的特别条款,不可忽视每个合同的具体规定。例如:在合同中可能没有索赔条款,却可能有类似的无索赔条款,如"本工程按照合同规定日期完成,不考虑任何的工期延长";拖期付款可能无时限规定;没有物价调整条款;合同中有"业主认为不可预见的工程施工条件不承担责任,或者在合同条款中列入延误补偿条款,即可以索赔工期,但不能索赔费用"。如果这些问题在签订合同时没有注意到,承包商在施工时就很难进行索赔。承包商应当从投标、议标阶段开始就仔细研究合同条件,除通用条款外,还应着重研究特殊条款,特别是关于合同范围、义务、付款、工程变更、违约及罚款、业主违约、索赔时限和争端解决等条款,在正式合同过程中的一切要约和反要约或争议等,都应得出双方确认的一致结论并写进合同补充协议中,在合同条件方面的一切口头承诺都是没有法律效力的。承包商的声明和要求,特别是那些重要的额外要求,在没有得到业主正式书面确认前就着手执行工程,可能被误认为承包方已经放弃了自己的声明和要求,最多也只能被看作是某种权利的单方性保留而已,承包商对此应有充分的认识。

(三)遵守程序,把握时机

对于承包商的索赔,如工程暂停、意外风险损失等,一般合同中都规定了索赔程序和索赔时限,同时也对索赔报告、索赔证据的提供等提出了具体的时间要求,承包商应严格遵守。还有一些索赔,如工程的修改变更,自然条件的变化等等,合同中虽未提到索赔时限,但有的合同条款明确规定应尽快通知业主及其现场工程师,特别是那些需要在现场调查和估计价格的索赔,只有及时通知现场工程师和业主才有可能获得确认。承包商如果总担心影响与工程师和业主的关系,有意将索赔拖到工程结束时才正式提出,极有可能事与愿违。

(四)注意资料的积累

积累一切可能涉及索赔论证的资料,对于同工程师、业主之间的一切研究技术问题、进度问题和其他重大问题的会议,应做好文字记录,并争取与会者签字作为正式文档资料。即使未能取得各方签字,也应当编号、标明日期和发送单位,作为正式会议纪要发给与会者和单位,并应有收件人的签收手续。建立严密的施工记录、记工(窝工)卡片、工程日进度记录、每日的气象记录、实验报告,以及往来函件编号、归档记录制度,还应有相应的财务会计和成本核算记载、物资采购单证等,这些均是计算索赔金额和必要的索赔论证资料。

此外,工程技术、施工管理、物资供应、财务会计人员之间应保持密切联系,经常在一起研究索赔和额外费用补偿问题。各部门草拟的有关索赔或承诺责任的对外信函,在发出前应进行审核、会签,以保证信函的内容前后协调一致。

(五)制定合理的索赔策略

索赔策略是承包商经营策略的一部分,必须体现承包商的整体经营战略,体现承包商长远利益和当前利益、全局利益和局部利益的统一。

1. 确定索赔目标

承包商的索赔目标是承包商对索赔的最终期望值,它是承包商根据合同实施状况、承包商所受的损失和其总体经营战略确定的。在确定索赔目标时,承包商必须分析实现项目的基本条件。例如:在施工过程中,如果承包商认真履行合同义务,使业主对工程满意,索赔目标就很容易实现;如果承包商违约或工程管理不善,工程进行不能令业主或工程师满意,则索赔谈判就会处于非常不利的地位。在确定索赔目标时,承包商必须分析目标实现的风险,包括承包商履行合同时的失误、业主的反索赔、对承包商的不利证据等;通过上述全面分析,确定合理的索赔目标。

2. 对业主和工程师进行分析

在工程承包中,分析业主和工程师是非常重要的,通常,业主和工程师的价值观念、社会心理、传统文化、生活习惯和本人兴趣、爱好的了解和尊重,对索赔的处理和解决有极大的影响。

3. 承包商自身经营战略分析

承包商的经营战略直接制约着索赔策略和计划。对于工程中出现的索赔,要根据承包商与业主或工程师合作的具体情况,根据承包商的长远发展计划,决定是否提出索赔和进行索赔的力度。有时,承包商为了公司的长远利益,为了保持公司良好的索赔记录,为了与业主建立长期的合作关系,公司的上层可能决定放弃部分或全部的索赔,业主也可能因此而对承包商建立起良好的信誉,在新的项目竞标中对承包商有利。

4. 索赔前景分析

在工程实施过程中,索赔和反索赔往往相伴而行,一个事件的发生往往合同双方都有责任,所以当承包商提出索赔时,业主有可能提出反索赔,用以平衡承包商的索赔。因此,承包商应对业主提出的反索赔进行分析,如果业主的反索赔有可能大于承包商的索赔值时,承包商在提出索赔时应慎重。

5. 力争单项索赔,避免一揽子索赔

单项索赔通常容易解决,承包商也可以及时得到索赔付款,而一揽子索赔会使问题变得复杂,金额大,不易解决,有时工程完工后也得不到付款。由于这种方式的索赔内容多而乱,或由于索赔事项发生的时间长,索赔证据不能及时清理,使得承包商因此应得到的赔偿相对于单项索赔来说大打折扣。

(六)处理好与工程师的关系

索赔处理是工程师的一件重要工作,合同中一般都授予工程师权力来处理承包商对业主的索赔,工程师是处理索赔的关键人物。因此,承包商如果想要提高索赔的成功率,应注意同工程师的关系,应从开工开始,经常沟通,建立起双方友好的合作气氛,争取工程师的公正解决。

当然,个别工程师对承包商的索赔采取拖的策略,不论合理与否,一律不作答复或一律拒绝,或要求承包商不断地提供证据材料,意欲拖至工程完工,不了了之。此时,承包商应考虑用适当的强硬措施,如必要,应对其施加一定压力,按照合同条款,有理有力地进行索赔工作。

(七)合理运用争议程序,争取友好解决索赔

在国际承包工程中,索赔争议是不可避免的,如果遇到争议不能理智地友好解决,有时会将本可解决的问题变得难以解决。采用仲裁或诉讼的方式来解决争议,时间长、费用高。对双方来说,最好的方案是力争友好解决。当然,对于索赔金额较大,承包商占明显主动的索赔,如果工程师不确认索赔,则可以全力推进合同中规定的仲裁或诉讼程序。

当然,力争友好解决,并不意味着对方不同意时就放弃索赔。承包商在日常工作中,对于容易解决的索赔,应尽快与工程师商谈解决;对于不同意的索赔,在姿态上应明确循仲裁或诉讼程序解决。在开始程序前或后,承包商都有权根据实际情况,与工程师在任何时候达成协议。

六、反索赔的防范

反索赔是相对于索赔而言的,是指被要求索赔的一方向要求索赔一方提出的索赔要求,此处所指的反索赔即为业主向承包商提出的索赔请求,通常体现在投标保函、履约保函、预付款保函、保留金、工程延期补偿、第三方责任险、缺陷责任等。反索赔是业主阻止承包商索赔的有效手段,承包商为了防范业主的反索赔应当做到:

(一)签订有利的合同

合同的规定是双方进行索赔和反索赔的最直接依据,如果合同中包含不利的单方面约束,双方的责、权、利不对等,以及隐含要承担较大风险时,就可能从根本上限制或否定提出索赔和反索赔的条件。因而,在签订合同时,就应有索赔和反索赔的意识,认真分析合同的每一条款对日后提出索赔或反索赔是否有利,如何利用制约对方的条款来缓解对方对己方的制约。

(二)认真履行合同,防止自己违约

合同签订后,承包商应完全按照合同规定办事,把精力放在管理上。通常,有效的工程管理可排除干扰,搞好协作。承包商只有自身不发生违约行为,防止扯皮事件发生,才能使对方找不到索赔的理由。例如,如果工期没有拖延,业主就不可能扣除由于承包商延期造成的延期赔偿费用。

(三)发现违约应及时补救

己方违约正是对方提出索赔的机会,无论事后对方是否提出索赔,违约方都应做好如下工作:

1. 发现违约后,应及时采取补救措施,并客观地向对方作出必要的解释,使对方不容易提出索赔。

2. 违约后,应及时收集资料,分析合同责任,测算给对方造成的损失,做到心中有数,以应付对方可能提出的索赔。

(四)双方都违约时,首先向对方提出索赔

反索赔从整体上讲是防守性的,但却是一种积极意识,有时则表现为以攻为守,争取索赔的有利地位。当发现双方都有违约行为,且双方都无法摆脱时,首先应抓住时机提出索赔,具体表现为:

1. 尽早提出索赔,防止超过索赔有效期而失去索赔的机会;同时也给对方一种逼迫感,在心理上处于优势地位。

2. 对方接到索赔报告后,必然要花费精力和时间进行分析研究,以求反驳的理由,这样就迫使对方进入己方的思路考虑问题。

3. 为最终的索赔解决留有余地,这是因为在通常情况下,索赔的最终解决双方都要作出让步,这对首先提出索赔的一方往往有利。

（五）反驳对方的索赔要求

对方提出索赔要求并提交报告时，必然会注明索赔的理由和证据，反驳对方的索赔要求就是运用所掌握的事实材料及合同文件，证明对方的索赔报告事实不准确、索赔理由不充分、索赔计算不正确，以减轻或否定自己的责任，最终达到减少损失的目的。

七、保险方理赔程序

当保险事故发生、投保方迅速通知保险人或其代理人并提出索赔要求时，保险方将进行一连串的处理赔偿的工作。

（一）审核索赔单证

保险人受理投保方提出索赔申请的第一件事，是对投保方递交的索赔申请进行审查、核实，以确定是否承担保险责任。例如，保险单是否有效、保险期限是否届满、请求赔偿的人是否具备求偿权利、保险事故发生地点是否在承保的范围之内等。

（二）调查保险索赔案事实

在确定保险人可能承担责任后，保险人应立即赶赴现场，调查了解并核实与理赔相关的事实。例如，已毁损标的是否即为承保标的、损害是否是因保险事故引起、损害发生的时间地点是否确为约定承保范围内、有无他保或共保情况、标的价值等。

（三）认定求偿权利

除索赔者与被损标的之间必须具备保险利益是求偿权利成立的要件外，还须查核投保方是否履行了风险增加、发生、标的使用性质变更等告知义务，事故发生后投保方是否采取了积极求助措施、被保险者是否保护了现场、是否在索赔时效内行使索赔权、涉及第三者行为致使标的损害时是否放弃了向第三者的求偿权等，这些都是足以使索赔者丧失索赔权利的要件。

（四）确定损害情况

导致标的的近因是否是保险责任事故，致使标的损毁的是否确属承保损害，是否全损，部分损害与伤残程度的估算等是保险人在处理赔偿案中必须确定的有关标的损害的具体问题。

（五）给付赔偿与保险金

人寿保险只要认定寿险单的有效性，索赔者的权利及保险事故的确发生，便可以在约定的保险金额范围内给付保险金。非人寿保险则应考虑保单类别、保险分摊、施救费用、计赔方式等计算赔偿金后，再行给付。

（六）赔偿后事宜

在支付赔款后，还要完成以下几项工作：对第三者追偿的实现、委付及标的所有权代位的处理、对保险合同减少保额或终止手续的办理。

【案例裁决】

案情摘要：

某兴建中之摩天大楼塔式吊杆，因地震之故掉落，造成本体工程之钢结构受损，其中一座并掉落于群楼区（主塔楼旁之建物），自7楼屋顶贯穿直到4楼。掉落之2座塔吊营建机具保险分别另由不同之产险公司所承保，且均未加保第三人责任险。本事故并造成员工及第三人多人体伤及死亡，另有第三人车辆、财物等损失。

塔楼区规模：地上101层地下5层。基地面积：9159平方米。

群楼区规模：地上7层地下5层。总楼地板面积：约108210平方米。

办公大楼：约60000平方米。

购物中心：约22600平方米。

承保摘要：

被保险人：某股份有限公司、承包商、次承包商工程顾问及参与工程所有协力单位。

承保内容：

1. 营造工程财物损失险（未承保施工机具设备）附加保专业技术费用条款：

被保险人为回复该毁损或灭失之标的物，所需合理之建筑师费用、鉴定费用或工程顾问费用及其他法定之专业技术费用，本批单亦承保在内。

第四章 涉外工程承包保险

2.营造工程第三人责任险。

3.雇主意外责任险(另单独出 EL 保单)。

备注:塔式吊车之营建机具保险由下包商另行投保,非在本保单承保范围。

共保情形:

本营造工程综合保险保单系由 A 保险公司 35% 主办出单,B、C、D 各 15%,E、F 各 10% 共保。

损失项目:

1.本体损失:塔楼及群楼工程结构体之钢结构及设备受损。

2.第三人体伤及财损:共有 3 人重伤,11 人轻伤及 19 台车受损。

3.员工体伤:工人 5 位死亡,3 位重伤,2 位轻伤。

理赔处理研讨:

出险原因之认定:2 座塔式吊杆掉落原因,经结构技师公会鉴定发现,系因塔柱之续接螺栓组之螺帽脱牙所致,惟其设计及施工之容许强度尚能符合国内有关起重机计算地震力之要求,塔吊之承包商作业已符合现行法规之要求,因此塔吊掉落原因初步归咎于地震天灾所致。

本案出险原因在工程本体损失险方面,保险人及被保险人双方无争议,均认为系地震天灾所致,因此该事故在承保范围内并无疑义。但在责任险方面,保单承保原意系承保被保险人依法应负之赔偿责任,若出险原因认定系地震天灾,则依约保单将不负赔偿之责。而且营造工程综合保险保单第三人责任险之承保范围"被保险人(本保单包含塔吊次承包商)在施工处所或毗邻地区,于保险期间内,因营建本保险契约承保工程发生意外事故,致第三人体伤、死亡或财物受有损害,被保险人依法应负赔偿责任而受赔偿请求时,除约定不保事项外,本公司对被保险人负赔偿之责",而其除外不保事项并未将天灾所致之赔偿明文列入,因此保险公司无法依据事故原因系天灾所致而拒赔本案第三人责任险方面之损失。

在雇主意外责任险方面,被保险人系另以单独之"EL"保单投保,而单独之雇主意外责任险保单便需受责任险共同基本条款不保事项之规范,对于"因台风、暴风、洪水、闪电、雷击、地震、火山爆发、海啸、土崩、岩崩、地陷等天然灾变所致之赔偿责任,保险公司不予赔偿",但本案之事故原因除可归咎于天灾外,被保险人是否尚有其他过失,而背负依法应负之赔偿责任目前尚待厘清。因此,在这方面,出险原因之认定,保险人及被保险人双方便发生争议。保险人为了能获得理赔,反对出险原因完全认定为地震天灾所致,但保险公司之立场系认定该事故系天灾所致,而欲拒赔该部分之损失。目前将待劳检所鉴定报告内容为依据,来解决双方之争议。

损失范围、数量之认定:

工程本体损失险方面,由于位于56楼之东西两侧2座塔式吊杆掉落过程中,造成塔楼及群楼钢结构及其他已安装完成之设备受损。承保工程本身之钢结构受损范围、程度、数量及其安全评估、修复方式、费用之估计均需由专业之鉴定单位来进行,被保险人亦已委托数家单位同时进行鉴定作业,而其所衍生之费用,是否为保单可赔偿之范围?虽然本保单附加保专业技术费用条款:"被保险人为回复该毁损或灭失之标的物,所需合理之建筑师费用、鉴定费用或工程顾问费用及其他法定之专业技术费用,本批单亦承保在内",但被保险人为申请理赔之证明文件所需之费用须予以排除,因其非属承保范围。但这些专业费用属性与必要性之界定与厘清并不容易,亦成为保险人及被保险人双方争议之问题。

第三人责任险及雇主意外责任险方面,保险公司目前先搁置出险原因之探讨,仅就损失范围、数量及金额先行确认及追踪,以免错失状况之掌握而导致损失扩大或与第三人之争议。

未来高楼层工程险承保可参考之事项:

1. 专业技术费用条款中,被保险人为回复该毁损或灭失之标的物,所需合理之建筑师费用、鉴定费用……回复系关键性字眼,惟条款尚无说明,若能明文赋予定义,将有助于争议之减少。

2. 单独责任险保单须受责任险共同基本条款不保事项之规范,对于天然灾变所致之赔偿责任,保单不负赔偿之责,但营造工程综合保险保单第三人责任险(或加保雇主意外责任)之条款约定,并未有相同之规范。

理赔人员应有之做法：

理赔人员之义务:(1)查明事故出险原因;(2)了解事故发生过程;(3)厘清损失范围、程度;(4)清点并确认损失数量;(5)确认保单承保范围;(6)向客户说明申请理赔应备文件;(7)于保单承保范围内,协助客户办理理赔作业。

应注意事项:(1)共保件须尽通知各共保公司之责;(2)损失金额重大或具争议案件须通知再保公司知悉;(3)须尽早进行现场查勘,便利出险事实状况之掌握;(4)选择专业适当之公证公司;(5)掌握理赔案之发展进度。

第五章
涉外工程承包法律适用

【本节要点】由于涉外工程承包的涉外性,在实务运作中往往受到其他国家的法规和政策的干预,并涉及国际公约、国际惯例的适用。随着国际工程承包模式的不断发展,涉外工程承包关系结构日益复杂多样化,涵盖承包商资格、承包合同、建筑规范、劳务用工、税收、融资、信用担保、保险、环境保护等诸多的法律问题,法律适用广泛,也更易产生法律适用方面的冲突和问题。本章主要介绍涉外工程承包的法律原理和法律适用规则,并通过相关案例分析说明在法律适用中应注意的主要问题。

第一节 涉外工程承包的法律原理与法律适用问题

一、涉外工程承包的法律原理

涉外工程承包作为国际经济技术合作的重要形式,法律关系结构复杂。其中,业主与承包商之间承包合同的订立和履行是核心环节,而一系列相关当事人的参与及相关协议的订立和履行则是完成工程项目所必需的构成。在此过程中,工程所在地国家、承包商所属国或其他第三国还会基于国家公共管理职能实施相应的规范和管理。

(一)涉外工程承包合同的订立和履行

涉外工程承包即是一个为了涉外工程项目建设而缔结合同与履行合同的过程。涉外工程承包不论是采取单一的施工承包,还是由承包商提供综合服务的EPC、PMC、BOT、PPP等形式,都是以雇主与承包商之间的承包合同关系为基础的。以雇主与承包商为核心的有关当事人之间的关系,是在平等基础上订立的合同关系。合同的缔结一般都是通过招投标或议标的形式进行的,自招标人发出中标函时起合同成立,无论是否签署工程合同,如果当事人一方拒不签署工程合同,则属于违反合同即违约。

国际工程项目的运作过程大致分为:首先是承包商进行项目跟踪,项目立项后,通过招标或议标方式选择合适的承包商。公开招标的项目承包商要投标、评标委员会评标,然后开标,最后决定谁中标;议标的项目则是由承包商根据雇主要求提交工程报价,然后由雇主与承包商直接谈判即议标确定承包商,有的工程在招标前,还要进行资格预审。中标的承包商进行合同谈判,确定合同条款之后双方签署合同。然后,承包商根据合同要求实施合同建设工程,雇主根据合同支付相应的价款,项目竣工后经验收合格,工程交付和雇主接收。此后,一般还有一个保修期,项目才算结束。

承包方对工程项目的完成通常需要同第三方之间建立相应的分包、劳务及保险等合同关系。随着国际工程承包模式的发展,雇主对承包商的综合服务能力要求不断提高,承包商往往需要统包负责工程项目的设计、采购、施工、管理和融资等方面,所以承包商与第三方的有关合同关系也更为广泛复杂,一般还包括贸易合同、信贷及担保合同等等。分包商、供应商、劳务方、融资方及担保方,既可能来自国内,也可能来自国外,包括工程所在国和第三国,因为国际工程项目应当是在全球范围内整合资源,所以这些和第三方之间的协议往往也具有涉外性。

由于涉外工程承包合同关系的涉外性,相关合同制度的适用具有广泛性,不仅可以是我国和其他国家或地区的合同法、商法等有关商事交易规则;还可以是在跨国经济交往中形成的与工程有关的国际惯例,比如FIDIC系列合同、有关信用证支付的 UCP 600、有关工程担保的 URDG 758、有关工程设备材料采购的 Incoterms 2010 等；以及有关的国际条约，如《联合国货物销售合同公约》等。总体来看，对工程承包合同尚没有国际统一的具体规范，仍然以国内法为主。

（二）有关国家对涉外工程承包的监管及国际协调

由于涉外工程承包是一个长期的综合的跨国经济技术合作的过程，必然受到相关各国的监管，其中最主要的是工程所在地国的监管。工程所在地国对工程建设项目的监管，一方面是适用于各种工程承包的行业监管，一般是为了保证工程质量和安全、维护社会公共利益。首先表现为制定专门的法律法规约束管理工程建设及其相关行为，如招投标法、建筑法、建筑安全法等；[①]另外还体现为制定和完善与工程承包管理相关的法规制度，如劳动法、环境保护法等。另一方面则是仅适用于涉外工程承包的监管制度，这些特殊的监管通常是各国基于本国的实际，为了保护本国的相关产业和市场安全，促进本国在该领域的国际竞争力而制定的，一般体现为各种限制性规范，其对涉外工程承包实务的影响更值得关注。具体来看包括针对涉外工程承包的专项管理制度，如对项目经营者、技术管理人员、劳务用工方面的限制和要求；相关的涉外经贸管理规范，如劳务进出口管理制度、涉外税收制度、外汇管理制度及跨境担保制度等等。这些法律规范都是工程所在国政府行使其行政管理权的体现，具有强制性。

我国关于涉外工程承包的专门监管分为对外工程承包监管和外资工程承包监管。前者的主要规范是 2008 年颁布实行的《对外承包工程管理条例》及 2009 年颁行的《对外承包工程资格管理办法》，对中国的企业或者其他单位承包境外建设工程项目资格及资格条件、资格申请、《资格证书》管理和对外承包工程活动作出了规范；后者的主要规范为 2002 年颁行的《外商投资建筑业企业管理规定》，对外商投资建筑业企业的设立与资质的申请和审批、工程承包范围及其监督管理作出了专门规范。实施对外承包工程项目，如涉及 BOT、PPT、EPC 形式或按项目要求须在

---

① 我国有《中华人民共和国建筑法》《中华人民共和国招标投标法》《建设工程质量管理条例》《建筑业企业资质管理规定》等。

当地成立机构时,还必须遵守《境外投资管理办法》,取得《企业境外投资证书》。[①]

由于各国对涉外工程承包监管规范的确立和实施都是建立在保护本国市场和利益的基础上的,各种限制性规范实际构成国际工程承包市场准入的门槛,往往扭曲了国际工程承包市场程序、阻碍了国际贸易、投资及国际经济技术合作的正常发展。在国际经济全球化发展背景下,在有关国家及国际经济组织的积极推动下,就各国相关国内管理制度措施的国际协调规制方面取得了一定的成果。其中最重要的是在WTO体制下,国际工程承包作为服务贸易的范畴,纳入了《服务贸易总协定》制度框架。[②] 我国在《中国入世议定书》中也对工程承包及相关服务市场准入的开放作出了一定的承诺。[③] 我国加入WTO以后,正是基于履行WTO的规则和我国承诺的义务,对国内相关法规作出了一系列修改和调整。此外,还有一些与工程承包相关的国际公约,如涉及环保的《联合国气候变化框架公约》、涉及劳工的《国际劳工公约》、保护知识产权的《巴黎公约》等,对公约缔约方也具有约束力。再者,如果我国与其他国家签署了有关的其他双边或多边条约,这也对我国的涉外工程监管制度和措施的实施构成相应的约束。

二、涉外工程承包法律适用问题

涉外工程承包的运作涉及国内法范畴以外的其他国家的法律、国际公约及国

[①] 其中"在与我国未建交国家的境外投资;特定国家或地区的境外投资;中国投资额1亿美元以上的境外投资;涉及多国(地区)利益的境外投资;设立境外特殊目的公司"还必须经过商务部特殊批准。

[②] WTO是全球性贸易法律体制,其确立的多边贸易规则对所有成员方都有约束力,涵盖货物贸易、服务贸易及与贸易有关的知识产权保护领域,涉及各成员方的贸易管理以及与贸易有关的管理措施的规范。《建立世界贸易组织的协定》第16条第4款规定:"每一成员应保证其法律、法规和行政程序与所附各协定对其规定的义务相一致。"因此,WTO成员通过自动并入、转化或混合等直接适用或间接适用方式保证WTO规则得到适用,其法律、法规与制度与WTO规则不一致的,应当根据其入世承诺,必须进行修改。

[③] 参见《中国入世议定书》附件9《服务贸易具体承诺减让表》。

际惯例的适用,而这些规则对于涉外工程承包相关合同的订立和履行的规定存在差异,①由此在实践中,涉外工程承包合同法律的适用存在着冲突。法律适用既是合同履行的基础,也是处理和裁判合同纠纷的依据。适用的法律不同对有关当事人的利益影响也不同,所以如何确定相关法律的适用,这对于保证合同的正常履行,及时有效地解决合同纠纷,都是重要而必须的。

(一)涉外工程承包法律适用规则

关于国际工程合同适用法律的确定涉及法律冲突,其确定非常复杂。根据国际私法的一般原则,确定涉外工程承包法律适用的一般规则如下。

首先,合同应当适用合同选用的实体法,这是基于意思自治优先的私法原则。根据意思自治原则,涉外合同的当事人有权在协议一致的基础上,选择某国或某地区的法律来支配其间的权利义务关系。一般国家的国际私法都尊重当事人选择合同适用法律的意思自治权,规定当事人可以选择合同适用的法律,如果当事人选择了合同适用的法律,在解释合同和解决合同纠纷时,应当适用当事人在合同中选择的法律。关于国际工程承包的国际惯例也有类似的规定。② 中国国际私法中,明确了涉外工程承包合同法律适用上当事人意思自治原则优先,最密切联系的"工程所在地法"为补充原则。我国《涉外民事关系法律适用法》第 41 条规定,当事人可以协议选择合同适用的法律。当事人在合同中选择适用的实体法除了国内法以外,还应该包括国际商事惯例,但在中国法律和中国缔结或参加的国际条约对有关事项未作规定的情况下,国际商事惯例未经当事人选择也会发生适用。需要注意的是,各国国内立法和有关国际条约在采纳意思自治原则的同时,又分别对这一原

---

① 每个国家甚至不同地区都有自己不同的法律规定。根据各国法律制度的表现形式和历史渊源的不同特点,整个世界不同国家的法律可以分成不同的法系。德国法学家茨威格特和克茨在其《比较法总论》中将世界各国的法律体系分成 8 个不同的法系。由于法律的特殊性,即使属于同一法系的国家,其法律的具体规定也可能不同。

② FIDIC EPC 合同第 1.4 款(法律与语言)第 1 项规定:"The Contract shall be governed by the law of the country (or other jurisdiction) stated in the Particular Conditions."

则规定有若干不同程度、不同内容的限制。①

其次,如果合同当事人没有选择合同的适用法律,则应当适用与合同最密切联系的法律。从目前国际冲突公约和世界上主要国家冲突法立法看,涉外民事案件适用与其有最密切联系的法律的冲突规则,已经成为普遍认可的国际私法准则,但对于如何认定与合同最密切联系的方法则存在不同的学说。我国国际私法对此也作了相应的规定,《涉外民事法律关系法律适用法》第2条、第3条与第41条规定,当事人依照法律规定可以协议选择合同适用的法律,如果当事人没有选择合同适用的法律,则适用履行义务最能体现该合同特征的一方当事人经常居所地法律或其他与该合同有最密切联系的法律,除非法律另有规定。我国《涉外民事关系法律适用法》采用"特征性履行说",也称"特征性给付说"。② 但是,对于涉外工程合同则不能根据特征性给付标准来确定法律与合同的最密切联系。因为这样做,会导致在当事人对于合同适用法律没有规定的情况下,应适用承包商所在地国法,而这显然是不合理的。英国法已经考虑到这个问题,并认为不应采用特征性给付的标准来确定国际工程合同的适用法律,因为国际工程合同涉及的标的物是不能移动的不动产。在这种情况下,一般认为不动产即工程所在地法律为与合同有最密切联系的法律。

再次,合同还应当适用工程所在地与公共建设有关的行政管理法和针对涉外承包的管理法规。这些法律是工程所在国政府行使其行政管理权的法律,是强制性的规定,同时,也涉及工程所在国的公共政策的实施,国际工程承包商必须遵守,不得规避。我国《涉外民事关系法律适用法》也有相关的规定,其第4条与第5条

---

① 主要包括对当事人选择法律方式的限制,主要表现为是否或如何承认默示选择法律方式;对选择法律的时间限制,一般是要求当事人在合同订立后选择或变更选择的法律不应损害合同形式上的效力,或对第三者的权利造成影响;对选择法律内容的限制,即禁止当事人通过法律选择排除国内法的适用或排除有关国家强制性规则的适用,或规定只适用外国的实体法(如《涉外民事关系法律适用法》第4条、第5条、第9条)。

② 是指代表合同本质特征的一方当事人履行合同的行为。该理论由瑞士学者施尼泽(Schnitcer)创立,主张按照合同的特征性给付确定合同的适用法律。我国法院在确定最密切联系地法时,要求综合考虑当事人国籍、营业地、合同签订地、合同履行地、标的物所在地等与交易有关的全部事实。

规定,中华人民共和国法律对涉外民事关系有强制性规定的,直接适用该强制性规定。外国法律的适用将损害中华人民共和国社会公共利益的,适用中华人民共和国法律。

最后,还需要注意的是,选择适用的准据法是指该国现行有效的法律,而不是冲突规范;当作为准据法的那个国家有不同的法律体系时,依照一般的做法,是采取联结因素直接指向那个地区的法律,该国法律未作规定的,直接适用与该民事关系有最密切联系的地区的法律;如果当事人选择准据法后,准据法发生变化,应使用何时的法律,有两种不同的观点,有关国际公约也没有明确的规定,[①]但依据意思自治原则,应适用选择时的法律,除非准据法明确规定具有追溯力时,才可适用新的法律;准据法包括国际条约和国际惯例。准据法不仅是该国的国内法,而且包括该国参加缔结并受其约束的国际条约,除非该国作出保留。国际条约同国内法有不同规定的,应使用该国参加或缔结的国际条约的规定,但声明保留的条款除外。只有在国内法对当事人争议的问题未作规定时,才可适用国际惯例。

(二)涉外工程承包法律适用的选择

当事人基于意思自治选择法律适用对于涉外工程承包意义重大。优先适用当事人选择的法律,有利于合同关系的明确和稳定,并能为当事人提供可预见性,这对于维护当事人在期限长、金额大、内容复杂的涉外工程承包合同项下的合法利益至关重要。由此合同双方一定要谨慎对待选择法律适用条款,应充分协商,行使好自己的自主权,选择彼此认为最恰当的法律来管辖。[②]根据有关国际规则和实践,当事人在选择法律适用时应注意以下方面。

1. 法律适用条款应明确具体

法律适用必须在合同中予以明确,避免以后产生争议。法律适用条款是涉外工程承包合同不可缺的重要组成部分,主要包括:适用哪个国家的法律;利润和税

---

① 一种观点认为准据法是一个活的、变化的法律,合同应受变化了的法律支配;另一种观点认为法律的变化不应影响合同,合同应受选择时的法律支配。

② 扬子巴斯夫一体化工程中的工程承包合同,工程质量技术标准大多选择中国法律,合同争议基本上都选择适用第三国的法律。

务条款;资本和外汇转移条款;不可抗力和特殊风险条款;合同的生效、终止、中止条款;违约责任条款;合同争议的解决及仲裁条款。不同国家的法律对这些条款的规定可能有所不同,选择法律适用时应力求全面,合同法律适用要具体确定,争端解决的方法、程序以及仲裁的机构或诉讼的法庭也要明确,不能模棱两可,在合同签订之前,对所有可能发生法律歧义的内容作出明确的规定,签订一个法律适用条款全面具体的合同,发生纠纷时合同当事人方可取得主动权。

2. 法律适用条款应公平合理

在涉外承包活动中,基于双方实力的不均衡或特殊的背景,如承接政府工程或对承包人的资金、技术等方面有特别需求等等,业主对承包人,或承包人对业主都可能作出欠公平合理的要求,由此无论是作为对外承包商还是作为外资承包中的业主,都要注意考虑法律适用条款的可能性与公正性,以维护合同项下的利益。选择法律的适用对承包人来讲更为重要,而业主也倾向于选择自己熟悉的法律。在实践中,一般业主会选择适用本国法,有些英美法系的国家也会选择适用英国法,承包商一般都会接受。在仲裁规则的选择方面,一般比较常用联合国国际贸易法委员会仲裁规则或国际商会的仲裁规则。但发包人通常会在合同中放置这样的限制性条款:在合同履行过程中,发包人和承包人发生争议不能协商解决时,暂按发包人的决定执行,最终仍不能取得一致的,提交仲裁。加之支付条款对承包人有许多约束,在解决争议时,承包人往往处于被动地位。承包人一定要坚持双方当事人地位的平等,加强对可能选择的法律的学习和研究,耐心商谈,争取自己选择法律的适用,以达到法律价值取向上的公平。

3. 法律适用条款应注意关联性

在当事人没有对法律适用作出选择时,选择与合同具有最密切联系地方的法律,是国际工程承包合同选择法律适用的一项重要原则。根据国际经济法原理和国际仲裁实践,与合同联结的因素,不但包括客观因素,如缔约地、谈判地、标的物所在地、法人营业地等,而且还包括所谓探求当事人真实意图的主观因素,如合同所用语种、格式等。正是由于这些相关联系因素的考量有利于合同纠纷的公正解决,所以最密切联系原则已被越来越多的国家不同程度地接受。如果合同当事人在选择法律适用条款时,尽可能考虑纠纷出现的可能和纠纷与法律适用的关联性,便能够在合同执行过程中就将法律适用为己所用,最大限度地维护合法权益;也便于为日后解决纠纷,进行仲裁或诉讼提供最佳的法律上的依据。

4. 警惕自主选择权受到的限制

"意思自治"是国际上普遍遵循的法律适用首选原则,合同当事人可自主协议选择适用发包人所在国法,或承包人所在国法,或第三国法的法律。根据国际私法惯例,各国在确定国际经济合同法律适用时一般不会干涉双方当事人的选择,但却有一定的限制。例如:英国在确立一个涉外合同的效力时,就要求该合同不得违反履行地国家的法律,否则无效。在我国,当事人的法律选择也受到一定的限制:一是合同当事人不能通过选择法律确认一个违反我国法律的基本原则或违反我国社会公共利益的证据法;二是合同当事人不能通过选择法律排除适用我国必须适用于涉外经济合同的强制性法律规则。双方当事人要充分了解对以上自治原则的合法限制,以防止任何一方在合同适用条款中非法地限制对方的权利。

第二节　涉外工程承包法律适用的案例分析

涉外工程法律适用的不同导致国际工程项目的管理更复杂,项目也面临更多的市场风险。因此必须提高对国际工程承包过程中的风险认识,了解海外工程适用的国际惯例和当地法律环境,在签约和履行合同时更加注重风险的防范。

一、中铁建与沙特地铁项目:海外工程承包合同适用法规的复杂性

(一)案情

2009 年 2 月 10 日,中铁建与沙特阿拉伯王国城乡事业部签署了《沙特麦加萨法至穆戈达莎轻轨合同》。轻轨全长 18.25 公里,工期 21 个月,造价 7.7 亿美元。采用 EPC+O&M 总承包模式(即设计、采购、施工加运营、维护总承包模式)。中铁建负责麦加轻轨从设计、采购、施工、系统安装调试及三年的运营和维护等全部工作。根据合同,中铁建要保证在 2010 年 11 月 13 日前完成开通运营,达到 35%

运能；2011年5月前，完成所有调试，达到100%运能。合同签订后，由于各方面的原因，工程进展并不顺利，为了确保这一项目的顺利运转，中铁建举全系统之力，投入了大量的人力、物力，开展了一场"不计条件、不讲价钱、不谈客观"的大会战。11月13日，轻轨如期通车，但中铁建却宣告项目亏损将达到41亿元，中铁建股价暴跌。麦加轻轨项目曾被中铁建股份有限公司立为"走出去"的标志性工程，如今却成了这家国内铁路基本建设行业巨头的"滑铁卢"。

沙特政府曾经对轻轨项目进行了两次招标，那时邀标对象是沙特和其他国家的承包商，在两次招标失败后，沙特政府邀请了中铁建投标。中铁建根据自己在国内的经验报出了比其他投标方都要低的工程价格；同时，中铁建按照国内"政治项目"的经验对合同审核和谈判都比较粗糙，而寄希望于两国政府"协调"工程中的各种问题。

(二)评析

普遍认为，中铁建此次项目致命的失误就是没有详细考虑国际工程具有合同主体的多国性；货币和支付方式的多样性；国际政治、经济影响因素的权重明显增大；规范标准庞杂，差异较大等特点，而是根据以往在国内工程上取得的成就来断定能胜任麦加轻轨项目。虽然国内工程和国际工程字面上只有一字之差，但是国际工程的实际运作要比国内工程复杂得多，适用法规也已超出国内法的范畴，不仅涉及我国对外工程承包管理的有关规定，而且还涉及项目所在国的法律规范、国际公约、国际惯例及国际标准的适用，其中项目所在地国的限制性规范适用是强制性的，对承包商影响最大。

1. 对于沙特这个国家特殊的限制性规范情况了解不足。沙特是中东宗教气氛最浓的一个国家，各方面限制非常严，而中铁这个项目的工程所在地是伊斯兰的圣地麦加，限制就更严了。一个最明显的例子，这个地方甚至不允许非穆斯林进入，所以中铁在实施这个项目的时候，搜遍整个中铁集团寻找回族民工。同时聘请外国员工也给该工程增加了难度，承包商可引进实施工程所需要的任何员工。承包商必须确保此类人员所需的居住签证和工作许可。承包商应负责引进的承包商人员返回他们的招聘地点和户籍所在地。中铁建第一批用于该项目的劳务指标在签约5个月后的2009年7月才办理完毕。为了展开大规模的突击会战,中方于 5 月 15 日申请办理 6000 个劳务指标,直到 7 月 4 日才办理完毕,第一批人员进场。

2. 中铁建投标决策人员和项目管理人员对于 EPC 项目运作与 EPC 合同不熟悉。项目采用 EPC＋O&M 总承包模式,EPC 意味着承包商拥有项目设计权、采购权、施工权,同时也将有关风险转移给了承包商,尤其是在相关管制规范较复杂的情况下风险更大。但是,在麦加轻轨项目实际执行过程中,由于苛刻的合同条款,业主对建设标准和建设要求变更频繁,对设备和材料审批滞后,并指定了设计、系统和土建等关键环节的分包商,导致中国铁建没有掌握项目控制的主动权,却要承担总包商的终极责任,责权严重不对等。业主要求 500 万里亚尔(约 900 万元人民币)以上的合同分包商需其批准,导致关键环节的分包商均由业主指定。由于分包商众多,且多是业主指定的"名牌"公司,接口复杂,难以集中管控。项目实施过程中,连房间墙壁的颜色等都需要业主代表(城乡事务部副部长)亲自选择才能决定,导致大量本应通过正常流程决定的事情,需要经过若干次反复才能最后批复,审批进展滞后。并且项目的控制系统、控制设备均由西方公司提供,价格就比国内高出很多,中铁建对采购的价格没有把握准,造成设备采购的成本失控。说到底中铁建只不过是一个施工的总包商,甚至一个完整的施工总包都算不上,中铁建又何必做 EPC 还要加上 O&M 的总包呢？如果熟悉 EPC 合同的风险,大概不会签这样的合同。

3. 设计和施工标准规范不熟悉。该项目土建采用美国标准,系统采用欧洲标准,当然当地有强制性规定的,应适用当地标准,如消防、安全、环保等。欧洲标准和美国标准与中国标准差异较大,并在很多方面比中国标准更为严格,因为本项目为 EPC＋O&M 项目,设计、采购、施工和运营都由承包商承担。但是,中铁建包括其设计院和施工企业与其他中国承包商一样,一般并不是十分熟悉欧洲标准和当地标准。在设计阶段,如果不熟悉欧洲和当地的设计标准和规范,承包商的设计可能要反复修改,才能通过业主、工程师和政府部门的审批,在施工中也会不断地进行修改。在施工阶段,如果不熟悉欧洲和当地的施工、验收标准和规范,发生预想不到的工程量增加和工期延误的情况就理所当然了。

二、涉外承包合同条款变更纠纷案：明确合同适用法律的重要性

(一)案情

某公司在东欧承接了一个写字楼工程项目，合同约定适用该国法律。在项目实施过程中，工程材料价格飞涨，因此双方经过协商，就合同涨价和工程延期原则上达成一致，承包商和雇主的谈判代表签署了会议纪要。雇主项目代表要求承包商继续实施工程，但是，工程实施一段时间后，承包商仍然需要大量垫资。承包商据此要求雇主调价，雇主项目代表口头答应调价，但是，迟迟不予支付。承包商因此停止施工，雇主解除了合同。此后，雇主依据合同规定提起国际仲裁，向承包商提出索赔。在国际仲裁过程中，双方就该会议纪要的效力问题产生意见分歧。根据合同规定，变更应当签订补充协议，并且应当由雇主授权代表签字。雇主认为，会议纪要不是补充合同，谈判代表也不具有签字权，根据该国法律，该会议纪要不具有合同的效力。承包商认为，该会议纪要实际上就是补充协议，谈判代表签字后，雇主明知该会议纪要的内容，并没有提出反对，其项目代表也同意予以调价，因此构成表见代理，雇主应当承担责任。雇主认为，在该国法律下，表见代理有着严格的适用范围，仅适用于公交车售票员、商场售货员等特殊情况。最终，仲裁庭采纳了雇主方的意见。

(二)评析

面对涉外工程承包合同法律适用的冲突问题，依据意思自治优先原则，法律适用成为当事人间的一项重要的约定。如果没有约定，将很难确定应适用什么法，这使得各方的权利义务不确定，因为不同的法律制度对各方权利和义务的影响极大。

但需注意当事人的意思自治受到法律限制。一些国家的法律对合同选择适用的法律也有种种制约，例如，泰国法律规定"选择的法律不得与泰国的公共秩序和良好的道德相违背。外国法律必须被证明令法院满意，否则，必须适用泰国法律"。

就本案来看，在合同双方确定了法律适用的情况下，我国对外承包商就应当根据合同的适用法律对合同格式或某些条款进行解释，而不能想当然地以常识或中国法去解释。所以，必要时在签署合同或者其他法律文件之前，应当通过有关途径了解当地的法律。

三、香港某公司承包合同纠纷案：选择适用不同的法律，效果影响不同

（一）案情

某中外合资企业作为业主与承包方某香港公司签订工程承包合同，由香港公司承建大连市某商业大厦。合同约定保修期为1年，适用中华人民共和国法律，并约定适用仲裁。仲裁条款明确，在中国法律没有涉及的领域，仲裁员将根据合同条款和国际惯例来判断双方的权利。大厦竣工后，1997年承包商向业主发信确定余下工程款项发放安排，但业主未按时发放；业主代表于1998年3月发出"最后缺陷清单"，并于1998年5月发信要求承包方修补地库渗水缺陷；业主于1999年2月签署结算书同意发还工程余款1600万元。承包方于9月向法院提起诉讼，要求业主发还工程余款；业主提交答辩书并要求承包方支付1500万元作为缺陷维修费。法院判决业主须返还承包方工程款1600万元，但要求双方应按合同仲裁条款解决有关合同争议，并暂缓执行法庭判决直至仲裁裁决出现。业主于2000年6月向香港仲裁中心请求仲裁，要求承包方赔偿因质量缺陷和为完成项目引起的违约损失、租金损失、暂时修复工作和所有修复工作等费用。为尽快解决争议和减少仲裁费用，在仲裁庭开庭聆讯前，业主在详细审阅承包方提交的有关证据材料后主动提出协商和解。双方最后达成协议，业主发还所有工程余款并承担诉讼费及利息共计2100万元。

（二）评析

按照合同内仲裁条款，在中国法律没有涉及的领域，仲裁员将根据合同条款和国际惯例来判断双方的权利。因此法律的效力顺序为中国法律；合同约定；国际惯例。按照合同签订和履行的时间，相关的中国法律和法规包括《民法通则》《涉外经济合同法》《建设工程勘察设计合同条例》《建设工程质量管理办法》。正是据此，承包方资深法律顾问对合同的有关争议问题作出判断，并获得业主方面的信服。

关于工程保修期和质量责任问题。按照《建设工程质量管理办法》第41条第1款的规定，防水工程保修期一般为1年，屋面防水工程为3年。合同约定不能低于法律标准。1997年12月双方签署"用户意见卡"是对保修义务完成的确认，既

符合合同,也符合法律。按照《建设工程质量管理办法》第10、12条的规定,不同原因造成的质量缺陷应由不同单位负责,由此业主提出的各种缺陷应由专家分析鉴定原因再确定责任归属。

关于保修期届满后对质量责任的承担问题。由于本案是发生在《建筑法》颁布以前,尚没有法律法规规定保修期届满后的质量责任,只能依据《民法通则》第106条第2款追讨侵权责任,因此业主须承担对构成侵权责任必要条件的举证责任,而业主难以提供相应的证据。案中大部分缺陷问题都是在保修期后出现的,中国建筑法律制度中并没有"潜在缺陷"的概念,这点和英国法律下的"潜在缺陷"具有很大的差异。在内地,业主必须证明缺陷是在保修期内产生的,否则只能按发现缺陷的时间来判断是否属于保修期内的质量缺陷。所以选择适用的法律不同,效果也大不相同。

通过以上分析,可以看出涉外工程承包合同仲裁及法律适用条款的实际意义。

1. 不同地方的法律,受着不同法律体制的约束,因而带给当事人因合同而造成的争议不同的经济后果。一般而言,合同是国际文本,由于当地法律可能在特定方面未作规定,通常会选择其他国家的法律。例如FIDIC红皮书第1.4款规定"合同应受投标函附录中规定的国家(或其他管辖区域)的法律制约"。各国法律的区别主要体现为分属于不同法系,大陆法和英美法两大法系涵盖了世界上的一些主要国家。大陆法系的特点是以成文法为主,而英美法系的主要特点是注重法的延续性,以判例法为主要形式。对中国承包商而言,合同选择适用大陆法系国家的法律时,相对难度会降低,因为可以从这些国家颁布的成文法中获得相关的信息,来帮助我方对合同条款进行理解和判断。而如果合同中约定适用的是英美法系国家的法律时,对中国承包商的难度将加大,因为其法律并不是都以"法典"或"成文法"的形式存在的,大量法院的判决中所确立的法律原则或规则均构成法律的来源。

2. 在涉外工程建设中,国家法律、合同条款、国际惯例可能并不一致,因此仲裁条款内列明法律效力的次序,是直接影响裁决的一个重要因素。

四、中国建筑公司在美承包工程案：适用项目所在地法需注意的问题

（一）案情

1993年3月5日，中国建筑公司通过招投标获得美国集团公司高级商务楼建设工程的设计、施工权。1993年4月12日双方在美国签订一份《建筑工程承包合同》。合同约定：(1)商务楼工程的设计、施工全部由中国建筑公司承包负责，承包人保证工程质量达到美国建筑工程质量要求。(2)美国集团公司作为发包人保证按合同约定支付工程款，逾期付款承担每日10万美元罚金且工期顺延。(3)发包人负责建筑材料、机器设备的购买，1993年5月28日前交与承包人，逾期承担每日10万美元的罚金。(4)建筑施工期为1993年6月1日至1995年5月30日，逾期竣工承担每日罚金10万美元。(5)工程总造价为4100万美元，1993年6月1日前先支付30%预付款，1994年6月30日前再支付30%，验收合格后10日内付清余下40%。(6)争议解决，按诉讼方式在美国法院起诉，适用美国实体法和程序法。在合同履行的过程中，发包人提供的建筑材料、机器设备未能按期交与承包人，导致承包人无法按期施工，要求追究发包人逾期交货的责任。发包人告知：其在英国某公司购买的建筑材料、机器设备，已收到卖方的装船通知，到港时间为1993年5月26日，价格条件是CIF（洛杉矶）。提单等单据也寄送至美国集团公司所在地的信用证开出行，现迟迟未收到货物，其也不明原因。发包人最终收到货物的时间在1993年8月14日，拖延工期76天。承包人要求发包人承担逾期提供建筑材料、机器设备的责任并将工期予以顺延。发包人不同意，理由是海上运输遭遇大风暴，货物迟到属不可抗力，英国卖方不承担责任，运输方也不承担责任，当然其作为买方也不承担任何责任。最后，承包人虽经努力施工，工期仍拖延30天，于1995年6月30日竣工。工期质量得到发包人验收认可，但在结算工程款时发包人要求扣除30天逾期罚金300万美元。承包人提出异议，双方发生争执。

中国建筑公司依据合同约定诉讼至美国法院，美国法院根据其法律规定判决发包人胜诉，中国建筑公司应支付罚金300万美元。

（二）评析

本案中中国建筑公司败诉的关键，表面上看是因为《建筑工程施工合同》条款

缺乏对不可抗力的界定、明确工期起算日及采取单项工程竣工验收方面的规定,其实还有一个至关重要的因素,就是在选择适用工程所在地美国法的同时选择了美国的诉讼管辖,难免受所在国程序法和实体法的影响,承包方在案件的审理中可能遭受不公正待遇。相应的,对涉外合同中争议解决应争取仲裁,尽量选择设在第三方的国际仲裁机构仲裁——苏黎世仲裁院或斯德哥尔摩仲裁院,这样裁决的结果比较公正。

适用工程所在地法是最密切联系原则的体现,对于国际承包商来讲,为了明确和维护自己在承包实务中的正当权益,除了需要注意上述争端解决方式的选择外,还应当注重以下方面的问题。

1. 项目所在国有关国际工程承包合同的各项限制性法律规定,尤其是关于人员准入和劳动最低收入的规定。比如工程建筑类的法律,对质量健康安全的法律规定,涉及劳务的法律(包括工作许可、最低工资、当地化比率、员工福利待遇、职业健康安全等),对环境保护的规定(包括生态保护、废物或有毒物处理、粉尘、噪音等),以及税收、安全、交通等管理规定,尤其是其中针对国外承包企业进入本国工程承包市场的条件规定。近年来禁止或限制中国劳工进入的国家增多,使得中国承包商在实施项目中的成本、工期控制难度加大。比如印度政府禁止中国劳工参与电厂兴建工程的事例、中国企业在实施北汽澳大利亚二手设备拆迁项目中也遭到澳方拒绝签证。

2. 项目所在国所属的法律体系以及法制环境状况。两大法系的渊源不同,法律结构、法律适用以及诉讼程序都不同。应深入了解所属法系的司法实践原则。

3. 项目所在地法律还可能对合同中已经约定的内容产生否定性的作用。例如,根据《伊朗宪法》第968条的规定,"如果合同的一方是伊朗,而且合同在伊朗签订,那么不管合同各方在合同中如何约定,一般适用伊朗法律"。

4. 项目所在国是否是一些重要的国际公约的成员方,以及是否与我国签署了双边投资保护协定、避免双重征税协定等。其中最重要的是《纽约公约》。所属国是否是该公约成员国决定了国际仲裁法庭的仲裁结果能否在该国得到执行,直接关系到外国承包商的利益能否通过国际通行的司法程序得到保护。双边投资保护协定主要包括促进和保护投资协定、投资保证协议等类型,协定中往往会规定赋予缔约一方"公平和公正的"国民待遇以及"不低于第三国投资者的待遇"或最惠国待遇；允许投资者在合理期间内自由转移投资和收益、资本清算所得及征收补偿等收入；规定了东道国对外资征收或国有化必须是为了公共目的，且采取非歧视性方式、按照法律程序进行的前提条件；因战争、暴乱和相关原因所引起损失的补偿与缔约国对国民的补偿相当等权利。如果对外工程承包企业所在国与中国没有签订相应的协议，一旦发生风险事件，有关利益难以得到应有的保护。

五、某海外工程公司分包合同争议案：分包合同的法律适用问题

（一）案情

中国某海外工程公司承包了波兰的某大型建筑项目，承包商与分包商均为中国的建筑商，它们之间签订了该工程的分包合同。该工程在波兰如期开始施工，但该项目仅进行了一年多时间，因各种原因波兰方面提出解除合同，并索取巨额的赔偿。由于该纠纷涉及承包商与分包商之间的违约问题，在诉讼中承包商与分包商的一方认为应适用不动产所在地波兰法律，另一方认为由于双方均为中国建筑商，理应适用中国法律，就此产生了涉外建筑工程分包合同的多国法律冲突与适用问题。

（二）评析

1. 涉外建设工程分包合同的法律主体

在国际工程承包领域，由于项目工程大，总承包商往往会将工程的某些部分或总工程量的一定比例分派给一些符合资质条件的分包商完成。而在分包过程中若出现分包合同不能正常履行而导致分包商违约或因分包商的责任导致总承包商额外损失的情况下，就会产生业主、总承包商与分包商三者之间的法律关系。

根据 FIDIC 合同条件，分包可以由业主和承包商在签订合同时指定，或由工程师指令承包商雇用分包商承担部分工作，对于指定分包商，若承包商反对雇用指定分包商，而业主却坚持使用分包商的情况下，承包商对于分包商出现的问题不需要向业主承担责任。但这与我国关于业主、总承包商与分包商的规定是相冲突的，

我国相关规定要求承包商对因分包商造成的损失也应承担相应的连带责任。① 由此,我国涉外建设工程承包合同的法律关系更加复杂化,一个国际建设工程承包关系会涉及多个承包商与分包商,它们往往位于不同的国家,在适用法律问题上就会牵涉到管辖权的冲突。

2. 我国涉外建设工程分包合同关系的法律适用

根据我国《建设工程施工合同(示范文本)》,②我国建设工程施工合同发生纠纷时可选择的争端解决方式为仲裁或诉讼。由于涉外建筑工程的业主、承包商与分包商分布在不同国家,在发生纠纷时,究竟适用哪一国的法律是在实务中出现较多的问题。我国现有的法律并未对涉外建筑工程承包与分包合同纠纷案件管辖权作出明确规定,在法律适用上主要依照《民事诉讼法》与《涉外民事关系法律适用法》的相关规定,③而在 FIDIC 发布的标准合同版本中,并没有限制或明确约定有关适用特别法律的条款。

从其他国家的相关法律来看,在涉外建筑工程承包合同的诉讼上,虽然对于不动产物权纠纷提起的诉讼适用不动产所在地法律,但是越来越多的规定不再固守这样绝对化的专属管辖,在涉外不动产纠纷中,除了不动产物权上的争议,其他与不动产合同有关的法律适用越来越倾向于尊重意思自治原则,当事人之间可以协议选择合同适用的法律,若未选择,则适用最密切联系地的法律。虽然对于工程承包、分包合同的法律适用在《涉外民事关系法律适用法》及其司法解释上暂无具体的说明,但在《涉外民事法律适用法》实施之前的《中国国际私法示范法》也从法律

---

① 我国《建设工程施工合同(示范文本)》第 38.3 条有对分包的原则性规定:"工程分包不能解除承包人任何责任与义务。承包人应在分包场地派驻相应管理人员,保证本合同的履行。分包单位的任何违约行为或疏忽导致工程损害或给发包人造成其他损失,承包人承担连带责任。"

② 《建设工程施工合同(示范文本)》第 37.1 款规定:"发包人承包人在履行合同时发生争议,可以和解或者要求有关主管部门调解。当事人不愿和解、调解或者和解、调解不成的,双方可以在专用条款内约定一种方式解决争议:第一种解决方式:双方达成仲裁协议,向约定的仲裁委员会申请仲裁;第二种解决方式:向有管辖权的人民法院起诉。"

③ 见《民事诉讼法》第 23 条、第 33 条、第 34 条、第 266 条规定,《涉外民事关系法律适用法》第 36 条、第 41 条规定。

上肯定了在涉外建筑工程承包、分包合同法律适用上,将当事人的协定管辖放在优先的位置。①

3. 建议

在涉外建筑工程分包合同的法律适用问题上,应当采用当今国际上的主流观点,即以当事人意思自治为主,最密切联系地为辅的原则。对于涉外建筑工程,中国承包商与外国业主之间对于该不动产物权上的冲突,适用不动产所在地的专属管辖。而对于中国分包商与承包人之间,更多的是涉及合同上的纠纷,那么对于管辖权应该尊重双方协议选择的地点,若无协议选择,则适用最密切联系地。而涉外建筑工程承包、分包合同的最密切联系地则可以根据具体情况视为工程所在地或法人主营业地等。所以,若在海外工程中,承包商与分包商有一方或双方是中国建筑商,那么最密切联系是可以适用建筑商的主营业地中国法律的。对应本案,中国方面与波兰方面对于波兰境内的建筑工程的建设纠纷中,若案件中涉及中方承包商与分包商之间的纠纷,是可以适用中国法律的。

值得注意的是,当事人订立的仲裁协议能够排斥诉讼中的专属管辖。因此,若涉外建筑工程承包合同的当事人想获得工程所在地之外的国家的法律保护,目前可行的做法是在合同中约定仲裁法院,以保护自身的合法权益。

六、新德里国际机场航厦大楼项目:劳务用工方面的法律适用

(一)案情

新德里国际机场航厦大楼新建工程进口中国制玻璃幕墙,需 200 名中国专业人员安装,首都新德里国际机场管理当局新德里国际机场有限公司要求政府再发给另外 144 名中国专业人员工作签证,以协助安装从中国进口的航厦大楼幕墙玻璃,但遭到印度内阁国家协调委员会拒绝,并且未透露任何理由。在获知内阁委员会拒绝再发签证后,机场当局只好另谋安排,在不增加中国技术人员的情况下,继

---

① 《中国国际私法示范法》第 101 条规定:"当事人没有选择法律的,适用合同的最密切联系地法。通常情况下,下列合同的最密切联系地依如下规定确定:(13)工程承包合同,适用工程所在地法。"

续进行安装工程。本案说明,印度关于外国劳务输入的政策较为严格,并且在执行过程中存在一定的不确定性。

(二)评析

1. 涉外工程承包实务中关于劳务雇佣管理的法律适用具有强制性

合格的员工是工程成功最重要的因素。一般都是由承包商负责雇佣工程所有的员工,并且负责其待遇与吃、住、行。对于员工的来源,可以全部从国内派遣,也可以在当地雇佣部分员工,而项目管理人员和工人都从当地聘请的情况较少。对于员工特别是第三国员工的雇佣和管理,必须遵守当地有关员工和就业管理的有关法律。许多国家规定,不允许国外劳务输入,只能进入部分项目管理人员,如美国、加拿大、欧盟国家等。有的国家规定,如果本地可以找到的劳务人员只能在本地聘用,必须是在当地报纸登载招聘广告,招聘不到之后,才能从国外输入劳务。有的国家规定,招用当地劳务的比例不能低于一定的比例,比如30%,这些国家包括中东国家、俄罗斯和其他中亚国家等。另外,还有一些当地法律的特殊规定或特殊风俗习惯,如中东国家穆斯林的规定。而且在承包合同签订后的施工过程中,也可能突然颁布相关法令或措施,限制或禁止外国劳工输入,拒发工作签证。要注意项目所在地劳工最低收入法律制度,我国承包商在项目实施过程中往往因当地劳工局对员工收入调查而受到影响。

2. 建议

在涉外承包投标之前承包商应当了解当地申请办理签证、劳工输入许可或劳动指标的法律规定和政策,同时应当了解清楚办理这些手续需要的时间,并在合同中明确界定双方在此项规定上的义务。FIDIC没有规定谁负责办理劳工的工作许可,但根据合同条件承包商负责招聘项目管理人员和劳工,因此,他们的签证、工作许可当然应当由承包商负责办理。但因为各国关于劳务输入的法律规定各不相同,承包商最好争取规定,雇主负责办理中国劳工输入的工作许可,并协助办理相应的签证,特别是对于自己并不是很了解的地区,以免因为办理工作许可或者签证迟延或无法办理足够的工作许可,影响工程,增加费用,甚至被雇主解除合同,并遭遇雇主的索赔。

如果在签约时当地法律并不限制国外劳工输入,但在施工过程中突然颁布相关法令或措施,限制或禁止国外劳工输入,拒发工作签证,因此导致承包商费用增加或工期延误,可以根据合同和法律的规定向雇主索赔。

国际工程承包中发生工伤事故由承包商负责处理,但我国法律对于中国企业在国外工程中的工伤人员的工伤赔偿尚没有明确的规定,一般认为,可按员工来源的不同,适用不同的法律规定予以处理。如果工伤员工是工程所在国公民或第三国公民,则应当按照当地法律的规定进行赔偿;如果工伤员工是我国员工并且在当地已加入工伤保险的,应当首先按照当地法律的规定进行工伤赔偿,对于当地工伤赔偿低于国内工伤赔偿数额的应当补足差额;如果中国员工没有加入当地工伤保险,则应当按照我国《工伤保险条例》的规定执行。

七、某非洲项目承包合同未明事项的争议:国际惯例的适用问题

(一)案情

某公司承接了非洲某国的一个公路 EPC 项目,并签署了合同。合同规定,承包商负责项目所有材料直接或间接的供应,业主协助承包商办理进口材料设备的通关手续和从港口、机场运输施工必须材料和供应物的运输手续,但是合同没有明确规定材料运输和进场道路风险的承担。在施工过程中,承包商发现从该国港口到施工现场道路无法满足运输塑料设备的需要。由于材料运输延误,导致工期延误。承包商向业主索赔费用和相应的工期顺延。业主认可延误的主要原因是进场道路和材料运输道路问题所引起的,但认为这是承包商的责任,不同意承包商的索赔要求。后经过反复协商,雇主同意顺延工期,承包商也对部分进场道路进行了维修,加快了施工进度。

(二)评析

按惯例,在 EPC 合同项下,承包商应当承担合同规定由业主承担的风险以外的其他全部责任,除非适用法律有其他规定。FIDIC 合同第 4.12 款[不可预见的困难](b)项与(c)项也规定,通过签署合同,承包商接受对预见到的为顺利完成工程的所有困难和费用的全部职责,合同价格对任何未预见到的困难和费用不应考虑予以调整。在本案合同没有明确规定进场道路及货物运输责任承担的情况下,为什么没有直接适用有关的国际惯例呢?

国际惯例是国际习惯和国际通例的总称，也就是国际上通行的做法，是在国际政治与经济交往中逐渐形成的约定俗成的规范。[①] 国际惯例根据内容可以分为国际外交惯例和国际商业惯例。在法律上来讲，国际惯例是指狭义上的国际惯例，即具有法律约束力的国际规范性惯例，这是许多国家的法律渊源之一。我国《民法通则》第142条规定："中华人民共和国法律和中华人民共和国缔结或参加的国际条约没有规定的，可以适用国际惯例。"而广义的国际惯例还包括合同性惯例，须经当事人各方采用，才具有法律上的约束力。

关于国际惯例在涉外工程承包中的适用应当注意以下问题：

1. 规范性惯例的适用。一个国际习惯做法或规定是否能够构成国际规范性惯例，主要取决于两个方面：一是该惯例被许多国家广泛地遵守，二是该惯例被作为一种具有法律约束力的规范遵守。目前，适用于工程承包的构成法律渊源的国际惯例还不多，与工程有关的国际惯例主要涉及支付和担保的规定，如涉及执法的国际商会制定的有关信用证的《UCP 600》，有关工程担保的《URDG 758》，有关工程设备材料采购的《Incoterms 2010》等。在很多情况下，为了确定地采纳某一国际惯例的规定，可以在合同中直接规定适用该国际惯例。

2. 合同性惯例的适用。我国在国际工程项目中经常采用的最典型的合同性惯例为FIDIC合同条件。FIDIC系列合同虽然被一些国家在工程建设中采用，并且被亚洲银行业作为亚洲银行贷款项目必须采用的合同版本，但是，FIDIC系列合同只是被作为合同的蓝本，即使完全采用FIDIC合同通用条件，在合同专用条件方面也可以任意修改。因此很难说其被广泛地遵守，更不用说其作为具有法律约束力的规范遵守了。因此，FIDIC系列合同不是具有法律约束力的国际惯例，只是在国际工程市场使用较多的国际工程合同文本而已，英国的NEC合同、美国的AIA合同等就更谈不上是国际惯例了。

[①] 通常由国际组织或学术团体对不成文的惯例进行解释、整理编纂后的成文形式。随着国际经济交往的发展和科技的进步，这些成文的惯例也在不断地修订和补充，使之适应现代社会的发展需要。如由国际商会主持制定的广泛适用于国际货物买卖当事人权利义务的Incoterms 2010、UCP 600等。

3. 贸易术语的选择适用。我国企业对外工程承包一般都是总承包方式,而且通常是承包商可以从本国国内采购、组织储运工程所需的外资到现场,所以在贸易术语的选择上需要特别考虑的是保证工程所需材料及时运抵现场、有效配合施工进度、降低成本费用方面的意义,实践中 DES、DDP 这两个贸易术语在国际工程中应用较多。[①]

八、中机建设沙特分公司注册案:承包商主体资格的法律适用

(一)案情

中机建设公司为在沙特承接项目及开展工程承包业务,申请成立"中国机械工业建设总公司沙特分公司",向商务部办理审批后取得了《境外机构批准证书》,但按照沙特当地法律的规定,必须由母公司注入一定的资本金,但国家外汇管理局对仅持有《中国企业境外机构批准证书》的分公司无法办理外汇的汇出。

(二)评析

承包商要取得工程所在国的承包权,必须具备相应的主体资格。[②] 对于涉外承包人承包主体资格的判断需要依据两个方面的法律,一是依据我国的法律,二是工程所在地国的法律。这涉及我国有关对外承包资格审批管理和项目所在地国的法人认许和准入制度的适用和遵守。

1. 中国法律对承包商资格和境外投资批准的规制

中国承包商实施国际工程项目,必须遵守《对外承包工程管理条例》的规定。该条例从工程承包资格、对外承包工程的安全保障、外派人员合法权益、对外承包的工程质量和安全生产等方面对中国承包商实施国际工程项目进行了系统的规制,尤其是确立了对外承包工程资格制度,从法人资格、资金、管理人员和专业技术人员、安全防范能力、工程质量和安全生产保障能力以及商业信誉等分方面,对取

[①] 冯丽伟:《国际工程承包中国际贸易术语 DES、DDP 的选择、注意事项及案例分析》,载《赤峰学院学报(自然科学版)》2008 年第 10 期。

[②] 各国的国内立法从保护本国国家利益和国民私人合法权益角度,均排除自然人参与工程承包,要求建筑工程承包合同一方必须是具有法人性质的建筑企业。FIDIC 第 13 条规定,"凡指当事人或当事各方的词应包括公司、股份有限公司及具有法人资格的任何组织"。

得对外承包工程资格的单位应具备的条件做了规定。特别是明确规定工程建设类单位应当依法取得特级或者一级(甲级)资质证书。如果涉及 BOT、PPT 形式或按照项目所在国要求需在当地成立机构时,必须遵守商务部《境外投资管理办法》,取得《企业境外投资证书》,其中"在与我国未建交国家的境外投资;特定国家或地区的境外投资;设立特殊目的公司"还必须经过商务部特别核准。在向商务部办理审批时,不仅要区分在项目所在国成立机构的性质,还要结合考虑项目所在国法律的要求。[①]

2. 项目所在地国对工程承包商资格的认许制度

无论大陆法系还是英美法系国家,都认为必须经过本国法律的认许,外国的建筑承包企业才有在该国从事工程承包活动的权利。一方面是由于关于企业法人的权利能力和行为能力的法律适用存在冲突,[②]所以对外国企业法人的主体资格要经过认许;另一方面是出于对本国利益的保护,各国对外来承包商准入的资格条件要做限制。因此,国际通行的做法是各国国内法设立法人的认许制度和市场准入制度。

对外国法人的认许是一国根据本国的法律对外国法人的资格进行审查,承认并允许其在本国从事涉外民事活动的过程。对外国法人的认许包含两个方面的内容,一是外国法人依有关外国法律是否已经有效成立;二是依外国法已经有效成立的外国法人,内国法律是否也承认它作为法人而在内国存在和活动,即依本国的法律是否承认外国法人资格、其活动的范围和权利的限制以及对外国法人的监督等。

[①] 此外,中国承包商实施国际项目涉及的货物进出口、人员出入境、海关以及税收、外汇等事项,也必须严格依照我国法律的规定办理。

[②] 法人权利能力和行为能力的法律适用,以往单纯地依法人属人法的规定,即依法人的国籍或住所地所属国的法律规定。由于各国对法人的国籍或住所的规定存在分歧,导致在国际经济交往中关于法人身份地位的法律冲突,必然出现甲国法人在乙国被允许以法人身份充实民商活动,而到了丙国就不被认可为法人的情况。所以在国籍和住所两个不确定的连结点基础上附加"行为地"连结点重叠适用,能更有效地确定法人的权利能力和行为能力。一国出于主权利益的保护,如果允许外国法人以法人身份存在,外国法人具有了同本国法人同等的权利能力和行为能力就必然会依其行为地法加以规制。当然,解决法人主体资格冲突问题最理想的做法是通过普遍性国际条约来明确统一规范法人的标准。

外国法人的认许方式主要有三种:①特别认许、概括认许和一般认许,另外还有国际立法认许方式。各国对外国建筑承包企业在本国从事承包活动采取不同的认许方式。加拿大、美国等采取一般认许制,韩国采取特别认许制,日本实行概括认许与特别认许制度相结合的方式,只有 WTO 缔约方的承包商才有条件进入;欧盟实行概括认许制。②

针对承包商主体资格在市场准入方面的限制主要体现为对项目竞标资格的特殊要求。如根据海湾合作委员会(GCC)国家的有关规定,参加本地竞标项目的企业必须是在本国有关部门正式注册的当地公司或当地公司与外国公司的合资公司,外国公司要以总包方式参与,或与当地公司成立合资公司并在当地注册,取得竞标资格,或是采取买标方式,否则只能分包。③

结合本案,中机建设总公司正是为了便于在沙特的工程承包业务才在当地注册设立分公司。但依据沙特法律对于注册分公司同样有注入资本额的要求,这已相当于子公司的设立。而根据我国相关的管理法规,一般全资子公司、项目公司、合资公司均应申领《企业境外投资证书》,而分公司、代表处、办事处则申领《境外机构批准证书》,由此导致中机建设公司不能正常办理外汇手续及完成注资。因此,

---

① 特别认可,即内国对外国法人通过特别登记或批准程序加以认可;概括认可,即内国对属于某一外国的特定的法人概括地加以认可,只要其符合国内立法的规定均能获得认可;一般许可,即内国通过国内立法形式明确规定外国法人的认可条件,不问其属于何国,只要其符合国内立法的规定,一般都加以认可,无须履行其他任何手续。另外还有国际立法认许方式,即通过国际条约保证相互认可对方国家法人,如 1956 年海牙《承认外国公司、社团和财团法律人格的公约》和 1968 年布鲁塞尔《关于相互承认公司和法人团体的公约》,但在国际建筑工程承包领域尚没有法人认许方面的国际公约。

② 企业法人认许制度是各国适用"行为地法"调整涉外工程承包主体法律关系的一种管理制度,出于各国国情考虑也是合理的。但对于概括认许和不予认许,实际上是对外国建筑承包企业权利能力和行为能力的一种限制制度。

③ 在沙特,对于朱贝勒等工业城项目,政府规定必须交给产权为 100% 的沙特公司承担,在找不出适当的沙籍公司的情况下,才将工程授予外国公司。沙特籍公司或沙特方面投资的合营公司享有优先中标权。初次进入沙特市场且没有在当地获得注册经营地位和承包商资格的外资承包企业,必须通过与有资格的当地承包商建立联合体、建立合资企业、转包或分包以及委托当地承包商代理等间接方式参与承包工程竞争。参见驻沙特使领馆经商处发布的《沙特承包工程市场国别指导政策》(2010)。

实际中必须结合项目所在国法律的要求来办理有关手续。

九、中机建设国际工程项目适用标准与法律的冲突

(一)案情

在中机建设承接的菲律宾北吕宋铁路项目执行中,合同约定的技术规范要使用中国标准,但同时又约定了"本合同在所有方面均应按菲律宾法律解释和组成",根据菲律宾法律的规定,菲律宾标准排斥了中国标准。这个问题成为困扰项目实施的主要问题之一。

(二)评析

1. 标准是否属于法律的范畴? 标准不是由国家制定或认可的,并由国家强制力保证实施的具有普遍约束力的社会规范,仅是由主管机构批准,以特定形式发布的统一规定,一般体现为国家标准和行业标准的形式。所以,标准不属于法律的范畴。

2. 标准可否具有强制性? 根据有关法规,如我国的《标准化法》,往往赋予国内标准以强制力。这种由先在法律予以规定的标准叫强制性标准。在国际项目的实施中,通常还会用到"国际标准",指国际标准化组织(ISO)、国际电工委员会(IEC)和国际电信联盟(ITU)制定的标准。目前许多国家直接把国际标准作为本国标准使用。ISO/IEC 导则 21-1981(E)中规定,一般采用六种方法将国际标准和国外先进标准订入(编入)采用国国家标准:认可法、封面法、完全重印法、翻译法、重新制定法、包括与引用法。当国际标准通过这些方法订入(编入)采用国国家标准后,就产生了与国家标准同等的法律效力。

据此,我们认为,一项强制性标准必须有使之具备"强制性"的在先法律的强制性规定,所以合同的适用法律条款——在效力上超过了规范确定的标准。即使修改了合同的法律适用条款,作为项目所在国法律对标准的强制性规定依然必须遵守。所以中国承包商在进行合同谈判时,必须对合同约定适用国法律、项目所在国法律对于标准的规定进行比较分析,防止冲突的产生。

【延伸阅读】

一、学术论文专著

1. 郑超、王守清:《中国对外承包工程案例分析》,中国建筑工业出版社 2007 年版。

2. 张水波、陈永强:《国际工程承合同管理》,中国建筑工业出版社 2011 年版。

3. 李志强:《国际工程承包项目风险管控与案例分析》,载《工程建设与设计》2012 年第 11 期。

4. 朱中华:《FIDIC EPC 合同实务操作:详解·比较·建议·案例》,中国建筑工业出版社 2013 年版。

5. 崔军:《FIDIC 合同原理与实务》,机械工业出版社 2011 年版。

6. 王守清:《欧亚基础设施建设公私合作(PPP)案例分析》(中英文对照),辽宁科学技术出版社 2010 年版。

7. 何铁军、王永强:《国际工程承包合同法律适用的完善》,载《大庆师范学院学报》2007 年第 6 期。

8. 乔英白、徐昭曦:《实施国际工程项目的法律规制》,《国际工程与劳务》2011 年第 3 期。

二、网络链接

1. 中国对外工程承包商会,http://www.chinca.org。

2.《国际工程与劳务》,http://119.254.67.16/periodical.aspx。

3. 中国工程管理网,http://www.21cpm.net/Article/International/Law。

4. 商务部合作司承包工程市场国别报告,http://www.mofcom.gov.cn/mofcom//yewufenlei.shtml♯z04。

5. 卢运广:《FIDIC 及涉外建筑工程分包合同的法律适用》,载中国律师网,http://www.acla.org.cn/lvshiwushi/11588.jhtml。

第六章 争端解决

第一节 涉外工程承包索赔概述

【本节要点】掌握涉外工程承包常见的索赔问题;理解涉外工程索赔的主要依据。

一、涉外工程承包常见的索赔问题

在涉外工程承包实践中,索赔实质上是承包商和业主之间在分担合同风险方面重新分配责任的过程。在合同实施阶段,当发生政治风险、经济风险和施工风险等意外困难时,工程成本大幅增加,可能大大超过投标时的计划成本。因而应重新划分合同责任,由承包商和业主分别承担各自应承担的风险费用,对新增的工程成本进行重新分配。在工程承包活动中,索赔是指签订合同的一方,依据合同的有关规定,向另一方提出调整合同价格,调整合同工期,或其他方面的合理要求,以弥补己方的损失,维护自身的合法权益。

(一)现场条件变化索赔

现场条件变化的含义是:在工程实施过程中,承包商遇到了一个有经验的承包商不可能预见到的不利的自然条件或人为障碍,因而导致承包商为完成合同要花费计划外的开支。按照国际工程承包惯例,这些额外开支应该得到业主方的补偿。

工程现场条件变化这一事实,在不同的合同标准条件中有不同的称呼。FIDIC新红皮书称其为"不可预见的外界条件"。在美国的土木工程标准合同条件中,将施工现场条件变化称为"不同的现场条件"。这些不同的合同语言,其含义是相同的,它们引起了施工现场条件变化索赔。

工程现场条件变化的含义,主要是指工程现场的地下条件(即地质、地基、地下水及土条件)的变化,给项目实施带来严重困难。这些地基或土条件,同招标文件中的描述差别很大,或在招标文件中根本没有提到。至于水文气象方面原因造成的施工困难,如特大暴雨、洪水对施工带来的破坏或经济损失,则属于投标施工的风险问题,而不属于施工现场条件变化的范畴。在索赔中处理的原则是:一般的不利水文气象条件,是承包商的风险;特殊反常的水文气象条件,即通常所谓的人力不可抵御的自然力,一般属于业主的风险。

不利现场条件的类型主要分为:第一类不利的现场条件与第二类不利的现场条件。第一类不利的现场条件是指招标文件描述现场条件失误。即在招标文件中对施工现场存在的不利条件虽然已经提出,但严重失实,或其位置差异较大,或其严重程度差异极大,从而使承包商误入歧途。第二类不利的现场条件是指在招标文件中根本没有提到,而且按该项工程的一般施工实践完全是出乎意料地出现的不利条件。这种意外的不利条件,是有经验的承包商难以预见的情况,如在开挖基础时发现了古代建筑遗迹、古物或化石;遇到了高度腐蚀性的地下水或有毒气体,给承包商的施工人员和设备造成意外的损失;在隧道开挖过程中遇到强大的地下水流等。上述两种不同类型的现场不利条件,不论是招标文件中描述失实的,不是招标文件中根本未曾提及的,都是一般工程实施中承包商难以预料的,从而引起工程费用大量增加或工期延长。从合同责任上讲,这都不是承包商的责任,因而应给予相应的经济补偿或工期延长。

(二)工程范围变更索赔

工程范围变更索赔是指业主和工程师指令承包商完成某项工作,而承包商认为该项工作已超出原合同的工作范围,或超出他投标时估计的施工条件,因而要求补偿其新增开支。超出原合同规定范围的新增工程,在合同语言上被称为"额外工程"。这部分工程是承包商在投标报价时没有考虑的工作。它在招标文件的"工程量表"中及其"施工技术规范"中都没有列入,因而承包商在采购施工设备和制定工程进度计划时都没有考虑。因此,对这种额外工程,承包商虽然应遵照业主和工程师的指令予以完成,但是他理应得到报酬,包括得到经济补偿以及工期延长。

在工程范围变更的各种形式中,新增工程的现象最为普遍。工程师在其工程变更指令中,经常要求承包商完成某种新增工程。这些"新增工程",可能包括各种不同的范围和规模,其工程量也可能很大。因此,要在索赔管理中严格确定"新增工程"的确切范围。如果它是属于工程项目合同范围以内的"新增工程",应称为"附加工程";如果它是属于工程项目合同范围以外的"新增工程",则应称为"额外工程"。所谓附加工程,是指那些合同项目所必不可少的工程,如果缺少了这些工程,该合同项目便不能发挥项目预期的作用。或者说,附加工程就是合同工程项目所必需的工程,这才是合同语言中真正的"附加工程",也是承包商在接到工程师的工程变更指令后必须完成的工作,无论这些工作是否列入该工程项目合同文件中。所谓额外工程,是指工程项目合同文件中"工作范围"中未包括的工作。缺少这些工作,原订合同工程项目仍然可以运行并发挥其效益。所以,额外工程是一个新增加的工程项目,而不是原合同项目工程量表中的一个新的工作项目。如果属于"附加工程",即使工程量表没有列入,它也可以增列进去;如果是"额外工程",便不应列入工程量表中去。

(三)工程拖期索赔

工程拖期是指承包商为了完成合同规定的工程花费了较原计划更长的时间和更大的开支,而造成拖期的责任不在承包商方面。此处工期拖期的原因可能是由于业主的责任,或是其他客观原因,而不是承包商本身的责任。

工程拖期索赔的原因通常在下列情况下发生:第一,业主的原因。如未按规定时间向承包商提供施工现场或施工道路;干涉施工进展;大量地提出工程变更或额外工程;提前占用已完工的部分建筑物等。第二,工程师的原因。如修改设计;不按规定时间向承包商提供施工图纸;图纸错误引起返工等。第三,客观原因。是业主和承包商都无力扭转的,如政局动乱、战争或内乱、特殊恶劣的气候、不可预见的现场不利自然条件等。

(四)加速施工索赔

当项目的施工遇到可原谅的拖期时,采用什么措施属于业主的决策。这里有两种选择:或者给承包商工期延长,允许整个工程项目的竣工日期相应拖后;或者要求承包商采取加速施工的措施,宁可增加工程成本,也要按计划工期建成投产。

业主在决定采取加速施工时,应向承包商发出书面的加速施工指令,并对承包商为加速施工拟采取的加速施工措施进行审核批准,明确加速施工费用的支付问题。承包商就加速施工所增加的成本开支,将提出书面的索赔文件,这就是加速施工索赔。采取加速措施时,承包商要增加相当大的资源投入量,使原定的工程成本大量增加,形成了附加成本开支。这些附加开支主要包括以下几个方面:第一,采购或租赁原施工组织设计中没有考虑的新的施工机械和有关设备。第二,增加施工的工人数量,或采取加班施工。第三,增加材料供应量和生活物资供应量。第四,采用奖励制度,提高劳动生产率。第五,工地管理费增加等。由于加速施工必然导致工程成本开支大量增加,因此承包商在采取加速措施以前一定要取得业主和工程师的正式认可,否则不宜正式开始加速施工。因为有时工程师虽然口头要求承包商加速施工,但是他认为这是承包商的责任,要使工程项目按合同规定的日期建成,不谈论已经形成施工拖期的责任属于谁。这就为将来加速施工索赔埋下了合同争端的隐患。

二、涉外工程索赔的主要依据

对于索赔成功而言,需要充分翔实的资料来证明自己拥有索赔的权利,而且所提出的索赔款额是准确的。对于每一项具体的索赔要求,都应该提出一套必需的证据资料。由于索赔的具体事由不同,所需的论证资料也有所不同。但是,对于大部分的索赔而言,以下八个方面的文献和资料是不可缺少的。应该善于从合同文件以及工程实施过程中的大量资料中寻找索赔的依据。这八个方面的文献和资料是:

1. 法律和法规

对一个工程项目的索赔首先要收集和研究与之相关的各项法律和法规,在国外承包工程时,尤其要注意这项工作。因为每一个国家都有大量的涉及工程项目实施的法律法规,如招标投标法、公共采购法、合同法、公司法、劳务法、仲裁法等。还有相关部门制定的法规、规章,如招标投标法、公共采购法、合同法、公司法、劳务法、仲裁法等。还有相关部门制定的管理办法,如有关外汇管理的指令,税收变更的指令等。初到一个国家,搜集这些资料是很困难的,一般应聘请当地的律师协助。论证有关索赔问题时,要尽可能查看有关法律依据,如有涉及的条款则可以引入索赔报告的论证。

2. 合同文件

招标文件是业主方拟定的合同文件的草案,通过招标投标过程(包括标前会议及相关的信函往来),特别是签订合同前的谈判,对招标文件都要进行一些修改。谈判中达成一致的意见一般均写成"合同协议书备忘录"(或附录),连同招标文件的大部分内容构成合同文件。但招标文件中仅与招标过程有关的不计入合同文件。合同包括的全部合同文件有:合同协议书、合同协议书备忘录、中标函、投标函、通用合同条件、规范、图纸、资料表以及合同协议书中列入的其他文件。这些文件都是索赔的重要依据。因为索赔是一方违背了合同文件中的有关规定和要求,损害了对方的利益所招致的后果,因此,在编写索赔报告时,一般都要引述合同文件中的相关文件及相关条款,来支持自己的索赔要求。

3. 来往信函

在合同实施期间,合同双方有大量的往来信函。这些信函都是结算和索赔的依据资料,如工程师(或业主)的工程变更指令,口头变更确认函,加速施工指令,工程单价变更通知,对承包商问题的书面回答等。这些信函(包括电传、传真资料)可能繁杂零碎,且数量巨大,但应仔细分类存档,以应急需。

4. 会议纪要

在工程项目从招标到建成移交的整个期间,合同双方要召开许多次的会议,讨论解决合同实施中的问题。所有这些会议的记录,都是很重要的文件。工程和索赔中的许多重大问题,都是通过会议反复协商讨论后决定的。如标前会议纪要、工程协调会议纪要、工程进度变更会议纪要、技术讨论会议纪要、索赔会议纪要等。对于重要的会议纪要,要建立审阅制度,即由做会议纪要的一方写好纪要稿后,送交对方(以及有关各方)传阅核签,如有不同意见,可在纪要稿上修改,也可规定一个核签的期限(如 7 天),如纪要稿送出后在约定的期限内不返回核实意见,即认为同意。这对会议纪要稿的合法性是很必要的。会议纪要,特别是涉及变更、索赔等事项的重要会议纪要,一定要与会双方负责人签字确认。这点非常重要。

5. 施工现场记录

能否持之以恒地建立和执行一套完整的现场记录制度,是承包商施工管理水平高低的一个重要标志。施工日志现场记录的具体项目甚多,主要的如施工日志、施工检查记录、工时记录、质量检查记录、施工设备使用记录、材料使用记录、施工进度记录等。有的重要记录文本,如质量检查、验收记录,还应有工程师或其代表的签字认可。工程师同样要有自己完备的施工现场记录,以备核查。

6. 工程财务记录

在工程实施过程中,对工程成本的开支和工程款的历次收支,均应做详细的记录,并输入计算机备查。这些财务资料包括,工程进度款每月的支付申请表、工人劳动计时卡和工资单、设备材料和零配件采购单、付款收据、工程开支月报等。在索赔计价工作中,财务单证十分重要,应注意积累和分析整理。

7. 现场气象记录

水文气象条件对工程实施的影响甚大,它经常引起工程施工的中断或工效降低,有时甚至造成在建工程的破损。许多工期拖延索赔均与气象条件有关。施工现场应注意记录气象资料,如每日降水量、风力、气温、河水位、河水流量、洪水位、洪水流量、施工基坑地下水状况等。如遇到地震、海啸、飓风等特殊自然灾害,更应注意随时做好详细的记录。

8. 市场信息资料

大中型工程项目,一般工期长达数年,对物价变动等信息资料,应系统地搜集整理。这些信心资料,不仅对工程款调价计算是必不可少的,对索赔亦同等重要。如工程所在国官方或民间组织(如商会)公开出版的物价指数报道、外汇兑换率行情、工人工资调整决定等。

三、涉外工程索赔的意义

在履行合同义务的过程中,当一方的利益因对方的原因遭受损失时,向对方提出索赔是弥补损失的唯一办法。无论是对承包商,还是对业主,搞好索赔管理都具有重要的意义。由于工程项目工期长,易受多种外界和人为因素干扰,以及承包市场的激烈竞争,工程承包商的经营风险越来越大。为了求得生存和发展,就必须不断提高经营管理水平,尤其是合同管理水平,这是提高索赔成功率的关键。

工程索赔的重要意义主要在于:

1. 维护应得权利,增加项目收益

双方签订的合同,应体现一种公平合理的原则。在履行合同过程中,双方均可利用合同赋予自己的权利,要求得到自己应得的利益。因此,在工程承包经营中,承包商可以大胆地运用工程承包合同赋予自己进行索赔的权利,对在履行合同义务中额外的工作增加的支出提出索赔。实践证明,如果善于利用合同进行索赔,可能会获得相当大的索赔款额,有时索赔款额可能超过报价书中的利润。因此,工程索赔已成为承包商维护自己合同利益的关键性方法。

2. 提高经营水平

索赔获得成功的关键是必须有较高的合同管理水平,尤其是索赔管理的水平,才能制定出切实可行的索赔方案。因此,必须要有合同管理方面的人才和现代化的管理方法,科学地进行施工管理,系统地对资料进行归类存档,正确、恰当地编写索赔报告,有策略地进行索赔谈判。通过一系列的实践活动,就可以培养出一批高水平的工程管理方面的人才,而现代化的管理方法也在实践中不断得到总结和完善。这些均可提高承包商的经营管理水平和在国际工程承包市场上的竞争力。

第二节　关于 DAB 规定的适用

【本节要点】掌握涉外工程承包纠纷的特点;理解 FIDIC 的相关规定。

涉外工程承包法律实务

涉外工程承包纠纷具有不同于其他领域国际商业纠纷的特点：第一，纠纷发生的次数和频率都比较高，一个工程项目实施过程中不发生纠纷的情况是比较少见的；第二，工程建设的特点要求当事人双方都期望能尽快解决纠纷，否则可能会影响工程的实施，增加工程成本，造成更大的损失；第三，纠纷具有很强的专业性，因为工程纠纷多数涉及工程的专业知识，没有工程专业知识的人员难以顺利解决专业的纠纷；第四，解决纠纷之后甚至在纠纷解决过程中，纠纷双方可能仍需要继续合作，如果直接采用一般的诉讼仲裁的方式，会费时费力，增加工程成本，也不利于工程的实施。

为了解决工程纠纷问题，FIDIC起草人在相关国家建筑工程实践经验的基础上，设计了DAB制度即争端裁决委员会制度。"DAB"全称"Dispute Adjudication Board"即"争端裁决委员会"。DAB是一种不同于仲裁和诉讼的选择性纠纷解决方式。在DAB出现之前，FIDIC合同解决争议的非诉讼仲裁解决方式是工程师裁决，即独立工程师作为中间人就雇主与承包商之间发生的争议作出公正的裁决。根据1987年版的FIDIC红皮书第67.1款[工程师的决定]对此进行了规定。根据该款规定，如果雇主与承包人之间发生了争端，这些争端无论是与合同或工程施工有关的或由其产生的，无论是在施工过程中或工程完成后，无论是在放弃合同、终止合同之前或之后，包括对工程师的意见、指令、决定、证书或估价有争议的问题，首先应书面通知工程师并抄送另一方。在收到通知84天之内，工程师应作出决定并将其决定通知雇主及承包商。但是，工程师裁决制度在国际工程实践中并没有得到普遍的接受，反而暴露出许多问题。

一是独立工程师缺乏独立性。独立工程师并不独立。其公正性难以得到保证。众所周知，独立工程师受雇主雇用，其报酬也由雇主支付。因此，独立工程师在履行职责的过程中其独立性必然会受到影响，往往会偏袒雇主。

二是独立工程师缺乏公正性。独立工程师既是项目的工程师，同时又作为处理当事人纠纷的中间人，就像体育活动中的运动员兼做裁判员，其自身往往与争议本身有利害关系，无法做到独立和公正。

三是承包商很难接受独立工程师的决定。独立工程师作为雇主方聘用的第三方工程师,其实并不是真正中立的第三方,而是雇主的代理人,其作出的争议裁决无论是否公正,承包商都很难信服和接受。

基于以上原因,工程师决定的方式难以真正解决工程中的纠纷。1995年版的FIDIC设计建造与交钥匙合同首次采用了双方共同选择第三方人员组成DAB的方式裁决双方争议,替代原来工程师决定的方式。1999年版的FIDIC合同条件4种合同,全部采用了DAB裁决作为解决当事人争议的方式。DAB裁决方式虽然不能完全解决当事人的所有争议,但是相比较于工程师决定的方式更容易被当事人接受。从近几年的实践来看,越来越多的国家认可了这种纠纷解决方式,甚至在国内建筑工程中也借鉴采纳这种处理方式。

FIDIC合同第20条是关于DAB的规定,该内容包括5款,即第20.0款[争端裁决委员会的任命]、第20.3款[对争端裁决委员会未能取得一致]、第20.4款[取得争端裁决委员会的决定]、第20.7款[未能遵守裁决委员会的决定]、第20.8款[争端裁决委员会任命期满]。另外,关于DAB的内容,除了合同正文的上述规定以外,其实还包括合同附录的两个文件:一是《争端裁决协议书一般条件》,二是DAB的《程序规则》。

一、规定详解

FIDIC合同第20条是关于DAB的规定,该内容包括5款,即第20.2款[争端裁决委员会的任命]、第20.3款[对争端裁决委员会未能取得一致]、第20.4款[取得争端裁决委员会的决定]、第20.7款[未能遵守裁决委员会的决定]、第20.8款[争端裁决委员会任命期满]。上述5款规定了DAB成员的选择和任命、在当事人意见不一致时如何任命DAB成员、DAB裁决的程序、不遵守DAB裁决的处理、DAB期满后的处理。

1. 第20.2款[争端裁决委员会的任命]

第20.2款[争端裁决委员会的任命]规定了DAB成员的选择和任命,包括当事人选择DAB成员的期限、DAB组成人数、DAB成员的选择方式、DAB成员协议、报酬、替代成员、DAB成员的任期终止。

(1) DAB成员的选择的期限。根据本款第1段的规定,当事人之间的争端应按照第20.4款[取得争端委员会]的规定,由DAB即争端裁决委员会裁决。双方应在一方按第20.4款规定通知另一方将争端提交DAB的意向后28天内,联合任命DAB。

(2) DAB组成人数。根据本款第2段的规定,DAB应按专用条件中的规定,由具有适当资格的1名或3名成员组成。如果对委员会人数没有规定,且双方没有另外协议,DAB应由3人组成。一般项目金额较小,工程比较简单时,DAB可以设定为由1名成员独任;如果工程金额较大,工程较为复杂,DAB则应当设定为3名成员组成。独任之所以设定DAB为1名或者3名的奇数组成人员,是为了便于在裁决时作出决定。

(3) DAB成员的选择方式。根据本款第3段与第4段的规定,如果DAB由3人组成,各方均应推荐1人,报他方认可,双方应同已推荐的2名成员协商确定第三名成员,此人应任命为主席。但如果合同中包括有备选成员名单,除有不能或不愿接受DAB的任命外,成员应从名单上的人员选择。根据上述规定,DAB专家应当由当事人各自推选1名,然后协商推荐第3名即DAB的主席。在资格方面,国际咨询工程师联合会编写的《菲迪合同指南》认为,当事人可能倾向于推荐从事过当事人所属建筑行业的专家或有建设工程经验的专业律师担任主席。

(4) DAB成员协议与DAB程序规则。根据本款第5段的规定,双方与该唯一成员(裁决人)或该三人成员的每个人间的协议书,应参考本通用条件附述规定,双方当事人应当和每一位被任命的DAB成员签署一个三方协议即裁决协议书,具体规定DAB成员和合同当事人即雇主与承包商的义务、DAB成员的报酬、合同当事人与DAB成员违反协议的责任等。

(5) DAB成员的报酬。根据本款第6段的规定,DAB成员中独任成员或三人成员中每人的报酬条件,应由双方在协商任命条件时共同商定。每方应负担上述报酬的一半。

(6) DAB替代成员。根据本款第7段的规定,如果经双方同意,他们可以在任何时候任命一位或几位有适当资格的人员,在原成员拒绝或者不能履行职责时替代 DAB 的一位或几位成员。除非双方另有协议,在某一成员拒绝履行职责,或因其死亡、无行为能力、辞职或任命期满而不能履行职责时,上述替代任命即告生效。替代任命应按照本条款所述对被替代人在提名或商定时所需的同样方式进行。

(7)DAB 成员的任期终止。根据本款第 8 段的规定,对任何成员的任命,可以经过双方相互协议终止,但雇主或承包商都不能单独采取行动。除非双方另有协议,对 DAB(包括每位成员)的任命应在 DAB 已就根据第 20.4 款提交给它的争端作出决定时期满,除非这时又有其他争端根据第 20.4 款提交给 DAB,在此情况下,相应的期满日期应是 DAB 也对这些争端作出决定时。因此,根据以上规定,DAB 成员的任期终止有两种形式:协议终止和 DAB 决定作出时终止。

2. 第 20.3 款[对争端裁决委员会未能取得一致]

第 20.3 款[对争端裁决委员会未能取得一致]规定了当事人对 DAB 成员组成未能协商一致时的处理方式。根据本款的规定,如果下列任一情况适用,即:

(a)在合同期限内当事人未能一致选定 1 人 DAB 的独任成员,即到第 20.2 款第一段规定的日期,双方未能就 DAB 唯一成员的任命达成一致意见。

(b)在合同期限内当事人一方未能提名 3 人 DAB 中的成员,即到该日期,任一方未能提名 DAB 三人成员中的一人(供一方认可);

(c)在合同期限内当事人未能就 DAB 主席达成一致,即到该日期,双方未能就 DAB 第三位成员(将担任主席)的任命达成一致意见;或

(d)在原成员不能履职时当事人未能在约定期限内一致选定替代成员,即在唯一成员或三人成员中的一人拒绝履行职责,或因其死亡、无行为能力、辞职或任命期满而不能履行职责后 42 天内,双方未能就任命一名替代人员达成一致意见。

在上述情况下,合同专用条件中指名的任命实体或官员,应在一方或双方的请求下,并经与双方做应有的协商后,任命 DAB 该成员。此项任命应是最终的、决定性的。每方应负责支付给该指定实体或官员报酬的一半。

3. 第 20.4 款[取得争端裁决委员会的决定]

第 20.4 款[取得争端裁决委员会的决定]是关于 DAB 程序的规定,内容包括 DAB 的启动程序、DAB 决定的作出程序和对 DAB 裁决的异议程序。

(1)DAB的启动程序。本款第1～3段规定了DAB的启动程序。根据本款该3段内容的规定,如果双方之间发生了有关或起因于合同或工程实施的争端(不论何种种类),包括对雇主的任何证明、确定、指示、意见或估价的任何争端,在已按照第20.2款[争端裁决委员会的任命]和第20.3款[对争端裁决委员会未能取得一致]的规定任命DAB后,任一方均可以将该争端事项以书面形式提交DAB,并将副本送另一方,委托DAB作出裁定。此项委托应说明是根据本款规定作出的。对于3人DAB,该DAB应被认为,在其主席收到委托的日期已收到该项委托。双方应立即向DAB提供,DAB为对该争端作出决定可能需要的所有资料、现场进入权及相应措施。DAB不应被认为是仲裁人。因此,根据以上规定和相关文件规定,启动DAB的一般程序是:当事人一方向另一方发出提交DAB裁决争端的意向通知,然后,当事人在发出通知28天之内共同组建DAB。

(2)DAB决定的作出程序。本款第4段规定了DAB决定的作出程序。根据该段的规定,DAB应在收到此项委托或者其附录即争端裁决协议书一般条件第6条中提到的预付款额,二者中较晚的日期后84天内,或在可能由DAB建议并经双方认可的此类其他期限内,提出它的决定,决定应是有理由的,并说明是根据本款规定提出的。但是,如果任一方未能对每位成员按照附录第6条的规定提交的发票全部付清,在直到该发票全部被付清前,DAB应有权不提交它的决定。决定应对双方具有约束力,双方都应立即遵照执行,除非并直到如下文所述,决定在友好解绝或仲裁裁决中应作出修改。在进行DAB决定期间,承包商应继续按照合同实施工程,除非合同已被放弃、拒绝或终止。因此,以上规定和相关文件规定,DAB作出决定的一般程序是:当事人向DAB交付预付款(日酬金估算总额的25%+预算费用支出总额);当事人一方向DAB提交书面索赔请求;另一方提交书面回复;双方共同向DAB提交相关资料;召开听证会和进行询问调查;当事人交付所有款项;DAB作出决定并通知当事人(自收到委托并收到预付款84天内)。

(3)对DAB裁决的异议程序。本款第5～7段规定了对DAB裁决的异议程序。根据第3段的规定,如果任一方对DAB的决定不满意,都可以在收到该决定通知后28天内,将其不满向另一方发出通知。如果DAB未能在收到此项委托或此项付款后 84 天(或经认可的其他)内提出其决定,则任一方都可以在该期限期满后 28 天内,向另一方发出不满的通知。在上述任一情况下,表示不满的通知应说明是根据本款规定发出的,且应说明争端的事项和不满的理由。除第 20.7 款[未能遵守争端裁决委员会的决定]和第 20.8 款[争端裁决委员会任命期满]所述情况外,除非已按本款规定发出表示不满的通知,任一方都无权着手争端的仲裁。如果 DAB 已就争端事项向双方提交了它的决定,而任一方在收到 DAB 决定后 28 天内,均未发出表示不满的通知,则该决定应成为最终的,对双方均具有约束力。因此,根据以上规定和相关文件规定,对 DAB 裁决表示异议的一般程序是:当事人任一方向对方发出表示不满的通知(自收到决定 28 天内);友好协商(不是必经程序);提交仲裁(自表示通知发出后第 56 天或之后)。

4. 第 20.7 款[未能遵守裁决委员会的决定]

第 20.7 款[未能遵守裁决委员会的决定]规定了当事人不遵守 DAB 决定的处理。根据本款的规定,在以下情况下:

(a)未在合同期限内表示异议,即任一方在第 20.4 款[取得争端裁决委员会的决定]中规定的期限内均未发出表示不满的通知;

(b)DAB 决定已经生效,即 DAB 的有关决定(如果有)已成为最终的、有约束力的;

(c)当事人不遵守 DAB 决定,即有一方未遵守上述决定。

这时,另一方可以在不损害其可能拥有的其他权利的情况下,根据第 20.6 款[仲裁]的规定,将上述未遵守决定的事项提交仲裁。在此情况下,第 20.4 款[取得争端裁决委员会的决定]和第 20.5 款[友好解决]的规定不适用。

因此,在 DAB 决定已生效但是一方当事人不予遵守时,另一方当事人应当提交仲裁解决。

5. 第 20.8 款[争端裁决委员会任命期满]

第 20.8 款[争端裁决委员会任命期满],规定了因 DAB 任命期满或其他原因没有 DAB 的情况下,发生争端时的处理办法。根据本款的规定,如果当事人双方之间因与合同或工程实施相关或由其引起的问题产生争端,且又因 DAB 任命期满或其他原因,没有 DAB 进行工作,则:

(a) 第 20.4 款[取得争端裁决委员会的决定]和第 20.5 款[友好解决]的规定不适用；

(b) 此项争端可以根据第 20.6 款[仲裁]的规定，直接提交仲裁。

二、FIDIC 合同条文比较

1. 第 20.2 款[争端裁决委员会的任命]

FIDIC 三个合同条件关于第 20.2 款[争端裁决委员会的任命]的规定，除了规定中引用的个别文件名称不同和 DAB 替代人员规定的部分文字不同以外，还有三点不同：

第一，任命 DAB 的时间不同。银皮书与黄皮书规定，双方应当在一方向另一方提出按第 20.4 款将争端提交 DAB 的意向通知发出后 28 天内，联合任命 DAB。红皮书规定，双方应在投标书附录中规定的日期前联合任命 DAB。按照国际咨询工程师联合会《菲迪克合同指南》的建议，红皮书规定的"投标书附录中规定的日期前"应当是指承包商开始实施工程之前。

第二，DAB 解决的事项不同。根据红皮书的规定，DAB 自开工前成立，到结清证书生效时届满，贯穿项目整个实施工程，DAB 成员通常会定期视察现场，在视察期间，经双方当事人和 DAB 同意，DAB 可以帮助当事人避免发生争端，起到预防纠纷的作用，也就是不仅在争议发生后进行事后处理，也可以在纠纷发生前介入处理。红皮书第 20.2 款[争端裁决委员会的任命]第 7 段规定，如果经双方同意，它们可以在任何时候联合将某事项交由 DAB 提出意见。根据银皮书和黄皮书的规定，双方应在一方向另一方提出按第 20.4 款将争端提交 DAB 的意向通知发出后 28 天内，联合任命一个 DAB，DAB 成员的任期到 DAB 对提交它处理的争端作出决定时届满。根据以上规定，银皮书和黄皮书规定的 DAB 即临时 DAB 只解决当事人提交他处理的争端，只是进行纠纷的事后处理。因此，红皮书项下的全程 DAB 与银皮书和黄皮书规定的临时 DAB 相比，受理解决的事项范围更广。

第三，DAB 任期届满的时间不同。红皮书第 20.2 款[争端裁决委员会的任命]第 10 段规定，除非双方另有协议，在第 14.12 款[结清证明]中的结清证书生效后，DAB 每位成员的任期届满。银皮书与黄皮书第 20.2 款[争端裁决委员会的任命]第 8 段规定,除非双方另有协议,DAB 每位成员的任期应在 DAB 根据第 20.4 款提交给它的争端作出决定时届满。

2. 第 20.4 款[取得争端裁决委员会的决定]

FIDIC 三个合同条件关于本款的规定,除了个别单纯用词不同以外,还有两点不同:

其一,银皮书和黄皮书增加规定,在已按照第 20.2 款[争端裁决委员会的任命]和第 20.3 款[对争端裁决委员会未能达成一致]的规定任命 DAB 后,当事人才可将争端事项提交 DAB。红皮书没有此规定,因为红皮书规定,在开工之前就应当任命 DAB。

其二,银皮书和黄皮书增加规定,在收到委托同时收到预付款后 84 天内,DAB 应作出决定;同时规定如果任一方的每位成员未能按照附录第 6 条的规定提交的发票全部付清,在直到该发票全部被付清前,DAB 有权不提交决定。红皮书则没有上述规定。本款第 7 段规定的"如果 DAB 未能在收到此项委托或此项付款后 84 天(或经认可的其他)期限内,提出其决定"中,增加的"或此项付款"也是与上述规定相对应的。上述规定的原因是,在红皮书项下,DAB 在开工前组成,并且当事人应当按照 DAB 提供的服务,每次支付相应的费用,不需要在此特别规定;而银皮书属于一次性临时组织,应当特别明确先收款、后裁决。主要目的是防止当事人之间的争端和其他服务的费用支付,按照《争端裁决协议书一般条件》第 6 条[报酬]的规定在服务工程中支付。

3. 第 20.3 款[对争端裁决委员会未能取得一致]、第 20.7 款[未能遵守裁决委员会的决定]、第 20.8 款[争端裁决委员会任命期满]

FIDIC 三个合同条件关于上述 3 款的规定相同。

三、适用建议

1. 当事人应当充分理解 FIDIC 建议的三种 ADR 解决方式并根据实际情况作出适当的选择。FIDIC 三个合同条件与 FIDIC 合同适用指南规定和建议了三种 ADR 即非诉讼仲裁纠纷解决方式:一是全程争端裁决委员会或常设争端裁决委员会,二是临时争端裁决委员会或特聘争端裁决委员会,三是传统的工程师决定。

FIDIC 即国际咨询工程师联合会编写的《菲迪克合同指南》建议,三种合同形式均可根据项目的具体情况选择使用 DAB 形式,红皮书和黄皮书的情况还可以根据情况选择工程师决定的方式,银皮书当然无法使用工程师决定的方式,因为在银皮书项下的项目不设立工程师。DAB 的形式也有两种,即 1 人 DAB 与 3 人 DAB,当事人在签约前应当根据项目的规模、工期、工程涉及专业的复杂程度决定使用哪一种形式。因此,当事人应当充分理解 FIDIC 建议的三种 ADR 解决方式并根据项目实际情况作出适当的选择。

2. 如果当事人选择使用 DAB 方式,应当同时确定与 DAB 相关的事宜。如果合同选择使用 DAB 方式解决争议,当事人应当同时确定与 DAB 相关的事宜,如 DAB 的组成人数、备选人员名单或 DAB 成员条件、DAB 每个成员的报酬、DAB 组成任命机构或人员。合同第 20.2 款[争端裁决委员会的任命]、第 20.3 款[对争端裁决委员会未能取得一致]和附件[争端裁决协议书的一般条件]与[程序规则]中,并没有明确 DAB 的组成人数、备选人员名单或 DAB 成员的资格要求、每个人的报酬条件、当事人对 DAB 成员任命意见不一致时的任命机构或人员。根据上述条款和文件的规定,承包商应当在专用条件中明确 DAB 的组成人数与备选人员名单、当事人对 DAB 成员任命意见不一致时的任命机构或人员(如 FIDIC 主席或其指定官员,或者当事人认可的其他组织或人员);在任命 DAB 成员时或者合同专用条件中,应当协商确定 DAB 成员的资格要求与每个成员的报酬。关于 DAB 成员的资格要求,FIDIC EPC 合同附录《争端裁决协议书一般条件》第 3 条[保证],列举了三项内容作为当事人任命 DAB 的依据:具有同类工程的工作经验、解释合同文件的经验,并能够使用合同规定的交流语言,当然还可以根据项目情况增加对 DAB 成员的国籍要求等条件。

3. DAB 裁决是必经程序。除第 20.7 款[未能遵守争端裁决委员会的决定]和第 20.8 款[争端裁决委员会任命期满]所述情况外,除非已按本款规定发出不满的通知,任一方都无权着手争端的仲裁。根据以上规定,如果当事人发生争议,必须首先提交 DAB 处理,除非发生以下情况,即因为 DAB 任期届满或其他原因,如合同专用条件指名的实体或官员拒绝指定或者无法指定独任 DAB 或者 3 人 DAB 的主席,导致无法组成 DAB 处理争议。根据第 20.8 款[争端裁决委员会任命期满]

的规定,在没有 DAB 工作的情况下,当事人可以将争议直接提交仲裁解决。如果不存在没有 DAB 处理争议的情况,当事人直接提交仲裁进行仲裁,则该当事人即属违约,如果另一当事人提出异议,仲裁机构应当不予受理。

4. DAB 裁决的法律效力。根据 FIDIC 合同的规定,如果当事人对 DAB 裁决不满,并在约定时间内发出不满通知,该裁决不生效,当然也没有任何法律约束力。那么,如果当事人没有在约定时间内发出不满通知,DAB 作出的裁决是否具有约束力?根据 FIDIC 合同通用条件第 20 条的规定,应当具有约束力,当事人就相当于签署了一个合同。但是应当注意的是,DAB 裁决虽然有法律约束力但是没有强制执行力,不能直接申请管辖法院强制执行。可以说 DAB 决定一般情况下不是终局裁决,因为一般情况下,DAB 不是法律规定的可以作出有强制执行力裁决的组织,该组织依据合同约定而不是法律规定成立并运行,不是仲裁机构或者司法机构,其作出的裁决不是仲裁裁决或法院判决,一般情况下,法律也没有规定其具有法律强制执行力。因此,不能直接申请司法机关强制执行,必须通过仲裁裁决或法院判决后,才能申请司法机关强制执行。FIDIC EPC 合同第 20.4 款[取得争端委员会的决定]第 3 段明确规定,此次的 DAB 不能被认为进行仲裁员的工作。FIDIC EPC 合同第 20.7 款[未能遵守争端裁决委员会的决定]也有相应的规定。根据该款的规定,如果任一方在合同第 20.4 款规定的期限内均未发出表示不满的通知,DAB 的有关决定已成为最终的、有约束力的决定,有一方没有遵守上述决定时,另一方可以根据第 20.6 款[仲裁]的规定,将上述未遵守决定的事项提交仲裁。所以,FIDIC EPC 第 20.4 款第 7 段所说的"final and binding"的意思是,当事人约定通过 DAB 进行裁决解决争议,决定出来后当事人如果没有在约定期限内表示不满,该决定就有了约束力,当事人应当履行,不能随意变更,应予以承认和执行,"final"是对"binding"含义的强化,而不是说该决定等同于仲裁裁决或者法院生效判决,可以直接申请法院强制执行。所以,FIDIC 合同规定的"final"的意思并不是法律上的终局。当然,如果合同适用法律规定,生效的 DAB 裁决具有法律强制执行力,则生效的 DAB 裁决即可成为真正的终局裁决,是真正的 final and binding decision。因此,一般情况下,生效的 DAB 裁决并非具有强制执行力的终局裁决,在这种情况下,生效的 DAB 决定虽然不具有强制执行力,但是仍然具有法律约束力,如果适用法律没有相反的规定,仲裁机构和法院应当支持DAB的决定。根据我国法律的决定,中国目前不承认法院和仲裁机构以外的其他民间机构作出的决定具有强制执行力。

5.应当重视DAB专家和指定机构的选择。根据FIDIC EPC合同第20.2款[争端裁决委员会的任命]和第20.3款[对争端裁决委员会未能取得一致]的规定,如果DAB由三人组成,各方均应推荐一人,报他方认可,双方应同这些成员协商,并商定第三名成员,此人应任命为主席。如果是1人DAB则由双方协商一致共同任命。如果在第20.2款第1段规定的期限内,当事人双方未能就DAB独任成员的任命达成一致意见,或者任一方未能提名DAB三人成员中的一人供另一方认可,或者当事人双方未能就DAB主席的任命达成一致意见;或者DAB成员拒绝履职或不能履行职责后当事人双方在42天内未能就任命替代人员达成一致意见,在专用条件中指明的任命实体或职员,应在任一方或双方的请求下,并经与双方做应有的协商后,任命DAB该成员。此项任命应是最终的、决定性的。根据以上规定,合同任一方当事人均有权提名自己一方的DAB成员或替代成员,与另一方共同任命DAB主席,并与另一方在合同专用条款中协商确定DAB成员指定机构或官员。但是,许多承包商往往不注意该权利的使用,很随意地就同意了雇主的意见,这可能会导致较大的隐患。因为生效的DAB裁决一般会被仲裁确认,未生效的DAB裁决也会给仲裁庭先入为主的印象,如果不重视DAB专家和指定机构的选择,最终会使纠纷处理结果有利于雇主的可能性大大增加。FIDIC EPC合同第20.6款[仲裁]第4段规定,DAB的任何决定都应可以作为仲裁中的证据,因此,建议当事人重视DAB专家和指定机构的选择。

第三节 关于涉外工程承包合同争议的解决适用

【本节要点】了解涉外工程承包合同争议的纠纷解决方法,掌握FIDIC的相关规定。

一、友好解决规定的适用

(一)规定详解

友好解决也就是我们经常说的当事人自己和解,一般情况下,它不同于调解,也不同于DAB裁决,不需要像调解或者DAB裁决方式,必须聘请第三方主持解决,而是由当事人之间直接通过相互谈判和协商,达成一致,解决争议。当然,也可以通过第三方调解后,再进行和解。FIDIC合同对于合同解决的形式和程序没有具体的规定,当事人可以根据实际情况,采取不同的方式,在达成和解后,承包商当事人一般都要签署书面的和解协议,将和解内容固定下来。和解是当事人最常用的,也是最好的解决方式,对当事人来讲不仅节省了成本和时间,便于当事人自动履行,而且不破坏当事人之间已经存在的友好合作关系。

FIDIC合同第20.5款[友好解决]规定了和解解决争议的方式。和解可以在争议的任何阶段进行,但是本款规定的和解是特指,在当事人一方或双方提出对DAB决定不满的通知后仲裁开始前的阶段,以友好协商方式进行的和解。根据本款规定,如果已按照上述第20.4款发出了表示不满的通知,双方应在着手仲裁前,努力以友好方式来解决争端。但是,除非双方另有协议,仲裁可以在表示不满的通知发出后第56天或其后着手进行,即使未曾做过友好解决的努力。

(二)适用建议

1.当事人可以考虑在DAB决定的基础上和解。本款规定的目的是,要求当事人尽量以和解的方式解决对于DAB决定的争议,慎重开始仲裁程序。

2.在和解期限内当事人不能开始仲裁。本款还规定了进行仲裁的期限为当事人表示不满的通知发出后第56天之内。在此期限内,当事人不能开始仲裁程序,如果在此期限内当事人没有达成和解,无论当事人是否进行过友好解决的努力,任何一方都可以申请开始仲裁程序。

3.友好解决不是必经程序。FIDIC合同本款规定,除非双方另有协议,仲裁可以在表示不满的通知发出后第56天或其后着手进行,即使未曾做过友好解决的努力。上述规定表示,友好解决并非必经程序,即使当事人没有进行过和解的尝试,56天友好解决的期限结束时或之后,也可以开始仲裁程序。当然,在此期限内,当事人不能开始仲裁程序,除非另一方当事人同意。

4.DAB成员不应介入友好解决程序。

二、关于仲裁条款规定的适用

在涉外工程承包中发生争议时,一般首先通过DAB决定或工程师决定、友好协商或调解解决,上述方式无法解决时,还可以通过司法或者准司法途径即法院诉讼或仲裁的方式解决。所以,法律解决方式是争议和纠纷的最终解决方式。在涉外工程纠纷中,多数当事人选择以国际仲裁方式解决争议,即选定一个当事人双方认可的国际知名仲裁机构或者组成临时仲裁机构解决争议。当然也有选择诉讼的,也有的在一个合同中部分争议纠纷选择仲裁,部分争议纠纷选择诉讼解决;甚至还有的规定由双方政府有关部门组成一个专门委员会予以协调解决(一般是国家项目)。仲裁与其他纠纷解决方式相比,具有以下特点和优势:独立性、快捷性、灵活性、便于执行及保密性强。

(一)规定详解

FIDIC合同第20.6款[仲裁]规定了仲裁方式,并推荐ICC仲裁即国际商会仲裁来解决合同争议。

第20.6款[仲裁]是有关仲裁的规定,包括当事人的仲裁权、在仲裁程序中DAB证据及DAB决定的效力、仲裁启动时间及仲裁期间当事人与DAB的关系。

1.当事人的仲裁权。根据本款第1段的规定,如果有关争端的DAB决定(如有)未能成为最终和有约束力的决定,除非已获得友好解决,应通过国际仲裁对其作出最终裁决。除非双方另有协议,当事人:(a)争端应通过ICC仲裁解决,即争端应根据国际商会仲裁规则最终解决;(b)争端应默认为三人仲裁庭,即争端应由按照上述规则任命的三位仲裁员负责解决;(c)仲裁应默认仲裁语言为合同语言,即仲裁应以第1.4款[法律和语言]规定的交流语言进行。

2.在仲裁程序中DAB证据及DAB决定的效力。根据本款第2段和第3段的规定,仲裁人应有权公开、审查和修改与该争端有关的雇主(或其代表)发出的任何证书、决定、指示、意见或估价,以及DAB的任何决定。在仲裁时,任一方均不受以前为获得 DAB 的决定向其提供的证据或论据或在其表示不满的通知中提出的不满意理由的限制。DAB 的任何决定都可以作为仲裁中的证据。

3. 仲裁启动时间及仲裁期间当事人与 DAB 的关系。根据启动时间及仲裁期间当事人与 DAB 的关系与本款第 4 段的规定,仲裁在工程竣工前或竣工后,都可以着手进行。当事人双方与 DAB 的义务,不得因为在工程进行过程中正在进行的任何仲裁而改变。

(二)适用建议

1. 建议当事人遵守仲裁协议并在对方不遵守协议时及时提出异议。如果当事人签署了仲裁协议或者在合同中有专门的仲裁条款,则应当按照仲裁协议或仲裁条款的约定,提交约定的仲裁机构仲裁,如果违反合同约定申请其他仲裁机构解决争议或者向法院提出诉讼解决争议,其他仲裁机构和法院将不予受理。同时,仲裁协议具有独立性,具有独立于合同其他条款的效力,即使合同无效、不成立或者终止,仲裁条款仍然有效。

2. 当事人应当注意仲裁条款的起草。当事人要通过仲裁解决纠纷,必须事前签署书面的仲裁协议。仲裁不同于诉讼,诉讼虽然存在一定的管辖选择权,但总体上反映的还是国家意志,表现为法定管辖;仲裁属于协议管辖,反映的是当事人的合意,即当事人提交仲裁解决争议的共同意思表示即合意是仲裁管辖的前提。没有合意就没有仲裁,这也是由它的非官方性即民间性决定的。

3. 仲裁裁决的执行。主要是强制执行的问题,仲裁机构是民间机构,没有强制执行的权利。一般是申请其财产所在地的法院来执行。是否能得到当地法院的执行,主要是看所在国家是不是相关国际公约的缔约国或者是否与申请人所在国有相关双边条约。在仲裁执行领域,最重要的公约是 1958 年《纽约公约》。

4. 选择专家证人和索赔律师。对于仲裁特别是重大复杂的仲裁,最好聘请具有国际经验的工程索赔公司的资深专家担任专家证人,并聘请国际工程专业律师代理仲裁。承包商选择专家证人特别是律师的好坏是索赔能否成功的关键因素之一。选择国际工程律师时,最好选择国际知名的、有着良好信誉的专业人员,不要过分关注律师收费的高低。当然,最好同时选择当地或合同适用地国家的律师,以及国内国际律师组成律师团相互协作。

5.关于多方仲裁。一般来说仲裁只涉及当事人双方,但是有时候可能也会涉及多方即三方或更多的当事人(简称"多方")。该种情况包括两种:一是同一份合同涉及多方当事人;二是不同的数份合同涉及多方当事人。如果多方当事人都与争议事项有联系,并且提出了不同的仲裁申请,就称为多方仲裁。

6.尽量选用机构仲裁。机构仲裁也称常设仲裁,是由合同当事人的合意选择仲裁机构按照其自身或者当事人选择仲裁规则解决合同争议的方式,是最普遍的仲裁方式。在机构仲裁中,仲裁案件由常设的管理仲裁的机构、自身的仲裁规则和熟练的专业人员专门管理,在管理上更为专业,因此,建议当事人如果没有特殊需要,尽量选择机构仲裁。

【案例分析】

某公司承接了中东某国机场建设项目。合同条件由雇主在 FIDIC 合同的基础上修改而成。合同规定,当事人关于合同的争议应首先交 DAB 决定,DAB 须在收到请求后 90 天内作出书面决定。如果当事人不服 DAB 决定,需要发出不满 DAB 决定的通知,并在收到 DAB 决定后 90 天内把争议提交仲裁解决。仲裁将根据国际商会仲裁规则在巴黎仲裁,仲裁语言为英语。在项目实施过程中,工程出现部分延误,雇主以工程进展缓慢影响整个工程竣工为由通知承包商立即终止合同。承包商专门成立索赔工作小组,要求项目原主要工作人员集中精力收集整理案件相关证据材料,并聘请律师和工程专家准备索赔文件,收集整理索赔证据材料。在合同规定期间内,承包商将索赔争议提交 DAB 决定,DAB 决定拒绝了承包商的索赔。承包商向雇主发送了 DAB 决定不满通知,并在收到 DAB 决定 90 天之内,向雇主发送了通过仲裁索赔的通知,向 ICC 国际仲裁院提交了仲裁申请书,启动了国际仲裁程序。